华侨大学教材建设资助项目

港澳台侨学生通识教育课程系列教材

中外法治文明概论

王方玉　王康敏　郑金鹏　编著

清华大学出版社

北　京

内 容 简 介

本书以中国的法治文明为主体内容，介绍了法治文明的基本知识、大陆法系法治文明与英美法系法治文明，展示了不同法治文明的发展、变迁历史，并且结合中国社会发展，着重介绍党的十八大以来我国法治建设的成就与经验。全书共分八章，分别是导论、文明与法治文明、中国古代法治文明及近代转型、大陆法系法治文明、英美法系法治文明、中国特色社会主义法治文明的形成、中国特色社会主义法治体系、法治文明的未来发展。

本书可作为国内高校面向港澳台侨学生及外国留学生等群体开设的通识教育课程教材，也可作为其他非法学专业学生的通识课程教材。

本书封面贴有清华大学出版社防伪标签，无标签者不得销售。
版权所有，侵权必究。举报: 010-62782989, beiqinquan@tup.tsinghua.edu.cn。

图书在版编目(CIP)数据

中外法治文明概论/王方玉，王康敏，郑金鹏编著. —北京: 清华大学出版社，2024.1
港澳台侨学生通识教育课程系列教材
ISBN 978-7-302-65083-6

Ⅰ. ①中… Ⅱ. ①王… ②王… ③郑… Ⅲ. ①法制史－世界－教材 Ⅳ. ①D909.9

中国国家版本馆CIP数据核字(2024)第018790号

责任编辑: 陈　莉
封面设计: 周晓亮
版式设计: 思创景点
责任校对: 马遥遥
责任印制: 曹婉颖

出版发行: 清华大学出版社
网　　址: https://www.tup.com.cn, https://www.wqxuetang.com
地　　址: 北京清华大学学研大厦A座　　　　　邮　编: 100084
社 总 机: 010-83470000　　　　　　　　　　　邮　购: 010-62786544
投稿与读者服务: 010-62776969, c-service@tup.tsinghua.edu.cn
质 量 反 馈: 010-62772015, zhiliang@tup.tsinghua.edu.cn
印 装 者: 三河市人民印务有限公司
经　　销: 全国新华书店
开　　本: 185mm×260mm　　　　印　张: 13.5　　　　字　数: 306千字
版　　次: 2024年3月第1版　　　　印　次: 2024年3月第1次印刷
定　　价: 59.80元

产品编号: 100011-01

前　言

70多年前，中华人民共和国成立，揭开了中国历史的新篇章；40多年来，中国在改革开放中艰难探索，走向富强。21世纪已经过去了20多年，在百年变局的历史关头，中国向世界昭示斐然成就，成为世界上举足轻重的大国。中国的发展道路是独特的，治理之路的选择关乎中国之复兴。目前，国人已形成基本共识，必须坚持走法治之路是中国的正确选择。2014年10月中国共产党第十八届中央委员会第四次全体会议通过《中共中央关于全面推进依法治国若干重大问题的决定》，强调"坚持走中国特色社会主义法治道路，建设中国特色社会主义法治体系"。2022年，中国共产党第二十次全国代表大会提出"全面推进国家各方面工作法治化"，这成为未来实现"中国特色社会主义法治体系更加完善"目标任务的应有之义，也是"坚持全面依法治国、推进法治中国建设"工作部署的检验标准。依法治国是历史的经验总结。在此背景下，对港澳台侨学生及外国留学生介绍中国法治经验与成就实属必要。

纵观中国历史，中华民族一直是爱好和平的民族，中国从没有对外实施霸权，没有对外扩张或殖民，没有进行弱肉强食的掠夺，没有强加于人的不平等条约，没有干涉别国内政而引发文明冲突。如今，中国的国力已举足轻重，有必要介绍中国法治建设的成就与经验。对于港澳台侨学生及外国留学生来说，如何正确理解中国的法治道路？中国为什么会走向依法治国？中国的法治建设有什么特点？对于这些问题，既可以从内部视角进行详细剖析，也可以从外部视角进行宏观展示。本书作为一本通识性教材，采取了后一种路径。在宏观的法治文明背景下，本书既介绍中国古代法治文明特征及当代中国的法治体系，也讲解英美法系与大陆法系的基本知识。正确认识世界各地不同法治文明的历史、特点，以及不同法治文明之间的互动、交流，才能推动并实现治理经验与价值观念上的兼收并蓄。

国内常用的法学教材大致可分为两类，一类是针对法学专业学生的专业教材，另一类是针对非法学专业学生的通识教材，针对港澳台侨学生及外国留学生的法治文化类通识课程教材比较少见。华侨大学作为中央统战部直属高等学校，承担着服务国家统一战线工作的重要任务，教学活动中需要开设与中外法治文明相关的课程，因此，华侨大学组织教师编写了本书。基于通识课程教学的特点，理论性较强的著作并不适合作为教材。本书以中国的法治文明为主体内容，介绍了法治文明的基本知识、大陆法系法治文明与英美法系法治文明，展示了不同法治文明的发展、变迁历史，并且结合中国社会发展，着重介绍党的十八大以来我国法治建设的成就与经验。全书共分八章，分别是导论、文明与法治文明、中国古代法治文明及近代转型、大陆法系法治文明、英美法系法治文明、中国特色社会主义法治文明的形成、中国特色社会主义法治体系、法治文明的未来发展，首先介绍法治文明的基本理论，然后讲述历史上的主要法治文明，最后对中国特色社会主义法治文明进行详细介绍。

本书具有以下特色：其一，坚持宏观视角。从法治文明的宏大视角进行法治观念通识教育，避免过于纠缠法律制度。其二，以中国为重心。虽然本书也涉及对其他法治文明的介绍，但重点在于介绍中国传统法治文明和当代社会主义法治文明的成就，增强港澳台侨学生及外国留学生对中国法治文明与法治建设成就的理解。其三，以服务课堂教学需要为标准。基于港澳台侨学生及外国留学生的知识背景，本书努力做到内容通俗易懂、体例简洁清晰，尽量避免过多学术性的理论阐述，希望能帮助港澳台侨学生及外国留学生更好地了解中国传统法治文明和当代中国法治建设的成就，也希望能为其他高校开设类似课程提供借鉴。

华侨大学教材建设资助项目对本书编写工作提供了大力支持，在此表示感谢。本书由华侨大学王方玉教授(负责前言及第一、二、六、七章)、王康敏博士(负责第五、八章)、郑金鹏博士(负责第三、四章)合作编写完成，由王方玉教授负责统稿。本书的编写得到了2022年度华侨大学华侨华人研究项目"涉侨纠纷多元化解工作的实践总结与理论提升"(HQHRZX-202213)的支持，华侨大学法学院叶小兰副教授为本书编写提供了帮助，一并致谢。

编者系首次编写面向港澳台侨学生及外国留学生的法治通识教材，书中难免存在不足之处，不当之处敬请读者批评指正。

目　　录

第一章　导论 …………………………… 1
　第一节　学习中外法治文明的时代
　　　　　背景 …………………………… 1
　　一、学习中外法治文明的历史背景 … 2
　　二、学习中外法治文明的现实背景 … 3
　　三、学习中外法治文明的实践背景 … 4
　第二节　学习中外法治文明的
　　　　　必要性 ………………………… 5
　　一、学习中外法治文明有助于开阔
　　　　理论视野 ……………………… 6
　　二、学习中外法治文明有助于探寻
　　　　中国本土法治资源 …………… 7
　　三、学习中外法治文明有助于深入
　　　　理解当代中国法治 …………… 9
　第三节　学习中外法治文明的目标
　　　　　与视角 ……………………… 10
　　一、以理解中国特色社会主义法治
　　　　道路为学习目标 ……………… 10
　　二、以比较法为学习视角 ………… 11
　第四节　学习中外法治文明的基本
　　　　　要求 ………………………… 12
　　一、努力拓展法律知识背景 ……… 12
　　二、注重宏观问题的了解和对比 … 12
　　三、关注中国当代法治建设的成就
　　　　和经验 ………………………… 12
　本章思考题 ………………………… 13

第二章　文明与法治文明 …………… 14
　第一节　文明概述 ………………… 15
　　一、文明的内涵 …………………… 15
　　二、文明的类型 …………………… 18
　　三、文明的交流 …………………… 22
　第二节　法治文明概述 …………… 25
　　一、法治文明的含义 ……………… 25
　　二、法治文明相关概念辨析 ……… 26
　　三、法治文明的基本特征 ………… 27
　　四、法治文明的表达 ……………… 29
　第三节　法治文明的类型与传播 … 31
　　一、法治文明的主要类型 ………… 32
　　二、法治文明的传播 ……………… 38
　第四节　影响法治文明发展的主要
　　　　　因素 ………………………… 40
　　一、经济形态与法治文明 ………… 40
　　二、政治文明与法治文明 ………… 42
　　三、宗教传统与法治文明 ………… 43
　　四、科学技术与法治文明 ………… 46
　本章思考题 ………………………… 48

第三章　中国古代法治文明及近代
　　　　转型 ………………………… 49
　第一节　中国古代法治文明的起源
　　　　　与发展 ……………………… 49
　　一、中国古代法治文明的起源 …… 49
　　二、中国古代法治文明的发展 …… 52
　第二节　中国古代法治文明的主要
　　　　　特征 ………………………… 64
　　一、出礼入刑、隆礼重法的治国
　　　　策略 ………………………… 64

二、民惟邦本、本固邦宁的民本
　　理念……………………………66
三、天下无讼、以和为贵的价值
　　追求……………………………67
四、德主刑辅、明德慎罚的慎刑
　　思想……………………………68
五、援法断罪、罚当其罪的平等
　　观念……………………………69
第三节　中国古代法治文明的近代
　　　　转型………………………70
一、近代社会转型的背景…………70
二、领事裁判权的产生及其影响…71
三、清末的预备立宪及变法图强…72
第四节　民国时期法制建设的
　　　　转向………………………74
一、三民主义与五权宪法理论……75
二、六法体系的形成与发展………76
本章思考题……………………………78

第四章　大陆法系法治文明…………79
第一节　大陆法系的历史概述………79
一、罗马法的发达与大陆法系……79
二、中世纪以后西方法治文明的
　　变迁……………………………85
第二节　大陆法系代表国家的
　　　　法律史概述…………………91
一、法国法的历史与发展…………91
二、德国法的历史与发展…………97
第三节　大陆法系法治文明的
　　　　基本特征……………………101
一、成文的部门法模式……………101
二、等级化的法律制度体系………102
三、职权主义诉讼程序模式………102
四、专业化法学教育模式…………103
本章思考题……………………………104

第五章　英美法系法治文明…………105
第一节　英国法的发展历程与对外
　　　　扩张………………………106
一、英国普通法的发展……………107
二、英国衡平法的发展……………116
三、英国法的对外输出……………121
第二节　美国法的发展历程与
　　　　特色………………………122
一、美国法前史：殖民地时代……123
二、决裂：美国法传统的兴起……124
三、法律帝国与美国宪制…………129
本章思考题……………………………133

第六章　中国特色社会主义法治文明的
　　　　形成………………………134
第一节　中国法治建设的起点………134
一、清朝灭亡后中华法治文明的
　　变化……………………………134
二、中国共产党在革命根据地的
　　法制建设经验…………………137
第二节　中华人民共和国成立后至
　　　　改革开放前的法治建设……139
一、法治建设的起步阶段…………140
二、社会主义法制建设受到冲击
　　阶段……………………………141
第三节　改革开放后中国的法治
　　　　建设………………………142
一、改革开放与加强法治建设的
　　关联性…………………………142
二、改革开放后法治建设的阶段化
　　推进……………………………144
第四节　当代中国法治建设的主要
　　　　成就………………………148
一、建成中国特色社会主义法治
　　体系……………………………148

二、司法体制建设逐步完善并走向现代化 …………… 148
三、人权保障事业蓬勃发展 …… 149
四、现代法学教育模式得以确立并取得飞速发展 ………… 150
五、政府法治的逐步推进并不断完善 ………………………… 152

第五节 中国特色社会主义法治文明的建设经验 ………… 152
一、坚持中国共产党的领导和政府对法治建设的推动 …… 152
二、法治建设坚持以人民为中心 … 154
三、法治建设注重立体化与动态化的推进 …………………… 154
四、注重吸收其他国家或地区的历史经验 …………………… 155
五、注重公民法律知识的普及和法律意识的培养 ………… 156
本章思考题 ……………………… 156

第七章 中国特色社会主义法治体系 ………………………… 157
第一节 立法和法律体系 ……… 157
一、立法与法律渊源的含义 …… 158
二、中国的立法主体与权限 …… 159
三、当代中国的正式法律渊源 … 160
四、中国特色社会主义法律体系的部门法框架 ……………… 165
第二节 社会主义法律的实施 … 168
一、遵守法律 …………………… 168

二、执行法律 …………………… 170
三、适用法律 …………………… 171
四、法律监督 …………………… 175
本章思考题 ……………………… 177

第八章 法治文明的未来发展 …… 178
第一节 现代科技对法治文明未来发展的影响 …………… 179
一、分久必合：科学与技术的现代命运 …………………………… 179
二、科技对法治文明影响的一般法理 …………………………… 181
三、未来法治：算法与法律 …… 183
第二节 全球化与法治文明的融合 …………………………… 186
一、"法律帝国"：美国法的全球化 …………………………… 186
二、人类命运共同体：迈向文明相融的法治观 ……………… 188
第三节 逆全球化与法治文明的竞争 …………………………… 194
一、逆全球化的力量构成 ……… 194
二、法治竞争：驯服逆全球化 … 197
第四节 迈向数据时代的全球法治文明新秩序 ……………… 200
本章思考题 ……………………… 202

参考文献 ………………………… 203

第一章

导 论

【本章导学】

学习中外法治文明是为了加强对中国和其他不同国家或地区、不同特色法治文明的了解,最终在比较、借鉴的基础上,对当代中国特色社会主义法治道路形成更清楚的认知、更坚定的信念。近几十年来,中国的发展能够取得巨大的成就,离不开对法治道路的坚守,离不开对中华优秀传统文化的继承,离不开对不同国家或地区治理经验的学习与借鉴。通过学习与实践,中国逐步走出了中国特色的法治之路。了解中外法治文明,可以拓宽学生的视野,增强对中国法治道路的自信。

【知识要点】

1. 加强中外法治文明学习有助于更深入地理解中国传统文化,增强对中国传统文化的认知。

2. 加强中外法治文明的学习有助于扩展知识面,提升对当代中国特色社会主义法治道路的理解。

3. 世界上存在多元的法治文明,它们在相互学习与借鉴中不断竞争、融合、发展。

第一节 学习中外法治文明的时代背景

加强对中外法治文明的学习是了解不同国家或地区法治建设经验的重要方法,有助于拓宽学生的视野,加深对当代中国的法治文明的理解。本书以中华法治文明为出发点和落脚点,在全面介绍中国和其他国家或地区的法治文明之前,首先对"中外法治文明"相关课程的时代背景加以讲解。源远流长的中华文明是中国传统和现代法治文明的历史基础,不了解中国传统的法治文明,就无法厘清中国法治文明发展的历史脉络。

一、学习中外法治文明的历史背景

在人类文明历史上,有四大文明古国,即古埃及、古巴比伦、古印度、中国,这四个古代国家是人类文明的发源地。但是,前三个古代国家创造了灿烂的古代文明之后,都消失在了历史长河中,只有中国创造的中华文明延续至今。中华民族有五千多年的历史,最初以黄河中下游的中原地区为中心开始出现聚落组织,进而形成国家,后历经多次民族交融和朝代更迭,直至形成多民族的大一统国家。中华文明是中国各族人民共同创造的硕果。一代又一代劳动人民创造了灿烂的古代文明,城市、国家、文字、农业、商业、祭祀、宗教、礼乐秩序、法律典章,这些共同奠定了后世中华物质文明、制度文明和精神文明的基础。中华民族不仅是世界上最古老的民族之一,而且一直有自己独特的民族特性。善良、勤劳、宽容、平和、自强不息、推己及人、尊老爱幼……这些中华民族的优秀品格构成了中华文明的基因内核,使中华民族屹立于世界东方。有人认为,中华文明的特点是五千年的延续性、同一性和开放性。[①]

其一,中华文明具有五千多年的延续性。中华文明可以追溯至黄帝统一中原之前,至今延续五千多年了,其语言、文字、艺术等具有影响力、感召力、感知度的各类载体,共同构成了中华文明精神标识的主要来源。以汉字这种独特的文字为例,汉字自甲骨文发展到金文、大篆、小篆、隶书、草书、楷书、行书,历代延续,很多汉字至今可以清晰溯源、识读。而其他一些古代文明的文字,如古巴比伦文字、古埃及文字、玛雅文字等,则难以辨认,使得文明难以传续。与其他古文明相比,中华文明的"源"可能并非最早,却是唯一没有中断的文明,绵延至今。2013 年,习近平总书记在全国人民代表大会上指出,"中华民族具有 5000 多年连绵不断的文明历史,创造出了博大精深的中华文化,为人类文明进步作出了不可磨灭的贡献"[②]。可以说,没有中断的中华文明是学习中外法治文明的重要历史背景。

其二,中华文明具有强烈的同一性。中国自古以来就是统一的多民族国家,不是某特定民族的国家,各族人民共同创造了中华文明。中国各族人民在文化上具有同一性,在意识上具有海内一统的观念。在古代中国,无论哪一个民族入主中原,都强调构建大一统的中国。国家统一有利于社会的稳定和文化的繁荣。近现代以来,中国人移居世界各地,但很多海外华人仍然竭力保留传统中国文化,传承中国传统文化。

其三,中华文明具有开放性,不断吸收其他文化的精华。中华文明具有强烈的开放、包容特征,在发展过程中不断吸收世界优秀文化的精华。印度文化、阿拉伯文化和希腊罗马文化都对中华文明的发展产生了影响。最典型的代表是佛教。佛教起源于印度,但传入中国后和中国文化相融合,已经成为中华文明的重要组成部分。近代以来,中国加强对西方科技的学习,引入西方的现代教育体系,借鉴西方法治建设经验。

---

① 胡兆量. 中国文化地理概述[M]. 4 版. 北京:北京大学出版社,2017:12.
② 习近平. 习近平谈治国理政[M]. 北京:外文出版社,2014:39.

在中华文明丰富的历史传统中，中华法治文明在东方经久不衰，创造了举世瞩目的中华法系[①]。但是，近代，中华文明，包括其中的法治文明，一度落后于时代步伐。19世纪中后期至20世纪，在西方工商业文明的裹挟、冲击下，在西方列强的侵略以及中国人的自强奋斗中，西方的法治文明也逐步被引入中国，影响了中华法治文明的发展路径以及相应的政治治理路径的选择。最终，使得中华法治文明的发展路径在中国近代发生了巨大转变。中华人民共和国成立之后，中国走上依法治国的道路，并取得举世瞩目的重大成就，逐步形成中国特色社会主义法治体系。21世纪20年代的今天，面对当今世界正在经历的"百年未有之大变局"，从文明的高度对特定问题进行历史性思考，有助于对中华民族所面临的挑战和应对路径形成更深刻的认识。

【拓展阅读 1-1】

邓小平论社会主义本质

社会主义不是少数人富起来、大多数人穷，不是那个样子。社会主义最大的优越性就是共同富裕，这是体现社会主义本质的一个东西。[②]

二、学习中外法治文明的现实背景

中国是一个地域广袤、人口众多的国家，14亿人和平生活在一个国家。对比来看，欧洲的领土面积与中国相近，而欧洲近10亿人口生活在近50个国家和地区中，纷争不断。理解这样的现实就可以理解很多问题，比如中国为什么要强调"大一统"，建立一个强大的中央集权国家。进一步思考就会明白，这样庞大的国家为什么需要一个强有力的政党统一领导，为什么中国需要中国共产党这样的庞大政党来推动发展。如果没有强力的领导者，拥有14亿人口的国家可能会分裂、混乱，进而陷入持久的贫困，这将是惨痛的人道主义灾难。

中国经过40多年改革开放，逐步富裕、强大起来。世界上很多国家和地区都曾经实行过改革开放，但只有中国成功了。19世纪末20世纪初，面对西方列强的侵略与压迫，很多国家都走上改革之路，希望通过改革而实现国富民强，走向现代化。在中国，清朝政府也曾经进行了"洋务运动"等一系列改革，涉及政治、经济、军事、法律各个领域，但没有带来国富民强。19世纪中叶，埃及进行了土地、税收、法律方面的改革，

[①] "中华法系"作为一个法学概念，有两种含义。其一，作为"中国古代法律"的代称，专指中华文明史上形成的，以调整社会关系、构建社会秩序、维护国家统治为目的的中国古代法律。其二，作为比较法意义上的概念，指亚洲古代一些国家制定、实施的，在核心精神与主体内容上具有共同特征的法律群。具体而言，是指以中国唐代法律为核心，包括东亚、东南亚一些国家通过移植、借鉴唐代法律而建立的古代法律群。此概念通常与"大陆法系""英美法系"等概念比较运用。(朱勇. 中华法系的形成与特征. 十三届全国人大常委会专题讲座第三十讲, 中国人大网.)

[②] 邓小平. 邓小平文选(第三卷)[M]. 北京：人民出版社，1993：364.

创办银行、新建铁路。奥斯曼帝国在1923年崩溃之前进行了将近一个世纪的改革。日本在19世纪中期进行明治维新，此后国力强盛，但却走上了军国主义道路，给亚洲和世界带来了战争灾难。1980年，土耳其进行了经济改革，同时东欧国家也进行了经济体制改革。1989—1990年，苏联的15个加盟共和国和东欧社会主义国家向西方资本主义制度转型。但是，这些改革大多数是失败的，成功的很少。① 反观当代的中国，中华人民共和国成立70多年来，尤其是改革开放后的40多年，经济、社会、政治、法治等各方面都取得了巨大进步。中国取得如此巨大的发展成就依赖于什么？这就需要对中国的发展路径进行思考。通常来说，中国的发展依赖于经济上的开放、政治上的改革。在广义的政治改革方面，中国很值得重视的成功经验就是在坚持中国共产党的领导下，走上了法治之路。1997年，中国共产党第十五次全国代表大会明确提出"依法治国，建设社会主义法治国家"的奋斗目标。1999年，全国人民代表大会对宪法进行修订，"依法治国，建设社会主义法治国家"被写入《中华人民共和国宪法》。坚持走依法治国的道路让中国的市场经济有了制度支撑，让外来投资者有了投资信心，让普通百姓有了奋斗的动力，让企业家有了做大做强的愿望，这一切汇总才有了中国40多年高速度的发展。改革开放后，中国发展的成就与经验，尤其是法治建设取得的成就，是学习中外法治文明的现实背景。

【拓展阅读1-2】

中西方法律文化体系的根源差异

中西方的法律文化体现有很大的不同。首先，在"法哲学"的认识上，西方人普遍相信"人性本恶"，但中国人却普遍相信"性本善良"。由此而推论：西方法律认为政府和人民都是"恶"的，要加以监督、制约和束缚。而中国法律却相信皇帝和"清官"是"善"的，是"为民父母"的，而作为"祖国的儿女"，我们应"天下兴亡，匹夫有责"。出发点与目的都有巨大的不同，因此，二者之间的观点便经常相互对立、相互冲突。②

三、学习中外法治文明的实践背景

有学者指出，"在科技层面，我们已经了解西方；在制度层面，我们能够部分了解西方。在这两方面，我们了解西方多于西方了解我们，但在文明层面上，中西方对彼此的了解都远远不够"③。全球化时代，各国在技术领域的沟通并没有太多障碍，存在着共同的话语。在制度层面，中国也在不断学习其他国家和地区先进的治理经验(常见的表

---

① 王绍光. 中国崛起的世界意义[M]. 北京：中信出版集团，2020：1-2.
② 余定宇. 寻找法律的印迹(2)：从独角兽到"六法全书"[M]. 北京：北京大学出版社，2018：3.
③ 潘岳. 中西文明根性比较[M]. 北京：新世界出版社，2022：2.

现是通过立法加以借鉴)。但是，在文明的精神基因和时代特性方面，不同国家或地区的不同文明之间总是存在差异，也需要更深入的交流和理解。就法治来说，在中国古代，商鞅、韩非子、李斯等法家代表人物就主张用严厉的法律治理国家。在西方古代，古希腊哲学家亚里士多德也强调法治的作用。但是，中国现代法治和中国古代思想家提出的法治是不同的，和西方思想家经典的法治理论也是不同的，没有任何两个国家形成完全一样的治理模式，也没有绝对可以参考的法治经验。

此外，不同的文明总会存在竞争。随着中国不断强大，中华文明如何形成自己的竞争力并和平地展现自己的优势，是中华民族必须面对的问题。"如果我们将不同的文明放在选定的历史截面上根据某一个标准进行横向比较，的确容易得出一个孰高孰低的答案，然而文明间的竞争在本质上更接近于一场马拉松比赛，暂时的交替领先并不能说明全部的问题，只要文明不死，比赛就未见分晓。"[①]近代以来中华法治文明前进路径的转变不等于中华法治文明就彻底断裂或彻底失去原有的特性，中华法治文明也并没有失去其身影和魅力。经过40多年的努力，中国走上法治的治国路径，治理的现代化水平不断提升。习近平总书记指出，"法治是人类文明的重要成果之一，法治的精髓和要旨对于各国国家治理和社会治理具有普遍意义"[②]。21世纪的中国人凭什么自豪？有人认为，"凭的就是对和平的热爱、对'公平正义'的热爱，以及对'法治'理想的真诚信奉"[③]。中国特色社会主义法治道路是人类制度文明发展的重大成果，是当代中国国家治理的基本策略，是政治文明与经济社会均衡发展的持久保障。因此，对中国特色社会主义法治道路的总结、坚持和推动，离不开对其他法治文明发展经验的梳理和反思。在当代，一方面，中国要继续不断借鉴、学习其他法治文明的优良经验，以改进本国的治理水平；另一方面，中国也要在借鉴、学习中不断总结自己的法治经验，并向世界加以推广。因此，在文明的竞争中总结并推广当代中国的法治经验是学习中外法治文明的实践背景。

第二节 学习中外法治文明的必要性

中华人民共和国成立以来，特别是改革开放后，中国社会各方面的发展都取得了重大成就。当前，中国特色社会主义进入新的发展阶段，社会发展环境和条件有了重大变化，对发展质量的要求也更高。法律是治国之重器，法治是国家治理体系和治理能力的重要依托，全面依法治国是中国特色社会主义的本质要求和质量保障，是国家治理的一场深刻革命。全面推进依法治国的总目标是建设中国特色社会主义法治体系，建设社会主义法治国家。在这样的时代背景下，加强中外法治文明的学习，对于海内外青年学生

---

① 刘哲昕. 文明与法治：寻找一条通往未来的路(修订版)[M]. 上海：世纪出版集团，上海人民出版社，2011：82.
② 习近平. 论坚持全面依法治国[M]. 北京：中央文献出版社，2020：111.
③ 余定宇. 寻找法律的印迹(2)：从独角兽到"六法全书"[M]. 北京：北京大学出版社，2018：1.

具有重要意义。

一、学习中外法治文明有助于开阔理论视野

加强中外法治文明的学习,有助于海内外青年学生对不同法治文明的基础知识进行了解,从而开阔理论视野。美国学者亨廷顿很早就提出,"在未来的岁月里,世界上将不会出现一个单一的普世文化,而是将有许多不同的文化和文明相互并存"[①]。世界是多元的,文明或文化也是多元的,法治文化或法律文化同样是多元的,不可能只存在一种。在古代中国,形成了非常有中国文化特色的"礼法"文化,并形成了中华法系。同样属于东方的古代印度,则形成了具有强烈宗教色彩的印度法律文化。东方的中国,在近代开始向西方学习,却又不同于西方。在西方,古希腊文化和古罗马文化既有继承也有差异。古希腊文化是充满强烈思辨色彩的哲学文化,促进了西方源远流长的自然法思想的形成,并在蛰伏很久之后对近现代的西方政治法律思想产生巨大影响。而古罗马发达的民事法律制度曾经也一度淹没在历史中,但11世纪被重新发掘,之后大放异彩,推动了资本主义商品经济的发展,至今仍对世界各国有重要的借鉴意义。即使是在比较晚近的西方,以英国为发源地的盎格鲁撒克逊法律文化,与以德国和法国为代表的大陆法律文化,也有重要的差异,并影响了世界很多地方。此外,从宏观的角度来说,西方法治文明主要建立在人性恶的思想基础上,强调对个人权利的保护和对公权力的限制;而东方法治文明强调人性善,强调对个人修养的提升,努力追求理想的道德人格。西方法律的发展受宗教的影响比较明显,具有宗教性特征;而中国的法律则受道德观念影响深重,具有明显的伦理性。从另一个角度看,东方和西方法治观念上既存在一些差异,也存在很多共性,比如中西方很多思想家都重视道德和法律之间的关系,也都强调司法要追求正义,法官要中立、公正、严格地适用法律,对犯罪要及时惩罚,等等。

宽泛的概述并不能全面描绘中西方法治文明的异同,但可以显示一种学习的必要性,即青年学生不能局限于某一种文化和观念,只有了解不同地域、不同时代独特的法治文明或法律文化,才能形成开阔的历史视野,才能在对比和借鉴中对中国的法律文化传统与法治道路形成自己的认识。用比较法学者的观点来说,"尽管对单个法律文化的认真研究可以产生有价值的见解,但是,只有对多种法律文化进行分析方能确认在法律规范和法律机构方面,什么是偶然的而不是必然的,什么是永久的而非可变的,以及什么因素决定构成二者基础的信仰的特质。但是当我们观察包含不同伦理观并运用那种可以产生不同法律后果的信条的其他法律文化的时候,便可以分辨不同社会中伦理规则、法律规范,以及社会控制的其他技术手段所处的位置"[②]。因此,通过学习不同的法治文明,能够形成开阔的理论视野,形成看世界的多元视角,并形成比较、分析的思维习惯,反过来有助于对特定国家或地区法律文化或法治文明进行更为深刻的思考。

---

① [美]塞缪尔·亨廷顿. 文明的冲突与世界秩序的重建[M]. 周琪,等译. 北京:新华出版社,2002:2.
② [美]埃尔曼. 比较法律文化[M]. 高鸿钧,译. 北京:清华大学出版社,2002:16.

【拓展阅读 1-3】

韩非子论法治

故以法治国，举措而已矣。法不阿贵，绳不挠曲。法之所加，智者弗能辞，勇者弗敢争。刑过不避大臣，赏善不遗匹夫。故矫上之失，诘下之邪，治乱决缪，绌羡齐非，一民之轨，莫如法。厉官威民，退淫殆，止诈伪，莫如刑。刑重，则不敢以贵易贱；法审，则上尊而不侵。上尊而不侵，则主强而守要，故先王贵之而传之。人主释法用私，则上下不别矣。（《韩非子·有度》）

二、学习中外法治文明有助于探寻中国本土法治资源

在比较中加强中外法治文明的学习，有助于学生对近代以来西方法治路径或法治模式的反思，积极探寻中国本土的法治资源。东西方不同的文明在几千年前不同的地方形成，又经历了不同的发展过程，最终也形成了不同的法治文明。在中国古代从传说中的黄帝到战国这一时期，成文法律制度逐渐发达起来，也形成了自己独特的政治法治文明风格，比如强调王道、仁爱、公正、贤人治国、等级模式。秦汉以后，中国帝制时代的法治文明在唐代达到顶峰，明清以后逐渐落后。西方以工商业为基础的资本主义政治法律制度模式走在了前列，并成为其他地区学习的榜样。到清末，中国传统的法律不但被西方列强所鄙视和践踏(当时西方人在中国享有治外法权或领事裁判权)，就连许多为救亡图存而奋斗的仁人志士，也对中国传统法治文明进行否定和抛弃。但是，中华文明延续 5000 多年而未中断表明了这种文明的韧性以及其中存在许多优秀传统。中国传统法治文明所具有的"天下情怀"，独特的"集体主义""以天下为己任"等优秀元素，重视法治与德治、重视人类社会与自然环境和谐等优良传统，仍然对现代的中国有着巨大影响。近现代以后的中国，在法治方面走上了向外学习的道路，主要表现为学习德国的欧洲大陆法系(经由日本转入)、学习苏联的法律体系、学习英美法系。近代以来的中国在向西方学习的过程中逐渐走向独立，最终借改革开放的道路走向自主、自强。

中国传统法治文明确实有许多内容已经不适应现代工商业发达的时代，尤其是在当前互联网技术和人工智能技术已经广泛应用的社会背景下。但是，从法哲学的根源来看，"西方式法治"真的具有绝对普世性吗？中国的法治文明必须完全采纳西方的模式，而抛弃中国自己的特色吗？回顾西方发展历史，资本的扩张本性也曾给其他地方带去了无尽的侵略和战乱。20世纪初，西方发达国家完成对全世界的殖民瓜分，而此后又形成内部的冲突，引发第一次世界大战和第二次世界大战。此外，近代资本主义国家弘扬人权、民主，促进了欧美国家政治的法治化与现代化，但在强调人权的同时也存在漠视殖民地人民的人权等现象。近代以工商业为代表的西方资本主义文化存在其内生的悖论。因此，资本主义法治并非如其自身宣传的那样高尚、美好。再如，西方法学观念的核心是"性恶论"，一切制度的设计、权利界限的设定、政府权力的监督与制约等都基于"人性

本恶"的假设。但是，这种假设无法解释人类的爱心、善良、责任心、公德心等优良品德的来源，也无法通过法律为未来人类弘扬这些优良品德指出一条可行的道路。从现实来看，当今世界很多发展中国家，特别是历史悠久的文明古国，在学习西方资本主义的模式并初步完成现代化之后，都会反思西方模式或路径的缺陷，并积极挖掘本土资源的价值。

在法治建设中，中国本土法治资源，如注重生态伦理观、注重人际关系和谐、尊老爱幼，强调可持续发展、务实观念、和平共处理念等，都可以被现代法治社会所继承并进一步发扬。因此，虽然现代社会已经走向现代法治，但不等于中国古代的法律文化没有可取之处，也不能认为中国古代的法律文化不值得再去了解。社会总是在承续中前进，当代中国的很多做法和观念都可以在历史的长河中找到渊源。在宏观的法治观念中，即使中国的法治建设在近代以来主要依靠吸收和借鉴西方的法律文化，但中国古代的"礼法"文化和注重道德教育在现代社会仍然具有重要的价值。"隆礼重法"是现代中国仍然需要强调的宝贵传统，重视"礼"，不是为了恢复古代社会的尊卑制度，而是为了使人们的生活更加文明、更加优美；重视法，则是为了社会更加讲规则、更加重视权利的保障。在微观的司法实践中，中国传统的诉讼技巧和诉讼策略都有许多值得借鉴的内容，比如使判决结果合乎情理。因此，中国的法治建设，一方面要借鉴并吸收西方法治文明的优秀成果，另一方面要把中国传统的内容在现代社会继续发扬，这样才能形成具有中国特色的法治文明。也只有这样，中国发展道路的优势和自信才具有了文明的独特性。

【拓展阅读1-4】

西方契约文明的内在缺陷

从哥伦布起锚首航的那一刻开始，挣脱了地理牢笼的西方文明就踏入了一个永无休止的自我膨胀过程：发现—征服—再发现—再征服……从某种意义上讲，西方文明完成对全世界的征服和瓜分之日，也就是自己走向衰败的起始之日。在全世界尚有剩余空间可供征服和瓜分的时候，西方人的内在能量基本上还有可供释放的空间。虽然彼此之间也常因分赃不均而拳脚相向，但比起过去在欧洲那种不要命的厮杀来讲，基本上可以算相安无事了。然而一旦世界瓜分完毕，事情就完全不一样了。西方文明那种躁动的内在能量再也无处可释放，很快又重新转化为自噬的危险力量……于是1914年6月，随着萨拉热窝的一声枪响，西方世界在内在能量的剧烈积累和扰动下终于崩溃了。[①]

---

① 刘哲昕. 文明与法治：寻找一条通往未来的路(修订版)[M]. 上海：世纪出版集团，上海人民出版社，2011：91-92.

三、学习中外法治文明有助于深入理解当代中国法治

2012年以后，中国为满足时代变化和社会发展的实际需求，提出了"建设中国特色社会主义法治体系，建设社会主义法治国家"的总目标。总目标的提出有其深刻的历史和现实背景。建设中国特色社会主义法治体系的时代背景是，中国面对百年未有之大变局，中国的法治建设转向寻求具有自我特色的内生自主发展模式，以回应战略大环境的深刻变革。1978年中国改革开放后，开始向市场经济转型，同时开始走上建设法治国家的治理路径。20世纪80年代初，英美等实行新自由主义政策。90年代，苏联解体、东欧发生剧变，市场加法治的经济政治模式更是获得全球认可。2001年，美国发生了"9·11"事件，把战略重点从冷战转向反恐。互联网产业革命也在这个时候伴随而生，随着中国加入国际贸易体系、融入世界经济，中国的劳动力与日本、中东等资源型国家的资本，加上美国市场、美国技术，形成一个环流，中国的市场经济进入高速发展时期。但是，社会在发展过程中总会产生新的问题，社会发展模式也不可能只有西方模式。由于资本和技术的流动快于人才流动，近年来欧美一些国家出现产业空心化，如美国国内出现中产阶级失业率增加、收入停滞，不同族群之间对立加剧等现象；国家之间则出现了更加明显的"南北分化"；各类人群的收入分配也趋于不公。这就导致政治上民粹主义兴起，经济上逆全球化抬头。中国的法治建设在警惕和反思西方路径的基础上不断前行。

21世纪以前，中国关于法治的许多观念都是对西方的借鉴和学习，21世纪20年代以后，随着中国法治经验的不断积累，以及国际形势的变化，单纯地学习西方越来越不能充分提供中国法治建设所需要的样本和经验。当前，中国已经全面建成小康社会，实现了第一个百年奋斗目标，正在全面建设社会主义现代化国家，向第二个百年奋斗目标迈进。2022年，中国共产党第二十次全国代表大会指出，新时代新征程中国共产党的使命任务是"团结带领全国各族人民全面建成社会主义现代化强国、实现第二个百年奋斗目标，以中国式现代化全面推进中华民族伟大复兴"[①]。但是，中国不可能再走西方国家走过的老路，不能简单、盲目地照抄西方的做法。因此，中国必须立足实际，分析本国问题，寻求适应本国现实的解决方案或路径。这种方案或路径就是中国共产党领导下的中国特色社会法治模式。回顾历史可以发现，经过百年努力，中国共产党在不断探索中破解谜题、寻求路径，从实践上开创了中国特色社会主义法治道路，提炼出中国特色社会主义法治体系的战略命题，不仅为法治和人治问题的解决贡献了中国方案，而且从制度和文化上为人的全面发展夯实了法理基础。"中国特色社会主义法治体系是推进全面依法治国的总抓手。要加快形成完备的法律规范体系、高效的法治实施体系、严密的法治监督体系、有力的法治保障体系，形成完善的党内法规体系。要坚持依法治国和以德治国相结合，实现法治和德治相辅相成、相得益彰。要积极推进国家安全、科技创新、公共卫生、生物安全、生态文明、防范风险、涉外法治等重要领域立法，健全国家治理

---

① 党的二十大报告辅导读本[M]. 北京：人民出版社，2022：19-20.

急需的法律制度、满足人民日益增长的美好生活需要必备的法律制度，以良法善治保障新业态新模式健康发展。"①中国特色社会主义法治道路是社会主义法治建设成就和经验的集中体现，是建设社会主义法治国家的唯一正确道路。

加强中外法治文明的学习，有助于反思西方法治文明的不足，也有助于理解中国为什么要强调走中国特色社会主义法治道路。青年学生在了解中国传统法律文化的基础上，通过中外法治文明的学习会促进对中华文化和中华民族的认同；在了解当代中国法治经验的基础上，会增强对当代中国法治成就的自信心，以及对中华文明的自信心。

第三节　学习中外法治文明的目标与视角

每一门课程都有其自身的教学目标和特点，"中外法治文明"课程的教学目标是让海内外青年加强对中国传统及当代法治经验的了解，增强对中国法治经验的认同。因此，学习中外法治文明的落脚点是中国，以中国为出发点，从比较且多元的视角学习其他法治文明，既丰富了知识，又增强了信心。

一、以理解中国特色社会主义法治道路为学习目标

作为后发展的国家，中国的现代法治体系建设是一个不断借鉴各国法治经验并重新融合传统法律文化的过程，因此对中外不同法治文明的学习既要注重方法论性的比较视角，也要有目标性的落脚点。学习"中外法治文明"课程，一方面应有知识性目标，通过比较法的应用，对比不同法治文明的基本特征；另一方面应有实践性目标，即理解当代中国的法治道路。因此，本书不仅介绍其他代表性法治文明，更注重对中国改革开放后，尤其是21世纪的法治建设成就进行比较详细的介绍，体现强烈的时代感。站在未来视角，中国的治理模式在21世纪将形成具有自身特色并可以为其他国家或地区提供借鉴。因此，关注中外法治文明，实践价值是关注法治这种治理方略在中国的应用，并希望融合古今中外的法治经验，铸造中华民族的共同体意识，形成更加宏伟的新时代文明格局。值得强调的是，其中的落脚点是当代的中国，这一点不可忽略。

当前，中国正处在实现中华民族伟大复兴的关键时期，面对世界百年未有之大变局，稳定发展的任务艰巨且繁重，对外开放要深入推进，更好地发挥法治固根本、稳预期、利长远的作用。因此，中国必须坚持走中国特色社会主义法治道路。这要求在中国共产党领导下，坚持中国特色社会主义制度，坚持依法治国、依法执政、依法行政共同推进，坚持法治国家、法治政府、法治社会一体建设，实现科学立法、严格执法、公正司法、全民守法，促进国家治理体系和治理能力现代化。中国特色社会主义法治道路以

---

① 习近平. 论坚持全面依法治国[M]. 北京：中央文献出版社，2020：4.

解决法治领域突出问题为基本目标，提高全面依法治国的能力和水平，为全面建设社会主义现代化国家、实现第二个百年奋斗目标提供有力的法治保障。

二、以比较法为学习视角

在研究法治文明或法律文化的过程中，一个重要的途径是进行比较，于是就形成了"比较法"这个概念。"比较法"这一术语可以解读如下：其一，指一种研究问题的方法，即基于一定标准在不同对象之间进行比较和借鉴。作为研究问题的方法，这是法律研究者最常用的方法之一。就法学领域来说，比较可以是同一国家法律秩序内部不同规则之间的比较，也可以是不同国家，甚至不同时代的国家之间法律制度、法律思想、法律文化或法治文明的比较。其二，指法学理论中的一门学科，也可称为比较法学。在法学的具体分支学科中，比较法学被认为是理论法学的一个组成部分，比较法首先是世界上各种不同的法律秩序的相互比较。"比较法是指一方面以法律为其对象，另一方面以比较为其内容的一种思维活动。"[①]作为理论法学的分支学科，比较法学应超出通常法学研究中具体制度的"比较"而在宏观上达到一定的高度，形成比较系统的理论体系，才可以称为一门学科。

比较法作为研究法律的方法，古希腊和古代中国就已经常用，比如柏拉图和亚里士多德都经常采用。亚里士多德的《政治学》就是在比较、研究古希腊各个城邦政治制度的基础上写成的。但比较法在古罗马时期却不受重视，古罗马的很多法学界学者对自己的法律非常自信，认为罗马法就是最好的，其他的法律都是劣质的，所以没有必要借鉴。在中世纪的西方，比较法也不常采用。文艺复兴以后，古典自然法学家如格劳秀斯、孟德斯鸠为了给自然法学说找到经验主义的根据，都开始明确地采用比较法。但是，比较法学作为一门理论法学学科则到了20世纪才产生。中国古代缺乏现代法学意义上的法学理论研究模式，虽然没有比较法学科体系，但在立法技术上重视比较、借鉴。战国时期魏国的李悝编著中国古代最早的系统成文法《法经》，其中就采用了比较法。

从教与学的立场来看，更强调学习者采用研究方法意义上的比较法。采用比较法研究和学习法律问题，可以基于微观和宏观两种视角。基于微观视角，应关注某些或某个具体法律制度，从而比较那些在不同的法律秩序中用以解决类似问题的规则。基于宏观视角，应关注不同国家、不同地区乃至不同文明的法律秩序，也就是说，对不同的法律秩序的内在精神和外在样式，以及它们背后的文化基础进行相互比较。实际上，作为理论法的一门分支学科的比较法学，更多地关注不同法系或法治文明的宏观比较。"如果紧紧追随瞬息万变的世界以及法的世界，比较法学几乎不可能建立。"[②]当然，宏观和微观比较直接的界限是很模糊的，没有办法具体划分。就本书来说，中外法治文明的比较更多地站在宏观的角度，对不同法治文明的历程进行概述和时代比较，目的是让学生对法

[①] [德]K.茨威格特，H.克茨. 比较法总论[M]. 潘汉典，米健，高鸿钧，等译. 北京：法律出版社，2003：3.
[②] [日]大木雅夫. 比较法[M]. 范愉，译. 北京：法律出版社，1999：8.

治文明及法律文化有初步的了解。

第四节　学习中外法治文明的基本要求

"中外法治文明"是一门通识性课程，该课程主要对不同地区法治文明进行初步的介绍和比较，并结合中国法治建设的实际，充分阐述当代中国特色社会主义法治体系，在总结和提炼中国法治发展经验，重申中华法治文明独特性的同时，强化对中国特色社会主义法治道路的认知。因此，学习中外法治文明有以下基本要求。

一、努力拓展法律知识背景

与一般文化普及话题相比，法治话题具有更强的专业性，因此学习者需要努力拓展自己的法律知识面，广泛了解不同地区的法治文明。比较法的作用在于：首先，了解其他国家或地区的法律制度、法律与社会其他现象之间的关系，扩展知识视野。但是这种比较需要学习者有足够的知识背景才能够展开，否则会感觉非常难学。因此，学习者自己要有意识地增加有关法律和法学的基础知识，可以通过了解中国法律制度、自己所在国家或地区的法律等方式扩展自己的知识面。然后，通过对不同国家或地区法律文化、法律制度乃至法治文明的学习和比较，从更宏观的视角提纲挈领地把握重大的法律问题，了解法治文明的多样性以及人类法治发展的某些规律。

二、注重宏观问题的了解和对比

如同前文所述，"中外法治文明"课程的学习宜站在宏观的比较法视角，因此可以不必过度局限于细节性法律条文的对比与分析。虽然细节性法律条文的对比与分析可以为立法者提供具有参考性的知识基础，这是研究者借鉴不同法治文明建设经验的必要过程，但就本课程来说，这种细节性法律条文的对比与分析并不合适。本课程的学习者大部分为非法学专业的学生，过于注重具体法律制度的对比和研习，将加大学生的学习难度，降低学习效果。本课程的教学目标是介绍不同地域和不同特色的法治文明，这是一种知识视角和思维模式的培养，所以带有更强调宏观的"大视野"格局。

三、关注中国当代法治建设的成就和经验

前文已经强调，本课程的内容立足于中华法治文明传统以及当代中国法治实践，对不同法治文明的介绍及借鉴，在某种意义上目的是"古为今用""洋为中用"，而不是单纯地为了介绍而介绍、为了比较而比较。而且，本课程的学习目标是通过对中国法治文明的学习，帮助学生理解中国特色社会主义法治道路。因此，学习本课程需要积极关注

中国的法治实践，了解当代中国法治建设的经验和成就，明白中国的法治道路和制度是历史的选择，也是人民的选择，是 14 亿中国人民的福祉所在。

具体来说，可以从以下几个方面努力了解当代中国法治建设的成就与经验：其一，宏观关注新中国成立以来，尤其是改革开放以后社会主义建设的成就，包括经济实力、社会保障、科学技术、民主政治、对外交往等不同方面，通过这些成就理解法治在其中所发挥的重要支撑与保障作用。其二，宏观关注改革开放后中国法治的整体性成就，包括法律制度体系的完善、司法改革的推行、公民权利保障水平的提高等。当然，这需要学习者对法学这个学科有更多了解。其三，可以通过关注报纸、网络、新兴自媒体中展现的事例微观理解中国法治的成就。其四，可以通过古今中外的详细比较，发现中国法治建设的成就，在此基础上，再放眼全球和不同时代，努力探寻有利于中国法治建设的经验。

本章思考题

1. 如何提升对不同法治文明的认识？
2. 在学习法治文明的过程中，比较法的优点和缺点有哪些？
3. 学习中外法治文明的必要性有哪些？

第二章

文明与法治文明

【本章导学】

学习法治文明必须了解文明的相关基础理论。"文明"一词在不同的语境有不同的含义,要注意与"文化"的区别。"文明"通常更为抽象、博大,而"文化"相对微观一些。法治文明是文明的子概念,文明的外延要高于法治文明。文明可以根据不同的标准进行分类,法治文明同样可以进行分类。不同文明之间进行交流、借鉴是文明发展的重要途径。近代以来,西方法治文明在西方国家对外侵略、征服的过程中传播到了世界各地,推动了人类法治文明的发展,其他一些国家和地区也会主动学习西方法治文明。对西方法治文明,需要了解其传播过程中对其他地方形成的侵略,也要了解其对人类文明进步带来的正面影响。此外,还要看到,法治文明的发展会受到各种社会因素的影响,经济、政治、宗教,尤其是现代社会的科技。在21世纪的今天,中国的法治建设必须回归本土,走自己独特的路径,创造具有中国特色的法治文明。同时,中国的法治在发展中必须注重现代因素的合理应用,比如重视科技进步带来的挑战,及时进行应对。

【知识要点】

1. "文明"一词具有多种含义,既可以用来描述具有特定内容或形态的人类不同文明,也可以用来表达野蛮与先进的比较。此外,实际使用中,"文明"还经常和"文化"一词混用,特指人类的某种文化现象。

2. 文明可以基于不同的标准进行划分,相应地,法治文明同样可以进行分类。

3. 人类不同文明之间一直存在交流和互鉴,近代以后这种交流更加明显。近代以后,以自由、民主为代表的西方法治文明成为其他大部分国家学习和借鉴的对象。

4. 人类的不同文明一直处于传播过程中,西方法治文明在近代以后也随着西方的殖民侵略传播到不同地方,要辩证对待这种传播。

5. 人类法治文明的发展会受到多种因素的影响,经济、政治、宗教、科技等都会对法律制度、法律观念产生影响,法律也在积极回应这些影响。

第一节 文明概述

了解有关文明的基本理论是理解法治文明的前提。"文明"是一个用法多样、含义非常多元的概念。"文明"的内核是一群人的"活法"背后，那种相对稳定的"看法"和"想法"。"活法"是生活方式，"看法"是价值观念，"想法"是思维方式。[①]因此，文明包括物质、制度、观念等多个领域。一般来说，文明指特定的民族、国家或特定时期，人类所创造的各种物质和精神成果的总体。文明在这里是一个描述性的术语，由此形成了不同类型文明的划分，比如玛雅文明，或者农耕文明、工业文明。此外，文明是相对于愚昧、野蛮而言的一种社会或人群状态。特定民族所独有的文明是该民族的精神支柱与自信源泉。

一、文明的内涵

（一）汉语中的文明

在汉语中，文明由两个字组成，也有多重含义。其中，"文"在中国古代可以指身体的文身、器物的文饰，也可以指文字、文章，后来指文学与文明。汉语中"文明"一词较早出现于《易经》之中，与经纬和照临的意义相关，所谓经纬指织锦为文，而照临则与日月光明有关。《周易·乾卦》中有"见龙在田，天下文明"的说法，这里的文明指的是自然界的进化现象。《周易·贲卦》中有"文明以止，人文也"的说法，这里是将文明当作文治、教化来理解。所以中国古代经典中，文明也经常可以指与蒙昧、黑暗相对，这一点与西方古代关于文明的观念有相似之处。现代汉语中，文明主要的用法包括：其一，在比较具体意义上等同于"文化"，这个用法主要用来描述包含不同内容或具有不同特征的文明或文化，比如新石器文化、商业文明、现代文明，通常来说文化体现了人类改造自然和自身的能力；其二，指社会发展水平较高，有文化、脱离野蛮与蒙昧的社会状态，这种用法带有比较色彩，比如区分文明社会与原始社会；其三，也可以指时新的、现代的，这个用法表达了一个形容词概念。

【拓展阅读2-1】

古代汉语中的文明

其德刚健而文明，应乎天而时行，是以元亨。（《易经·大有》）
濬哲文明，温恭永塞。疏曰：经天纬地曰文，照临四方曰明。（《尚书·舜典》）
心生而言立，言立而文明，自然之道也。（《文心雕龙·原道》）

---

① 李永刚. 天下归心——"大一统"国家的历史脉络[M]. 北京：人民出版社，2021：3.

(二) 西方语言中的文明

在西方，早在公元前4世纪，修昔底德在《伯罗奔尼撒战争史》中就使用了"文明"一词。在西方文字中，"文明"(civilization)一词的出现要早于"文化"(culture)，两者并非来自共同的词根。在拉丁语中，"文明"一词的含义有如下几种：①公民的、人类社会的(即civilis，相关的词是civilian，意思是平民的、非军人的)；②市民或公民(即civis、civizen)；③城市自治(civitas)；④公民身份(civilitas)。对这些拉丁语词进行语源学的分析，可以清楚地看出从古希腊城邦时代的公民直到罗马共和国，甚至罗马以后时代的公民、市民身份演变的过程，以及西方中世纪城市自治的历史。①在古希腊人、古罗马人看来，文明包含了古希腊罗马城邦化社会与城邦之外的野蛮民族的区分，所以西方很多学者以城邦制度的建立作为文明成立的标志，基于此原因，"文明"这一概念后来也经常用来与落后、野蛮相区别。马克思主义则从人类社会历史的角度考察了文明的起源和发展，认为文明是人类社会实践的产物，不仅包括人类实践活动的积极成果，也包含实践的过程，是静态和动态的统一。17世纪以后，由于西方工商业逐渐发达和全球航海能力逐渐加强，欧洲人得以前往世界各地进行殖民、征服，并形成了文明的观念对比，欧洲学者开始用文明与野蛮来区分欧洲社会和其他民族，由此形成了文明研究理论中的"欧洲中心主义"。

【拓展阅读 2-2】

英国人类学家泰勒对文明的定义

文化，或文明，就其最广泛的民族学意义来说，是包括全部的知识、信仰、艺术、道德、法律、风俗，以及作为社会成员的人所掌握和接受的任何其他的才能与习惯的复合体。②

(三) 文明的基本内涵

基于对中西语言中"文明"一词的描述，本书从以下几个方面对文明进行详细分析。

其一，在宏大意义上，文明指人与自然界、人类社会自身关系的不同生活模式，人类的生活总和就是人类文明。布罗代尔认为，"文明是一个历史范畴，是一种必要的归类"，是一种包罗万象的秩序，"文明在成千上万种乍眼看来互不相关，而实际上也是五花八门的文化财富之间——从思维和智慧到日常生活用品和用具，全都包括在内——建立起联系或者说秩序。"③布罗代尔对文明的认识基于一种长时段视角，在地理和气候发生变化的时间长度内对历史进行观察。从古至今，人类在不同地方、不同民族、不同时代形成了多种不同的文明形态。因此，文明具有非常丰富的含义，包括人类创造的物质、精神、政治制度、

---

① 方汉文. 比较文明学(第一册)[M]. 北京：中华书局，2014：69.
② [英]泰勒. 原始文化：神话、哲学、宗教、语言、艺术和习俗发展之研究[M]. 连树声，译. 桂林：广西师范大学出版社，2005：1.
③ [法]布罗代尔：15至18世纪的物质文明、经济和资本主义(第1卷)[M]. 北京：北京三联书店，1992：667.

思想文化，等等。而且，文明既是静态实体的描述性概念，也是动态的观念，人类历史上不同文明处在不断的变化和发展中，有新文明产生，也有某些文明消失，比如玛雅文明；有的文明存续时间比较短，有的则存续很久从未中断，比如中华文明。美国学者基辛格说，"在历史意识中，中国是一个只须复原而无须创建的既有国家"①。

其二，在相对具体的含义上，文明和文化经常可以等同使用。根据《牛津词典》，"文化"一词的拉丁语词源为 cultura，有耕种、居住、练习、注意等多重含义。与拉丁语同属印欧语系的英文、法文，也用 culture 表示栽培、种植之意，并由此引申为对人性情的陶冶和对品德的教养，这就与中国古代"文化"一词的"文治教化"内涵比较接近。所不同的是，中国的"文化"一词从诞生之初就专注于精神领域，而 cultura 却是从人类的物质生产活动生发，继而才引申到精神领域的。就此而言，西文之 cultura 的内蕴比中文的"文化"更宽广，而与中文中的"文明"更加切近。按照亨廷顿的观点，"文明和文化都涉及一个民族全面的生活方式，文明是放大了的文化"②。上文提到的19世纪英国人类学家泰勒就将文化或文明混同适用。在汉语中，文明通常更为抽象、博大，比如东西方文明、四大文明古国等；而文化相对微观、具体一些，可以指特定领域的文化，比如饮食文化、民俗文化、商业文化等。具体意义上的文化被认为是区分人类技术能力的标志，如旧石器文化、新石器文化，即文化使人类脱离了纯粹的自然生存状态。而文明被认为是"一个最高分的文化实体"，如同汤因比所说，"文明包含不被其他文明所理解的东西"，也可以说，特定文明就是一个独特"整体"。因此，文明是对特定族群最高层次的文化归类，是特定族群在文化认同中的最高共性和最大的认同范围，文明可以大体等于广义的文化。就本书来说，文明与文化的混同使用使得本书中法治文明与法律文化有时候也会混同使用。法治文明属于族群整体文明中的一部分，也经常被称为法律文化。

其三，"文明"一词在使用中经常被附加了前置或后置的修饰词，成为具有不同含义的"意群"。生活中，人们经常使用法治文明、政治文明、工业文明、农耕文明、东方文明、西方文明、古代文明、现代文明等词语，这表明"文明"可以通过附加修饰词表达更为具体的含义。带有修饰词的"文明"并没有否定文明本身的意义，也并没有导致矛盾和冲突，而是体现了文明作为一个复合体所具有的包容性和扩展性，同时也体现了人类历史的发展与进步。因此，在学习文明的概念时，有时需要结合具体的社会领域和使用语境进行理解。当然，从某种具体文明的角度来理解文明时，往往带有循环论证的色彩。国内学者梁治平在解释"文化"的时候就认为必须采取这种"循环解释"，"所谓文化就是这样一个层层叠加而又互相包容的复杂和庞大的系统，其真实意义只能在不断地从整体到部分，再从部分到整体的循环往复中得到说明"③。这种做法对于理解文明这个概念也是适用的。

其四，在对比意义上，文明经常在与蒙昧、野蛮、落后等词语相对的语境下使用，代

---

① [美]亨利·基辛格. 论中国[M]. 胡利平，等译. 北京：中信出版社，2012：1.
② [美]塞缪尔·亨廷顿. 文明的冲突与世界秩序的重建[M]. 周琪，等译. 北京：新华出版社，2002：24-25.
③ 梁治平. 法律的文化解释. 法律的文化解释[C]. 北京：生活·读书·新知三联书店，1998：32.

表了开明、先进和更好。按照美国学者亨廷顿的观点，文明这个概念是由 18 世纪的法国思想家提出，通过对比文明状态和野蛮状态，得出的结论是文明社会不同于原始社会，因为它是定居的、城市的和识字的。文明化的社会是好的，非文明化的社会是坏的。① 在这个意义上，文明的概念提供了一个判断社会发展程度乃至个人修养的标准。但是，英国历史学家汤因比突破西方中心主义历史观，在其著名的《历史研究》一书中构建了一种文明形态史论，以文明为历史研究的单元，对世界多样文明同等地研究，探究世界文明演化的法则与规律。因此，他认为人类文明的产生和演化是多元的，不应简单强调文明与野蛮的对比。从表面上看，文明概念的多样性源于所具有的广泛的包容性；而从实质上看，则源于人类生活的多样性。

【拓展阅读 2-3】

英国学者梅因关于文明与野蛮的论述

文明人对于其野蛮的邻人往往有一种傲慢之感，这就使他们往往明显地不屑于观察他们，而这种不关心有时更因为恐惧，因为宗教偏见，甚至因为这些名词——文明和野蛮——的应用而更加严重，这种文明和野蛮的分野常常对大多数人造成了程度上以及种类上都有所差别的印象。②

总体来说，作为一种社会品质，文明是社会各要素构成的有机整体所呈现的进步状态。进一步说，广义的文明是人类社会各要素的发展和进步状态，是人类社会在历史进程中所创造的各种成果和财富的总和。

二、文明的类型

不同的学者会基于不同的因素对文明进行分类，如血统、语言、宗教、生活方式、政治制度、经济模式、社会结构、价值观念、历史因素、地理环境、气候环境等。这些因素侧重点不同，因而可以划分出不同的文明类型。对于文明的划分，目前无法形成统一的结论，本书接下来简要介绍对于理解法治文明有影响的若干文明划分方法。

（一）按照时间与地域进行划分

按照时间来划分，文明可以分为古代文明、近代文明及现代文明；按照地域的不同划分，文明又可以分为中国文明、印度文明及亚细亚文明等。汤因比认为在 6000 年人类历史上，世界上有过 26 种文明，不论汤因比所列举的文明是否全面，但文明的多样性是历史发展的基本形态，这一点得到了绝大多数学者的认同，汤因比的多样文明论是对西方中心主义的超越。1998 年，联合国大会正式通过决议，确认世界上存在不同的文明，并把 2001 年

---

① [美]塞缪尔·亨廷顿. 文明的冲突与世界秩序的重建[M]. 周琪, 等译. 北京：新华出版社，2002：23-24.
② [英]梅因. 古代法[M]. 沈景一, 译. 北京：商务印书馆，1959：69.

定为"文明对话年",提出要开展不同文明的对话与交流,保持文化的多元性。2001年,联合国教科文组织大会通过了《世界文化多样性宣言》,把文化的多样性提升到"人类共同的遗产"的高度,认为这是保证人类生存的必需条件。当然,对于历史上曾经存在的文明总数,学者们并无统一的结论,不过对历史上的主要文明和现代世界存在的主导文明却能够形成大致相同的看法。梅尔科认为人类历史上至少有12种主要文明,其中7种文明已经不存在了(美索不达米亚文明、古代埃及文明、克里特文明、古典文明、拜占庭文明、中美洲文明和安第斯文明),5种仍然存在(中国文明、日本文明、印度文明、伊斯兰文明和西方文明)。[①]亨廷顿认为当代主要的文明包括中华文明、日本文明、印度文明、伊斯兰文明、西方文明、拉丁美洲文明和非洲文明(可能存在的)。亨廷顿的划分具有明显的地域色彩,但也夹杂了历史文化因素,比如西方文明的核心就是以基督教世界为代表的欧洲和后来的美国。

(二) 按照内容或产物进行划分

在最广义上,文明是人类所有物质和精神创造的总和,所以理论上最简单的两分法是将人类创造的文明分为物质文明和精神文明。这既是一种文明的类型划分,也是一种关于文明本身的总体性构成的观念。曾经有人认为文明只是人类精神发展的总和,也有人认为文明仅指人类的物质创造或物质成就。这种只强调物质或精神某一个方面的观点在现代社会越来越少,大多数人更倾向于持一种复合理解,人类社会生活必然是精神与物质的双重组合,人类文明的提升也是两个甚至多个方面的共同进步。仅仅将文明分为物质和精神两种类型过于简单化,这种分类的描述性价值大于应用性价值。

一些介绍文化理论的学者在分析文化的结构时提出,文化是人类创造的精神成果和物质成果的总和,文化的内在结构包括意识文化、制度文化与物质文化。[②]本书借鉴这种理论,基于文明的内容或结构,将文明分为精神文明、制度文明和物质文明。精神文明主要包括人类的思想、价值观,以及理论化或对象化的意识文化,如哲学、宗教、美学、音乐、绘画等。制度文明主要是政治制度文明、经济制度文明、法律制度文明等。物质文明是融入人类文明创造的物质产品,如建筑、服饰、饮食、科技产品等。

(三) 按照文明的经济基础进行划分

如果按照核心经济生产方式或经济基础来划分,文明可以分为游牧文明、农耕文明与工商业文明。从广义来看,游牧文明与农耕文明都属于以农业为核心的经济模式,都是农业文明,只是具体的经济生产方式存在差异。农耕文明是指经济基础由农业生产支撑的文明形态,包括人们在长期农业生产中逐渐形成的一套农业耕种方法、农村生活方式,以及相应的礼俗、政治、法律、文化等的集合。农耕文明是世界上存在最为广泛的文化集成。

---

① [美]马修·梅尔科. 文明的本质[M]. 陈静,译. 北京:中国社会科学出版社,2017:120.
② 胡兆量. 中国文化地理概述[M]. 4版. 北京:北京大学出版社,2017:3.

中国长期以来以农耕文明为主导，在400毫米等降水线以南的区域，阳光比较充足，降水丰沛，高温湿润的气候条件十分适宜农作物生长。在中国古代，中原地区的华夏文明的生产方式主要以农耕为主，所以古代华夏文明又被称为农耕文明。相对应，古代中国中原地区的周边少数民族，尤其是北方的少数民族，生产方式主要以游牧为主，因此被称为游牧文明。游牧文明和农耕文明在很多方面相似，都具有强烈的自然依赖性，注重家族血缘关系的凝聚力，强调人的身份与等级。但是，游牧文明的流动性更强，较强地依赖于自然的偶然性，因此稳定性要弱。近代资本主义兴起以后，西方国家经济的基础不再是农业的种植与畜牧，而是工业生产与商业交往，工商业日渐发达并影响了全世界，由此形成了工商业文明。现代社会，工商业文明已经成为世界经济的主导，其影响力已深入工业、农业和牧业等各个领域，任何一种产业如果不和工商业文明结盟，则只会故步自封甚至被淘汰。因此，现代社会的工商业文明具有全覆盖性，既依赖也包含农业、牧业在内。

从文明角度看，农耕文明与游牧文明各有特点，本无高低之分，中国古代知识分子强调"华夷之别"，本身不是强调华夏民族和其他民族之间的差别，也不是强调国家和地域的差别，而是强调文明程度的差异，"华夷之别"凸显的是文明、先进与野蛮、落后之间的区别。游牧文明、农耕文明和工商业文明，这种分类虽然具有历时性的前后递进色彩，但人类社会一直处于不同文明的共同存续状态，这或许正是后起的农耕文明没有取代先前的游牧文明，而再后起的工商业文明，也没有全面取代先前的农耕文明，而是与之长期共存的原因。

(四) 按照内部主导性社会规范进行划分

与三种主要经济模式相联系，可以大致发现，农耕文明更依赖道德文明秩序，游牧文明更多地联系着宗教文明秩序，工商业文明更依赖法治文明秩序。农耕文明具有靠天吃饭的特征，建立在特定土地区域上，通过生产工具和对水利、地形、天气的合理利用，创造社会物质财富，给人们带来稳定的生活。家庭和家族的稳定与繁荣对农业生产至关重要，因此，农业社会更加关注人际关系的熟悉、和谐，强调人丁兴旺、内部团结，重视年长者的经验和年轻人的体力，这样才能持续保持农业的生产力。这些现实因素决定农业社会更关注孝悌亲爱的道德伦理原则，并将这些原则推广成为整个社会良好运转和政治稳定的基础。这一点在中国的中原地区体现最为明显，自周朝以后，早熟的中国农耕文明形成了以礼制为基础的宗法等级结构；秦汉至隋唐，则形成了非常稳定的"礼法社会"，法律及宗教都需要服从道德文明秩序的安排。而且，这种注重内部和谐、团结的伦理文化甚至影响了中华文明的政治哲学。有学者提出，"中华文明之所以能够在1800年左右的时间里长期领先于世界，是因为中华文明拥有同时代其他各主要文明所没有的以下核心要素——统一"[①]。了解一些中国历史常识就可以发现，在中国历史上，无论分裂多久，无论分裂得

---

① 刘哲昕. 文明与法治：寻找一条通往未来的路(修订版)[M]. 上海：世纪出版集团，上海人民出版社，2011：42.

多厉害，总能奇迹般地恢复统一。"统一"这个核心密码能够最大限度地凝聚所有中华族群，最大限度地创造一个灿烂的中华文明，中华文明重视统一与曾经以农业生产方式为经济主导密不可分。

就生存资料获取方式来说，游牧文明和农耕文明有相似性，都靠天吃饭，因此都形成以血缘为纽带的家庭式生产单位，也强调家庭、家族的血缘、情感联系。但是，相对而言，游牧族群面临更严酷的生存环境，要随季节变换而不停地转场放牧，生活居无定所，比农耕文明更为依赖并顺从大自然，人在大自然面前显得非常无力、渺小，所以游牧民族对自然更加崇拜。而且，由于经济基础薄弱，在松散的游牧民族之中，很难维系稳定的司法机构并供养足够的司法人员。这样，游牧民族的内部秩序构建只能更多地依赖全体牧民对宗教的信仰，法律和道德的作用就比较弱。16世纪以来，工商业文明兴起，人类社会主导规范体系的变化主要表现为宗教文明和道德文明的主导地位逐步让位于法治文明。在工商业社会，人具有较强的流动性，人与人之间的关系更为陌生，也更强调权利、地位的平等，身份、地位、血缘关系不再是主动的影响因素。贸易的发达也促使法律制度越来越复杂，并且强调所有主体平等地服从法律。所以，商品经济或市场经济是契约经济、法治经济。

【拓展阅读2-4】

"一座庙胜十万兵"

清朝建立之后，实现长城内外统一，明代重视的长城失去了防御意义。如何让蒙古各部安稳地待在草原不再南下作乱成为清朝皇帝必须考虑的大事。一方面，清廷继续采取通婚策略，实现满族与蒙古族高层之间的联姻；另一方面，实行盟旗制度，划定蒙古各旗的游牧范围，降低草原部落的流动性，从而削弱蒙古各部的战斗力。此外，康熙皇帝利用蒙藏之间的宗教联系，大力支持藏传佛教在蒙古各部的传播，同时下令广修庙宇。当时蒙古各部主要信奉藏传佛教中的黄教，这些信徒一般都从属于特定庙宇。牧民生产需要逐水草移动，但是庙宇不会移动，所以信教的牧民不会离开寺庙太远。这样，牧民的活动范围被庙宇适当固定下来，人心安定从而社会稳定，解决了游牧民族南下的困扰，也节约了修筑长城和驻军成本。所以，康熙皇帝说"一座庙胜十万兵"。①

(五) 按照文化观念进行划分

按照文化理论的内在观点，人类文明可以分为西方文明与东方文明，这种划分不是严格的地理意义上的划分，所以更像是观念的区分。"西方"是一个很宽泛的概念，而且经常和"东方"相对应，但实际上西方和东方都没有明确的界定。按照亨廷顿的观点，"非西方的统一和东西方两分法是西方制造出来的神话"。"'东方'和'西方'文化上的两极化，部分是由于把欧洲文明称作西方文明的普遍的但却是不幸的做法所致。代替'东方和西方'

---

① 李永刚. 天下归心——"大一统"国家的历史脉络[M]. 北京：人民出版社，2021：237-238.

的是'西方和非西方'这一较恰当的提法,它至少暗示存在许多非西方。"[①]以欧洲为基础的真正具有独立性的西方文明是中世纪以后才形成的,在中世纪以前的古代,欧洲的地理范围其实非常狭小。西方文明的共性基础大概就是基督教,但是后来西欧的基督教和东欧的东正教分道扬镳。笼统地讲"欧洲文明",应该包括西方的拉丁-日耳曼-盎格鲁撒克逊社会、东方的斯拉夫社会和处于两者影响下的中欧社会。由于内部的差异,通常所说的西方文明更偏重以西欧主要国家为代表的文化,此外还要注意美国的影响力。美国于1776年独立,其国力在19世纪中叶开始超过欧洲,而且美国的主要文化基本上继承于西欧,由此20世纪以后,讲西方文明往往是指欧美文明。

与西方或欧美文明相对应的其他地区的文明,一般称为东方文明或非西方文明,包括中华文明、印度文明、中东地区的伊斯兰文明等。东方文明的代表之一是东亚文明。东亚文明和其他文明一样,也具有混杂性。东亚文明是在相关国家与民族间形成的一种文明认同,这种认同不仅是因为地域靠近,更主要的原因是文明起源与文明精神存在共性。东亚文明的代表是中华文明,在6世纪前后开始大规模地传往周边地区,比如日本、朝鲜,此外还有现在的越南、泰国、马来西亚等东南亚国家。在这个过程中,中国的政治、经济、农业、商业、文学、艺术等全面影响了东亚和东南亚,涉及社会生活的各个层面,最终形成了一个具有共性的文明环境。

三、文明的交流

文明的具体内容及发展水平确实有区域差异,因此人类不同区域的文明一直存在交流和借鉴,但在交流过程中要注意坚持文明平等观,不应该刻意确定贵贱之分。所有文明都是人类文明的组成部分,如同不同的人种一律平等,对于文明也不能简单判定哪个是尊贵或优等,哪个是卑贱或劣等。不同文明之间交流的目的在于互相吸收对方优秀的成果,推动人类社会共同向前发展。当然,虽然文明没有贵贱,但每一种文明都有积极的精华,也有落后的糟粕,积极的文明因素或文化现象具有旺盛的生命力,能够被传播和借鉴,落后的则逐步退出历史舞台。由此,我们可以理解文明交流的积极意义及双重特性,并且强调在文明平等观的基础上,树立文明或文化自信。

(一)文明交流的双重特性

一方面,不同地区或不同类型文明的交流,可以通过交流、借鉴,促进本地区原有文明的发展,也可以将本地区文明推广到其他地区。文明具有一定的地域性,但又是没有严格边界的,不同文明之间互相交流、学习、借鉴也是人类文明史上的正常现象,而且越接近现代表现得越明显。"文明在空间流动",文明从发源到落地生根再到强大甚至消亡,都处于流动之中。以西方文明为例。西方文明的源头主要是希腊文明,但是现在的西方文明不仅仅是从希腊文明的基础上发展起来的,也是在向其他文明学习的过程中成长起来的。

---

① [美]塞缪尔·亨廷顿. 文明的冲突与世界秩序的重建[M]. 周琪,等译. 北京:新华出版社,2002:14.

而且，希腊文明本身也是在与中东文明交流的过程中发展、成熟起来的。希腊从东方两河流域文明和埃及文明中学到了文字、文学、艺术、宗教，当然也包括科学技术；从巴比伦学到天文学和数学知识，学到巴比伦人发明的水钟、日冕和把一天分成十二部分的方法；还从埃及学到了几何学、日历和医学。对于这点，西方一些严肃的学者完全承认，他们认为所谓的西方文明，即欧美文明，"与其说系起源于克里特、希腊、罗马，不如说是起源于近东"。到了近现代，西方文明走在了人类社会的前列，确实对人类整体文明的发展做出了重大贡献，但其也是在与其他文明交流的过程中发展起来的。1498年，哥伦布开启地理大发现时代，欧洲人逐渐走出了地中海。十六七世纪的欧洲人，先是葡萄牙人，接着是荷兰人、英国人和法国人等，逐渐走出欧洲，将世界整体从农耕、游牧文明逐步推进到工商业文明时代。不同区域文明的交流会带来人类文明的共同发展，尤其是先进技术、观念的传播对其他地方的发展具有推动作用。

【拓展阅读 2-5】

西方对匈奴的了解依赖于中国的历史记载

罗马帝国是西方文明的开端，要研究西方文明就不能不研究罗马文明，而研究罗马文明，就不能不涉及古代日耳曼人的入侵(公元476年西罗马帝国因日耳曼蛮族入侵而灭亡)。日耳曼人的主要部族之一哥特人正是受到了来自亚洲的一个强大的游牧民族的压迫，才开始向罗马移动的。哥特人遭遇的这个游牧民族就是公元91年前后大规模西迁的匈奴人。公元89年，汉朝将领窦宪击破北匈奴，北匈奴残部与致支部合在一起，沿着哈萨克斯坦与乌兹别克斯坦交界处的咸海北岸，迁向伏尔加河流域，由此影响了西方原来的游牧蛮族。但是，无论是欧洲的史诗还是历史学家，对于匈奴这一草原民族原来的生活领域及来源，都没有详细信息。而关于这个对欧亚大陆历史都曾经有过重大影响的草原部落，最详细的历史记载与文献只出现在中国的史书上。①

另一方面，文明的交流和传播往往会造成侵略与掠夺，尤其是近代以后，这种现象更为明显。近代西方工商业国家在资本的推动下，对全球进行殖民、掠夺，充满了血腥征服，这一点在道德上必须加以批判。西方的民族国家，如欧洲的英国、法国、西班牙、奥地利、德国，以及后期的美国等，以基督教和工商业为代表，形成了西方文明，并构建了一个多极的国际体系。在这个国际体系中，彼此相互影响、竞争和斗争。同时，在资本扩张的影响下，西方国家在工业化以后逐步富强，开始了对全球其他地区的殖民、征服和掠夺，影响了其他文明的正常发展，也进一步强化了西方文明的优越地位。在亚洲很多地方，欧洲人先是通过通商、传教的方式实现自己的目的，然后兼采取武装冲突的方式进行征服。19世纪，则主要通过武力或武力威胁的方式进行占领。西方国家以先进的技术和能力敲开东方传统的农业社会的大门，历史以被"破坏"的形式向前推动发展，在这个推动历史发展

---

① 方汉文. 比较文明学(第一册)[M]. 北京：中华书局，2014：3-4.

的进程中，西方殖民者又发挥着"建设性"作用，充当了历史不自觉的工具。辩证地理解西方文明，辩证地理解近代以来西方文明与东方文明之间的双重关系，才能正确认识西方文明在全球工业化过程中的双重特性，从而避免对西方文明形成过分浪漫主义和自由主义两种倾向。

(二) 文明交流的双赢观

文明交流可以促进不同区域文明或不同类别文明之间的相互了解，减少因为具体文化差异而引起的摩擦与误会，良好的文明交流能够促进民族和区域的融合，推进人类一体化的发展水平，因此具有双赢特征。优秀的文明因素，尤其是具体的精神文明(包括科学技术等)和制度文明，具有共享性特征，是全人类的共同财富，可以跨越边界在距离遥远的区域传播。文明交流是推动社会发展的力量，任何一个区域文明，采取开放态度，积极吸收群体文明的优秀成果，就会不断进步；相反，文明的封闭会阻碍社会的发展。

以东西方文明交流为例，双方都得到巨大收获。从中国传到西方的蚕丝和丝织品、造纸术、印刷术、火药等，推动了西方纺织、文化和火器产业的繁荣。从西方传到中国的宗教、舞蹈、音乐、棉花、琉璃等影响了中国社会的面貌。在历史上，这种双赢局面在不同文明之间同样广泛存在。我们现在所熟悉的阿拉伯数字其实是由印度人发明的，后来传到了阿拉伯，经过调整后传到了欧洲，被欧洲人采纳后又流传到全世界，由此才有了现在这种比较方便的计数符号。这套数字符号虽然在习惯上称为阿拉伯数字，但其实是世界上不同文明交流进步的结果。[①]

(三) 文明交流的自信要求

中国自 19 世纪中叶以来，欧风东渐，国门打开。近 200 年来，或救亡，或启蒙，或革命，或建设，包括现在为中国式现代化与中华民族伟大复兴而奋斗，都离不开对西方以及其他地区文明的吸纳与借鉴。到了 21 世纪，世界是多极和多元化的，西方的资本主义工商业文明已经无法自证自身的绝对优越性和普世性，跨越不同文明的文化交流与影响将更加全面、深刻。这里需要注意，跨文化交流首要的是交流者对自己主体文化的自信，没有这一点就谈不上借鉴与融合。从中国自身来说，做到文化自信，应主要解决两个问题：其一，破除西方中心主义，不再绝对迷信西方文明理论。近代以来，西方文化伴随工业革命和商业模式的成功成为一种强势文化，强大起来的西方将其成功归于其特殊文化的支撑。于是在中国近代，形成了"现代与传统""西方与东方"的二元划分，而且这种划分背后是对中国自身文化的贬低。这样的一种西方文化优越论一直桎梏着我们对西方文化的认识和对自身文化的认识。但是，现代西方社会同样面临治理问题、环境问题、贫富分化问题、资本的强势控制问题、民主的虚化问题等，必须从不同的文明中寻找、探索解决之道。在这个背景下，东方走向现代化不一定要完全重复西方的道路，而是要对西方文化进行批判、

---

① 胡兆量. 中国文化地理概述[M]. 4 版. 北京：北京大学出版社，2017：10-11.

借鉴、融合。其二，如何在批判、继承的同时深刻理解中华传统文化，如何在借鉴中发挥、输出当前自身的治理优势与经验。为此，应树立本民族的文化自信乃至文明自信。中华文明始终是中华民族生生不息的源头活水。中华文明推崇的"仁义礼智信"，与今天我们倡导的家国情怀、责任担当乃至社会主义核心价值观交相辉映；中华文明推崇的"和而不同""协和万邦"，与今天我们主张的开放合作、和平共处、共同发展、推动构建人类命运共同体的理念契合。总之，当前既要克服排斥西方的狭隘民粹主义倾向，也要克服一切"以西为师"的盲目崇拜倾向，在跨文化交流中保持一种自信和自觉。

第二节 法治文明概述

法律是人类制度文明的重要组成部分，因而很难脱离一般的文化或文明理论来讨论法律这一重要的制度现象。关于文明的基本理论，在很大程度上也可以进一步限缩应用于法律上，由此进一步形成关于法治文明的理解。但是，法治文明的概念存在诸多模糊，也尚未形成比较统一的含义，可结合理论界关于法律文化的研究展开学习。

一、法治文明的含义

法律是人类社会的产物，法治也是人类文明水平的重要标志和评价标准之一。随着人类社会的发展和文明的进步，不仅法律越来越重要，而且法治亦逐渐成为人类的理想。法治是人类追求政治民主、社会正义、保障人权、推行依宪治国所取得的积极成果和成就，与人类进步事业息息相关，是人类制度文明的特殊重要组成部分，并对物质文明和精神文明起着保障和促进作用。狭义上，现代法治文明主要指一种以法律作为治国基本方式的治国方略，它要求确认法律在实现社会治理和国家管理中的权威性，把法律作为社会调整的最主要的方式和手段。作为治国方略，与法治相对的主要是人治、德治，以及宗教之治(如西方中世纪)等。按照前述关于文明的理解，广义上，法治文明属于人类"整体性"文明的一个分支，与法律有关的制度、思想、器物、历史事件等，都属于法治文明。综合国内一些学者的观点，本书认为，法治文明是一个国家实行法治的状态和程度所体现出的文明，是人们在具备一定社会条件的前提下，把法律尊崇为治国的方式，以追求政治民主、社会正义、保障公民权利所取得的成果和成就。

前文已经指出，"文明"一词含有评价标准的意思，指好的、更先进的。因此，在社会生活中使用的"法治文明"一词，也经常是在比较的意义上使用，比如"强化司法公开，彰显法治文明"，这里的法治文明更多体现的是一种相对以前而言，更加文明、更加合理、更加透明的法治状态。还有学者提出，法治文明是人类社会进步的重要标志，它表现为国家法制教育和法律科学水平的提高，表现为人们的法律意识、法治观念的健全，表现为社会进入依法治理、依法办事、健康稳定、规范有序的文明状态。①因此,法治文明也是个多义的概念。

二、法治文明相关概念辨析

(一) 法治文明与法制文明

与法治相似的另一个概念是法制,因此要注意区分"法治文明"与"法制文明"。20世纪80年代,"法制"一词在中国获得认可,当时强调加强社会主义法制建设,以适应改革开放、商品经济发展的需要。这里的法制强调的是法律制度。在当时的社会背景下,由于中国刚刚走向改革开放,很多领域都无法做到"有法可依",因此加强社会主义法制建设就是要尽快制定出适应社会生活需要的各方面法律制度。90年代以后,"法治"观念获得社会各界普遍认可,并囊括了"法制建设"的内容,最终形成了"依法治国,建设社会主义法治国家"的目标。在目前中国的法学教材中,"法制"一词基本上用来描述静态意义的法律制度,是中性的描述概念,一般被认为不包含特定的价值评判(即评价法律究竟是良法还是恶法)。而法治则指良法之治,带有强烈的价值评价色彩,法律必须体现自由、平等、民主、人权等目标和要求。因此,法制文明主要指法律制度体系的发展水平,法治文明的外延更为丰富,包含了法制文明。本书如果没有特别说明,一般使用法治文明一词。

(二) 法治文明与法律文化

法律文化也是与法治文明非常相似的一个概念,在很多场合,法治文明与法律文化两个词是可以通用的。国内学者梁治平提出法律文化可以从广义和狭义两个角度理解:"具体地说,广义的法律文化应该能够囊括所有法律现象:法律观念、法律意识、法律行为、法律的机构和实施、法律制度和作为符号体系的法典、判例,以及不成文的惯例和习惯法,等等。狭义的法律文化则主要指法(包括法律、法律机构和设施等)的观念形态和价值体系(包括知识、信念、判断、态度等),与此有密切关系的人类行为模式也应包括在内。"②国内学者刘作翔在研究法律文化时,对不同的文化概念进行分类,提出三种文化观:广义文化观、中义文化观和狭义文化观。广义文化观是指物质文化和精神文化的总和,在这个意义上,法律文化和法治文明基本可以等同。中义文化观认为,文化是人类在长期的历史实践过程中所创造的精神财富的总和,具体指"社会的意识形态,以及与之相适应的制度和组织机构"。这种观念注重人类创造的精神财富,或曰精神文化,剔除了物质文化,法律制度与法律思想都属于这个范畴。狭义的文化观认为,文化仅指社会的意识形态或社会的观念形态,不包括制度,持这种观点的学者比较少。③美国学者埃尔曼则在法律传统这个

---

① 薛清海,王莉. 试论邓小平法治文明思想[J]. 东南大学学报(哲学社会科学版),2002(5).
② 梁治平. 法辨[M]. 北京:中国政法大学出版社,2002:13.
③ 刘作翔. 法律文化理论[M]. 北京:商务印书馆,1999:21-24.

意义上使用法律文化这一概念,并对法律文化族群进行分类,从而形成了罗马-日耳曼法系、普通法系、社会主义法系、非西方法系这样的划分。[①]埃尔曼对法律文化的使用与本书的法治文明其实更加相似。就本书来说,基于学习和理解的便捷,参考亨廷顿将文明和文化两个概念等同的做法,本书对文化也采取比较广义的理解。对于法律文化和法治文明这两个概念,如果没有特别说明,一般是当相同概念对待。此外,与法治文明类似的一个概念是法律文明,在一些学者的著作中,法律文明的概念与本书的法治文明一词等同。因此,本书如果没有特别说明,法律文化、法律文明与法治文明可以互换使用。当然,为了表述统一,本书在大多数情况下还是使用法治文明一词。

三、法治文明的基本特征

(一) 法治文明是一个历史、现实与理想共存的概念

首先,法治文明包容了历史上人类在法治领域的各种成就,包括器物、制度、思想等。从历史视角来看,从古至今人类已形成了很多成熟的治理经验,也形成了多元化的法治文明,这是人类总体文明的成果之一。其次,法治文明可以用来描述当前世界上不同区域法治建设的成就和差异,形成各具特色的区域文明概念,比如西方法治文明与东方法治文明。最后,法治文明表达了人类对理想社会治理方式的一种期望。在现代社会,法治是规则、民主、自由、平等、人权、文明、秩序、效益等治理目标的完美结合。因此,法治社会的构建带有一定理想色彩,是现代社会发展不断追求的动态目标。就此复合意义来说,对于法治文明的理解,应避免将其作为一种内涵固定、既定目标的终极概念。法治是一种理想的社会调控方式,但人类法治文明的建设是一个过程,随着时间和空间的不同以及各种影响因素的变化,法治的观念会发生改变,不同的族群也创造出各具特色的法治文明,不应该认为存在某种绝对固定或绝对美好的法治文明。

(二) 法治文明体现了人类在国家治理领域的探索

在治理国家的模式上,有法治、人治和德治等不同路径。主张人治的观点认为,人总有德行和智力的高下之分,治理国家的关键是使贤者、能者处于领导地位。贤能者,即道德高尚而又有大智慧的圣人。在人治理论视野下,治国的关键是有好的领导者,因为"人存政举,人亡政息"。当然,很多主张人治模式的思想家也不否认法律的作用,比如中国古代的孔子、孟子,古希腊的柏拉图(主张由哲学王治理国家),但是他们往往认为法律仅是贤能者治国的辅助工具,强调圣人在法律之上,法律不应限制治国者(中国古代称为"德主刑辅")。人治模式一般也都重视德治,也就是重视道德教化的作用,中国古代话语的表达就是"为政以德"。古代中国儒家政治观念中对德治的作用最为重视,德可以治心、治本,而法只能治事、治表。因此人治、德治才是治国的根本,当道德和法律冲突时,应"以德

---

① [美]埃尔曼 H W. 比较法律文化[M]. 高鸿钧, 等译. 北京: 清华大学出版社, 2002: 20.

为本"。德治需要人们具有良好的道德水平,因此必须注重"教化",所谓"有教无类"。人治、德治模式在人类政治文明历史上都发挥过重要的作用,但这两种治理模式过于依赖领导者个人的才能,偶然性和随机性很大,中国历史上能够被认为贤能的皇帝屈指可数。"历来对明君贤相的歌颂,归根结底,都是对制度的否定。只有在制度无望的情况下,人们才拼命赞美个人的道德操守。然而,这种赞美愈是热烈,期待愈是真诚,现实中的明君贤相便越发难得。"①近代以后,思想家们在总结历史经验的基础上提出,治理国家要靠法治,并且逐渐形成全人类的共识。人治或德治的内在特性也决定了这样的治国方式无法适应越来越复杂的现代工商业社会,现代市场经济需要发达的法治文明。在现代政治生活中,法治作为一种治国方略遵循的是良法之治,强调以法律为主导构建社会结构,保障公民权利,约束国家公权力,最终形成有序而又充满自由的社会治理模式。从而,法治便可充分体现为民主、自由、平等、正义、理性、秩序、合法性与可接受性,法治的内核与法治思维的实现方式就是民主政治。

【拓展阅读 2-6】

《论语·为政》选读

子曰:"为政以德,譬如北辰,居其所而众星共之。"

子曰:"道之以政,齐之以刑,民免而无耻;道之以德,齐之以礼,有耻且格。"

哀公问曰:"何为则民服?"孔子对曰:"举直错诸枉,则民服;举枉错诸直,则民不服。"

季康子问:"使民敬、忠以劝,如之何?"子曰:"临之以庄,则敬;孝慈,则忠;举善而教不能,则劝。"

(三) 法治文明蕴含国家政治与社会生活的规则化运转模式

现代政治运作以建立有限政府、制约权力、保障公民权利为基本原则。因此,国家的基本政治制度、政府组织形式与政治文明建设都必然写入宪法这部根本大法中。然后,通过其他具体的立法,按照民主标准与法定程序来配置权力,并在运行过程中不断约束权力的行使,以防止和纠正权力运行的紊乱与偏误。最终,实现国家权力与人民权利之间的良性协调,避免出现以权力损害权利、将权力凌驾于权利之上的倒置现象,从而保证国家权力运行的人民性、民主性、合理性与公平性,真正实现主权在民的最高价值。这是一种规则化的政治生活方式,而要保障实现这种规则化效果,必须坚持法治模式。法治不仅是指治国方略,不仅表现为一系列原则和制度,还可以理解为这些原则和制度在社会生活中得到实现后所形成的一种社会秩序的状态,具体表现为良好的法律得到普遍遵守,国家权力得到有效制约,公民权利和自由得到充分保障。如同古希腊思想家亚里士多德所言:"法

---

① 梁治平. 法辨[M]. 北京:中国政法大学出版社,2002:116.

治应包含两重意义：已成立的法律获得普遍的服从，而大家所服从的法律又应该本身是制订得良好的法律。"①简单来说，法治就是在社会生活领域，在严格依法办事的基础上形成的法律秩序。我们平时所说的"社会主义法治国家"就是指这样一种状态。

(四) 不同地域的法治文明具有多元性和独特性

在人类早期阶段，一国或特定区域的法治文明往往并非始于对外来文明的借鉴和移植，它是一国特有的生产方式、地理环境、历史传统、宗教信仰、道德规范等的综合产物，因此初始法治文明的产生和成长具有封闭性。在古代社会，不同国家或地区的法律文明之间极少交流，原生性和差异性是其显著特征，并在此基础上逐渐形成了法律文明的隔离机制。由于这种分割的事实，不同国家、民族和地区的法治文明发展轨迹和方向各不相同，它们在社会发展的进程中往往表现出自身独有的特点，世界意义上的法律文明在总体上显示出多元化的特征。即使在逐步进入全球化时代的今天，这种多元化色彩仍然存在。法治文明的多元化还表现为一定历史时期内各个不同国家、民族和地区在立法上的鲜明差异，同时，还影响法律制度的具体运作方式。不仅如此，文明之间的隔离和差异还会体现于法治文明的器物层面，例如在东西方两种不同的法治文明中，立法、司法机构、监狱的设置甚至官吏的衣着等方面都各具特色，这些特性与法治观念、法律制度的差异具有深刻的一致性。

四、法治文明的表达

按照大部分学者的观点，文明的内部构成可以分为三个层次五个项目，其中第一层次是文明的基本条件，包括两个方面，即物质生活条件及风俗习惯、社会生产类型(生产方式)；第二层次是文明的国家政治机制，包括国体政体(法律、国家机构等)、语言文字(科学技术)；第三层次是文明的精神导向，主要涉及宗教信仰、民族精神等意识形态因素。②另外，法律文化学者也提出了法律文化的不同层次构成。基于这些理论，并考虑法律作为社会上层建筑的地位，本书将法治文明的构成简单分为三个层次，分别为法治文明的制度表达、物质表达与精神表达。

(一) 法治文明的制度表达

法治文明最直观的表达是法律制度。特定国家或地区的法律制度是特定法治文明的核心要素，主要包括法律制度体系及其中所包含的法律运作模式，具体来说，指总体的法律制度体系以及立法、执法、司法、法律监督等法律运行机制。法律制度体系是法治文明中法律观念与意识的外在的、制度化的表现方式，不同国家的法律制度体现存在巨大差别。在古代中华法系，以刑法为主要内容的法律制度非常发达，主要通过刑事制裁的方式来维护政治统治、维持社会秩序、解决社会纠纷。在古罗马，民事法律制度则非常发达，为后

---

① [古希腊]亚里士多德. 政治学[M]. 吴寿彭，译. 北京：商务印书馆，1965：202.
② 方汉文. 比较文明学(第一册)[M]. 北京：中华书局，2014：3-4.

世商品经济的繁荣提供了可以借鉴的制度基础。有时候，不同国家中看起来相似的制度可能实质差别很大，比如中国诉讼法的基本制度包括两审终审制、人民陪审员制度等，人民陪审员制度看起来像英美国家的陪审员制度，但其实具有根本性的差异。总体来看，古代世界各地的法律制度相对都比较简单，人类法治文明在制度发展上的特点是不断复杂化，现代各国都已经构建了非常严密、复杂、具有专业性的法律制度体系。本书第七章对当代中国特色社会主义法治体系进行介绍。

(二) 法治文明的物质表达

法律虽然属于国家上层建筑，但是作为社会文化的一个组成部分，也会通过物质形式表达出来，包括法院建筑物、法庭物质设施、法官的服饰、监狱构造等。比如，西方法院的建筑风格都具有神庙的色彩，强调其中立性、神圣性。在英国，由于历史的传统，法官和律师在法庭上都要戴假发。这种做法的原因之一是法律职业很神圣，在法庭上法官和律师是正义的"化身"，所以戴上银白色的假发，既能彰显法律职业的威严，又能彰显他们的资历。在中国古代，由于司法权力运行和行政权力运行没有严格区分，所以中国古代衙门都是官署，更突出其厚重、强大的权力性。中国古代的法官一般由行政官员担任，所以职业身份不明显。但即便如此，中国古代从事审判的官员还是会戴獬豸帽，官服上会绣有象征神明裁判和公平正义的獬豸(中国古代的独角兽)。近现代以后，世界各国在法治文明方面互相借鉴学习，改革开放后中国法院的建筑风格也在很多方面学习西方，庭审活动中的法槌就是中国古代的惊堂木与西方的法槌的结合，并且法官开庭也会身着独特的法袍，以彰显法律的威严。

【拓展阅读 2-7】

中国古代的独角兽与法官的獬豸帽

根据《说文解字》的记载，法的古体字为"灋"。"灋者，刑也。平之如水，从水；廌，所以触不直者去也，从去。"廌(同豸，与"治"同音)，古代又称獬豸，传说是一种像牛、羊或鹿的独角神兽，古人认为其能"治狱"(狱讼，即处理案件)，知是非。廌"性知有罪，有罪触，无罪则不触"。相传中国古代最早的法官皋陶在处理纠纷时，经常依靠獬豸神兽来判断是非曲直。在争讼的过程中，如果獬豸将触角指向一方，那么说明被触的一方在法律上是没有理由的，由此被触的一方将败诉，是非曲直自然清楚。因此，"廌"含有公平、正直之意。到后来，獬豸成为公平、正直的象征。《隋书·礼仪志·七》记载："法冠，一名獬豸冠，铁为柱，其上施珠两枚，为獬豸角形。法官服之。"这是说古人以獬豸为蓝本，制造了一种体现公平、公正色彩的法官帽子，专门给从事法律的官员佩戴。不仅有獬豸帽，中国古代县衙门口还经常摆放独角兽的雕塑，以彰显公平。

(三) 法治文明的精神表达

一个社会的法治文明发展程度，不仅体现在器物和制度上，还表现在人们的思想观念中，主要包括人们对特定法律制度的认知与认同和人们的法治观念、法律心理等。这些观念性的法治文明精神表达，也经常体现在法律传统之中。法治文明的精神表达有两个特点，即隐蔽性和多样性。人们关于法治的心理观念潜藏在意识深处，常常表现为潜意识，甚至可能刻意隐蔽，只有通过特定的方式(包括语言和行为)才能表达出来。而且，随着社会观念的多元化，人们关于法律的思想观念也更加多元，不同社会群体身处不同立场、具有不同的职业和文化背景，处理法律问题时所持有的心理观念也有很大不同。为了提高人们的法治观念，国家就需要通过各种途径加强法律制度与思想的普及，比如大规模推动法学教育、推广法律知识普及活动。截至2020年，中国共完成了七次"五年普法计划"，目前正在实施法治宣传教育的第八个五年规划(2021—2025年)。普法活动使公民的法治素养和社会治理的法治化水平显著提升。

【拓展阅读 2-8】

罗马法的复兴

罗马法是指古罗马奴隶制国家的全部法律，存在于古罗马奴隶制国家的整个历史时期。罗马法在长达数十个世纪的发展中逐渐成为一套古代社会最发达的制度体系，为后世欧陆民商法的发达奠定基础。但是自查士丁尼一世(约482—565年)以后，随着罗马帝国的衰落，罗马法逐渐被岁月尘封，被人们忘记。公元1135年，在意大利北部波伦亚大学的图书馆发现了《查士丁尼学说汇纂》原稿，从此揭开了复兴罗马法的序幕。波伦亚大学最先开始对罗马法进行研究，学者采用中世纪西欧流行的注释方法研究罗马法，因而得名"注释法学派"。经过罗马法复兴，以研究《国法大全》为突破口和中心，世俗化的法学教育和研究蓬勃发展起来，形成了一个世俗的法学家阶层，改变了教会僧侣掌握法律知识的情况，从而为成长中的资本主义商品经济提供了现成的法律制度。

第三节 法治文明的类型与传播

世界各地的文明会不断传播并被不断借鉴，法治文明也一样。虽然法治文明在初始阶段具有地域性、封闭性，但随着人类不同国家、族群之间交往的频繁，各地区也互相学习、借鉴彼此的法律文明。中国古代法治文明就被周边国家学习，最终形成中华法系。近代以后，西欧国家走在了世界前列，西方法治文明被认为是先进的、值得学习的，传播的速度和力度都在加强。

一、法治文明的主要类型

(一) 按照经济基础划分

按照经济基础的不同，法治文明大致可以分为农耕时代(以农业和游牧业为经济基础)的法治文明与工商业时代的法治文明。

其一，农耕时代的法治文明。法律的起源与文明的出现相伴随，农耕时代的法治文明是基于农业(游牧业)经济模式而形成制度文明形态。在农业社会(包括游牧民族)，世界上出现了最早的法典，也形成了相应的司法机制。这个时期所产生的法律，"身份法"占据主导地位，以适应君主政体的需要。而且，刑事法律相对发达，以满足维持政治统治与社会秩序的需要。在比较严格的法治意义上，农业社会其实处于一个"有法律而无法治"的时期。此外，从历史上去考察，在农业社会的法治文明中，道德对维系社会秩序的作用似乎更加强大，法律制度的秩序作用在农业社会中并不是主导。

【拓展阅读 2-9】

英国学者梅因的"从身份到契约"理论

所有进步社会的运动有一点是一致的。在运动发展的过程中，其特点是家族依附的逐步消除以及代之而起的个人义务的增长。"个人"不断地代替"家族"，成为民事法律所考虑的单位……我们可以说，所有进步社会的运动，到此处为止，是一个"从身份到契约"的运动。①

其二，工商业时代的法治文明。工业文明创造了比农业文明更有效、更复杂的经济模式、社会组织、管理体系，也提出了能更广泛地得到社会认同的价值观念，法治观念及法治国家由此而生。近代西方国家的立法完成了"从身份到契约"的巨大转变，农耕文明时代的"人法"地位被"物法"所取代。在各国国内，产生了宪法、行政法等以约束公共权力、保障个人权利为目的的公共法律领域，也产生了维系经济运行的民法领域，还产生了维持社会秩序的刑事法律，以及解决纠纷的程序法律。在国际上，国际公法、国际贸易法日臻完善。此外，工业文明带来了科学技术的飞速发展，人类在改造自然方面取得了辉煌的成果，但也带来了严重的污染和破坏。工业文明使人类由区域生态系统居民变成了全球生物圈居民。因此，工业文明时代，人类的法治文明不仅关注人自身，也开始更加关注人与自然的和谐，生态法治建设日益受到重视。20世纪初，人类开始对工业文明进行反思，开始重新认识人与自然的关系，质疑"经济人"的理性，一种新的社会观念——生态文明观念逐步形成并影响了各国很多政策、法律的制定。

---

① [英]梅因. 古代法[M]. 沈景一，译. 北京：商务印书馆，1959：96-97.

(二) 按照地理位置或文化观念划分

按照地理位置或文化观念的不同，法治文明大致可以分为东方法治文明、西方法治文明和其他地方的法治文明。

其一，东方法治文明。与前述文明类别的划分相一致，法治文明也可以分为东方法治文明与西方法治文明。东方法治文明以中国等东亚及东南亚的国家为代表。这里重点介绍东方的中华法治文明。中华法治文明源远流长、古今相因，其发展先后经历了先秦的礼乐文明、秦汉至明清的礼法文明和清末向现代法治文明的转型，形成了非常富有特色的中国法治文明模式。礼乐是中国古代先秦时期政治文明的标志与主体内容，礼乐文明亦是中国法治文明的早期形态。虽然从社会治理模式上说，先秦时期是礼乐政刑的综合之治，但礼乐尤其是"礼"乃是国家政治领域的核心与灵魂。秦始皇一统中国后，基于法家治国理念，以严刑峻法治国，最终，繁重的徭役征发加上残酷严苛的刑罚，使秦朝二世而亡。汉初统治者认识到秦朝单纯任用刑法亡国的教训，因此强调"仁爱"治天下，到汉武帝时国力达到鼎盛。但是黄老思想难以满足汉武帝大一统的雄心，于是董仲舒主张罢黜百家、独尊儒术，由此开启了中国法治文明进程中的法律儒家化，亦即礼法合流的先河。自汉朝灭亡至隋朝建立，其间的三百多年是中国古代法律儒家化时期。唐朝继承前代的法律成果，并加以发扬光大，以《唐律疏议》为代表的中国古代帝国王朝法典一直沿袭到清末。不仅如此，中国的法律还影响了东亚一些国家，形成了独特的中华法系。清末以后，内外交困，清政府变法修律，从理念到制度努力学习西方的现代化法治，中国原有的礼法模式最终被打破。从历史上看，中国古代法治文明的发展历史悠久，但又在近代遭遇激烈转变。虽然当代中国的法律与清朝以前的法律相差甚巨，但中华法治文明无时无刻不透露出对秩序与正义，亦即对生活有序化和社会正义性的追求。直到今天，这些优秀的法治文明传统对人类文明的发展仍具有独特的借鉴意义。改革开放以后，中国的法治建设在继承传统法治文明的基础上，不断探索和发展，在中国共产党的领导下逐步形成了具有中国特色的社会主义法治道路。中国当前依法治国的实践经验证明，依法治理才能应对时代挑战。法治是人类文明的共同成果，是构建人类命运共同体的重要保障。

其二，西方法治文明。从现实来看，现代世界各国的法治观念和实践多少都受到西方法治文明的影响。西方法治文明，起源于古希腊雅典城邦国家的政治与法律实践，而古罗马发达的民事立法则为西方法治文明提供了制度基础。受古罗马民法的影响，西方法治文明的私法属性比较强烈，传统上私法始终是西方法律体系的"基底和根干"，当然，这并不意味西方法律的全部内容都是私法。在希腊，著名思想家亚里士多德对法治进行了总结和提炼，提出了两条著名的法治原理：一是城邦国家的运作必须严格按照法律的规定进行；二是城邦所遵守的法律必须是良好的法律。亚里士多德关于法治的经典论述成为西方法治传统的基石。中世纪的欧洲，基督教思想一统天下，教会思想家托马斯·阿奎那为了教会的利益，全面继承、吸收、阐释了亚里士多德的法治理论，并加以补充、拓展。阿奎那提出：第一，法律的目的就是追求绝大多数人的最大幸福，只有符合这样标准的法律才是良好的法律;第二,必须用法律来限制公权力的滥用,防止其对国民的侵害。17—18世纪,资产阶级在争取自身权力和利益,开创资本主义社会时,不仅拼命追逐工人的剩余价值,全力投入工业革命,诉诸武力夺取国家政权,也在法律领域鼓吹资产阶级"自由""民主""人权"等价值观,并创建资本主义法律制度和法律体系。在此过程中,英国思想家洛克、法国思想家孟德斯鸠和卢梭,以及美国独立时期的一些领导人物,对西方古代和中世纪的法治理论做出进一步补充、发展,提出了"法律是公意的体现""主权在民""法律面前人人平等""司法独立""三权分立"等理论。这些思想和理论丰富了亚里士多德和阿奎那等人的理论,使西方法治思想得以现代化,并日臻成熟。

西方近代成型的法治文明随着资本的扩张和对外殖民,也影响了其他的一些国家和地区。当然,西方法治文明到中世纪以后,逐渐形成大陆法系和英美法系两大传统,各自虽然在思想观念上有共通之处,但在具体的法律文化、制度及司法理念等方面都存在一定的差异。20世纪以后,随着全球法治文明交流的加强,大陆法系和英美法系也互相借鉴与学习。大陆法系国家重视并不断完善判例法以弥补成文法之不足,英美法系国家也在不断进行成文立法,以克服判例法杂乱之弊。

【拓展阅读2-10】

苏格拉底的审判[①]

苏格拉底是古希腊著名哲学家、思想家。据说他意志坚强,知识渊博,并且善用辩证法(一种辩论技巧)与人辩论。由于他经常对国家的政治时局、百姓的道德状况进行批判,因而得罪过不少人。他甚至批判雅典的民主政治,认为雅典人采用抓阄方法选出领导人太愚蠢,一旦犯了错误将非常危险。这种说法遭到了雅典人的反对,因为雅典民主(一种直接民主)被当时的人们认为是完美无缺且不容怀疑的政治设计,他们认为苏格拉底危言耸听。公元前399年春天,70岁的苏格拉底被三个雅典人控告犯了罪。这三个人是诗人迈雷托士、修辞学家吕康、政治分子安尼托士。他们控告苏格拉底犯下两条罪状:一是渎神,即亵渎神灵;二是腐化和误导青年人。最终,苏格拉底被带上了法庭。

雅典的诉讼非常有趣,一方面,所谓"法官"居然可以达到6000人,由公民抽签选出,那时的雅典有10个部族,每族可选600人。雅典人认为这是不折不扣的"法律民主",一切权力都落入人民手中。当然不是每次审判都有6000人到场,苏格拉底的审判仅有501人参加。另一方面,定案的依据是原告的控诉和被告的申辩,法官在开庭以前不做任何调查与核实,这样,不善辞令者很容易败诉。

在法庭上,针对主要控诉者迈雷托士的诉状,苏格拉底做了三点答辩。

第一,他问迈雷托士:"你说我腐化和误导青年,那么谁能引导青年走上正道?"迈

[①] 有关苏格拉底审判的详细介绍请参阅:[古希腊]柏拉图. 游叙弗伦·苏格拉底的申辩·克力同[M]. 严群,译. 北京:商务印书馆,1983.

雷托士说:"除了你之外一切懂得法律的人。"苏格拉底反驳道:"根据你的回答,可以知道你对青年人漠不关心,而且对于控告我的事实毫不了解。因为这就等于认为除了一人之外所有人都可以像马术师一样有益地训练幼马,这样说太荒谬了。教育就像马术一样,是一门技术,并不是除了一人之外所有人都可以掌握的。就好像说除了一人之外所有的人都可以掌握马术,这是绝顶笑话。如此只能认为,并非除苏格拉底之外的一切人都对青年有益。"

第二,他问迈雷托士:"你说我腐化和误导青年是有意还是无意的?"迈雷托士回答:"当然是有意的。"苏格拉底讥讽道:"谁都明白和坏人接触是有害的,如果将自己身边的人引诱成坏人,自己岂不是情愿接触这类坏人而受害?明白此理的人还去这样做,显然不正常,不正常的人怎么会是有意的?"

第三,他问迈雷托士:"你说我不相信国教,那么我是有神论者还是无神论者?"迈雷托士说:"当然是无神论者,所以要向你问罪处罚。"苏格拉底又说:"可你还指责我引进新神并因此控告我腐化和误导青年,这不是在讲我是有神论者又是什么?"

从辩论技巧上看,苏格拉底水平高超。但是,不论苏格拉底如何机智、善辩,雅典人最终还是以281票对220票的结果判决他死罪无赦。在临刑前,苏格拉底的老朋友克力同借探望的机会告诉他,朋友们决定帮助他越狱,而且都已安排妥当。但是苏格拉底却坦然自若,表示不会越狱。克力同认为雅典的法律不公正,遵守这样的法律简直就是愚蠢,但是这种劝说无效。苏格拉底倒是反问道,越狱就公正吗?对一个被判有罪的人来说,即使他确信对他的指控是不公正的,逃避法律制裁难道就公正了?有没有一种服从任何法律的义务?

苏格拉底提出了两个理由说明不应当越狱:其一,如果人人都以法律判决不公正为理由,那么整个国家还能有个规矩方圆吗?法律判决的公正固然重要,但秩序同样重要。其二,如果一个人自愿生活在一个国家,并且享受这个国家法律给予的权利,这不就等于和国家之间有了一个契约?双方由此建立了契约关系,在这种情况下,如果不服从义务岂不是毁约?岂不是很不道德?经过与克力同一番探讨,苏格拉底选择接受死刑,最终他在监狱里喝下了法官的毒酒而死亡。富有戏剧性的是,时隔14年,雅典人重新发现了自己的"良心和智慧",认定苏格拉底审判是一大冤案,反而判迈雷托士犯有诬告罪并判处死刑,判处其他合谋者同样犯有诬告罪,并驱逐出境。

其三,其他地方的法治文明。除了传统的东方与西方法治文明的划分。二战后,在新兴的民族独立国家之中,也形成了一些独具特点的区域性法治文明。这些国家在未独立时,其法律深受当时殖民国家(主要是英美法系和大陆法系)法律的影响,独立后要摆脱原殖民主义法律体系的影响,又要进行自身的法律发展与变革。一国法中既包括英美法的内容,又有大陆法的内容;既受外国法之渗透,又体现了本国法的特色;既保留古老文化的痕迹,又顺应时代的潮流。这些新兴的民族独立国家从而形成了"部分外国的,部分国内的,部分宗教的,部分世俗的,部分法定的,部分传统的"大杂烩的法律,如印度的法律,此外非洲、东南亚一些国家的法律也具有这种混合风格。

(三) 按照时代划分

按照时代的不同，法治文明大致可以分为奴隶制时代法治文明、封建或君主专制时代法治文明和近现代法治文明。

其一，奴隶制时代法治文明。人类文明起源于原始社会，但是原始社会的人类主要受各种习惯和禁忌的影响与支配，还没有国家、文字和法律。所以东方和西方古代社会最早出现的国家与法都是奴隶制的。古代的埃及、印度、中国、希腊、罗马在奴隶制时代都存在成文法律，古巴比伦王国的《汉谟拉比法典》是目前流传下来最早的成文法。中国奴隶制时代的法典都没有完整保留下来，传闻战国时期魏国李悝制定的《法经》六篇是我国最早的成熟刑法典，但仅在后世史书中对此有片段记载。奴隶制法律最发达的是古罗马的法律，早期为《十二铜表法》，后来的集大成者为《查士丁尼国法大全》，它是简单商品社会第一部世界性的法律，对西方以及人类法律的发展都产生了极其深远的影响。世界各地的奴隶制法出现和消亡的时间不同，最早出现在公元前3000年，消亡较晚的是罗马法，西罗马地区为公元476年，东罗马地区还要晚一些。以奴隶制法为代表的古代法治文明有一些共同特点：远古社会流传下来的原始习惯、传统、道德、宗教占有相当的比重；法律的内容和形式比较简单(罗马法是一个例外)，注重诉讼中的形式或仪式；刑罚比较原始和残酷；奴隶主、贵族和平民是法律关系的主体，公开强调特权与等级；奴隶与物同为法律关系的客体；公开承认自由民在法律上的不平等；法在本质上体现和维护奴隶主阶层的意志和奴隶主贵族对生产资料的占有。

其二，封建或君主专制时代法治文明。人类的法治文明在各地的发展并不平衡，奴隶制时代以后，封建社会或君主帝国的成文法在古代亚洲地区有了长足发展，比如中华法治文明。相对于古罗马法的发达，欧洲大陆法在中世纪后出现倒退，英格兰地区则发展出了一种独特的普通法和衡平法。代表封建或君主专制时代法治文明中法律制度发展水平的法典大多流传了下来，比如中国的《唐律疏议》、印度的《摩奴法典》、伊斯兰的《古兰经》、欧洲的《萨克利法典》、俄罗斯地区的《罗斯真理》等。这一时期法治文明的特点包括：成文法基本上代替了习惯法，法典成为主要的形式，且刑事色彩更浓厚；法律深受宗教或伦理的影响；法的内容和编纂体例大多为混合型的，诸法合体；法律上人是不平等的，维护等级制；以土地为中心的私有制成为法律调整和保护的核心；法律所体现和维护的是占统治地位的地主或领主阶级的意志和利益。

【拓展阅读 2-11】

《唐律疏议》简介

《唐律疏议》又称《永徽律疏》，是唐高宗永徽年间完成的一部极为重要的法典，亦为中国现存最古老、最完整的封建刑事法典，共三十卷。唐高祖武德四年(公元621年)，唐高祖命裴寂等撰《武德律》，以《开皇律》为准，除其苛细五十三条。唐太宗贞观初，又命长孙无忌、房玄龄等重加删定，前后费时十余年，修成《贞观律》。《唐律》因隋朝《开皇律》而来，而《开皇律》则"近承北齐，远祖后魏"，继承了前代法律。《唐律》对隋律又有所损益，集战国秦汉魏晋南北朝至隋以来封建法律递嬗变化之大成。《唐律》自贞观撰定，没有再发生过大的变动，唐高宗即位后，除对律文做过一些个别的调整外，主要是解决律文在执行过程中产生的问题，于是令长孙无忌等人参撰律疏，颁行天下，这部律疏就是《唐律疏议》，也是东亚最早的成文法之一。《唐律疏议》撰定后，历经高宗、武后、中宗、玄宗等朝，仅做个别的内容上的增改或个别的文字上的修订。由于疏议对全篇律文所作权威性的统一法律解释给实际司法审判带来便利，以至《旧唐书·刑法志》说当时的"断狱者，皆引疏分析之"。疏议的作用至重，学者杨鸿烈在《中国法律发达史》一书中指出，"这部永徽律全得疏议才流传至今"。

其三，近现代法治文明。近现代法治文明以资本主义法律和社会主义法律为代表。作为一个历史类型资本主义法的确立是在资产阶级完成社会革命、夺取政权之后，在英国是所谓的"光荣革命"，法国为大革命，北美则为独立战争。资本主义工商业发展对资本主义法治文明的发展起到了很大推动作用。与奴隶制法和封建制法的出现不同，资本主义法律制度和观念的出现不是世界性的，它源自西欧地区，只是随着资本的输出和殖民扩张，资本主义法律制度和观念才有了更大的传播与发展。由于历史原因，西欧资本主义法律制度和观念形成了两大法系，大陆法系和英美法系。资本主义社会的法律及其运作机制相对以前的法律来说，有了巨大超越和发展，变得非常复杂，即使经过专门学习的人也很难完全掌握。此外，各国在具体法律制度上也有很大差别，各国都开展自己的法学研究与教育，培养专门的法律人才。社会主义法律是新型的法治文明，它不同于以前的法律，社会主义法的性质是工人阶级领导的广大人民群众意志的体现，建立在公有制的经济基础之上。社会主义法具有人民性、社会性、正义性的特点，并以追求事实上的社会平等为根本目标。

【拓展阅读 2-12】

美国学者梅利曼关于法系的论述

美国学者梅利曼在其著作《大陆法系》一书中指出，"法系这一术语，并不是指一系列关于合同、公司或者犯罪的法律规范，尽管从某种意义上说这些规范都是法系在某一方面的表现形式。准确地说，法系是指关于法的性质，法在社会和政治中的地位，法律制度的实施及其相应的机构，法律的制定、适用、研究、完善和教育的方法等一整套根深蒂固的并为历史条件所限制的理论。法系与文化相勾连，而法系又是文化的一部分，法律制度被置于文化的视野而加以考察"。[①]梅利曼在 20 世纪 80 年代提出，当时世界上存在三大极富影响力的法系：大陆法系、普通法系和社会主义法系。

---

① [美]约翰·亨利·梅利曼. 大陆法系[M]. 2 版. 顾培东，禄正平，译. 李浩，校. 北京：法律出版社，2004：2.

二、法治文明的传播

在近代以前,不同地区法治文明的发展具有偶发性,并且各地区长期隔绝,深入的交流不多。近现代以后,随着交通和通信技术的发展,不同地区各种文明的交流不断增强,也裹挟、推动不同国家、民族和地区的人们在更大范围内了解、借鉴不同的法治文明。当然,世界各地的学习、借鉴并未消灭不同法治文明的多样性。法治文明的传播有以下几个特点。

其一,近代以前法治文明的传播具有偶发性和被动性特点,不同区域之间法治文明的借鉴比较少。在东西方的奴隶制时代,尽管古罗马产生了堪称古代商品社会中的世界性法律——罗马法,但从总体上看,不同地区法治文明的产生是偶然的,发展也往往是封闭的。以罗马法为代表的古代西方法治文明主要传播地域为欧洲地中海地区,而以《唐律疏议》为代表的古代东方法治文明主要传播地域为东亚地区。世界各地主要法治文明的发展并非始于对外来文明的借鉴和移植,它往往是特定地区经济生产方式、地理环境、历史传统、宗教信仰、道德规范等因素的综合产物。16—17世纪,世界各地的法治文明之间虽也存在交流,但受地域限制较多,交流本身也呈现偶发性和被动性特点,不同地域对外来法治文明的学习很少,特定法治文明的跨区域交流、借鉴的效果也不甚明显,区域意义上的法治文明总体上呈现全球多元化特征。

近代资本主义的对外扩张推动了西方法治文明向全球传播,20世纪以后各国法治文明的借鉴更加深入。近代资本主义生产方式的建立改变了人类法治文明的发展路径,随着资本主义生产方式一步步向全球扩展。西方国家在对其他地区进行殖民、侵略的过程中也输出了西方法治文明,不同国家、民族和地区的法治文明也逐步挣脱了原生的隔离机制,在彼此冲突之中相互借鉴,吸取对方的某些特点,原来在不同地区分别发展的地方性法治文明也显示出融合趋势。到了20世纪后期,交通与信息传输技术越来越发达,各国各地交往日益密切,再加上发达国家与发展中国家之间经济水平差异形成的压力,法治文明的传播与学习日益广泛。现代法治文明的传播主要表现为发达国家和地区的法治体系对其他传统型法治文明的冲击和渗透,这一过程不仅日益频繁,而且形成了新的特点和样式。[1]当然,法律的全球化不意味世界各国都接受同一的法律模式或在统一的法治文明下面生活,世界各国法律体系的丰富性仍需要继续保持。世界各国法治文明的发展,一方面具有趋同的全球化色彩,另一方面也在努力保持本土的特色。

其二,现代法治文明的传播具有主动性、整体性和持续性特点。前文已述,在资本主义时代之前,不同地区法治文明的产生与发展具有偶然性、封闭性,法治文明即使有交流也体现在局部地区或特定国家之间。20世纪中后期以来,世界不同地区法治文明的传播不是以被动、偶然的方式进行,而是更加主动、更加规模化,各国在移植、接受不同法治文明的同时不断进行创新。而且,现代法治文明是一个整体,包含了制度、观念、器物等不同层面,具有特定的实体表现和价值目标,这就导致法治文明的传播必须具有连续性、整

---

[1] 秦策. 世界历史与法治文明的传播[J]. 山东社会科学,2001(2).

体性,即对法治文明某一局部的接纳隐含着对另一局部的认同,法治文明不同领域的接纳具有关联性,比如强调经济领域里实行法治必然会导致法治观念向政治等非经济领域渗透,并引发政治民主化等社会变革。又如学习特定法律制度必须了解背后特定价值观念的作用,因此在加强制度建设的同时必须做好法治意识培养工作。就中国来说,改革开放以后,中国对其他国家法治文明的接纳不是对个别规范的借鉴或修补,而基本上是重构了整个法律制度体系,并根本性转变国家的治理理念(即走向"依法治国")。历史也早已经证明,对法治文明采取"取其一点,舍弃其余"的做法(如清末的"中体西用")是无法成功的。

其三,现代的法治文明传播是以经济交流为基础而进行。第二次世界大战结束后,近代西方国家主导的全球殖民体系瓦解,随着大工业生产的形成以及现代化交通和通信手段的使用,地球上不同国家、地区之间发生了普遍、长期的经济交往,全球进入以经济交流为主导的互联互通时代。以经济交流为基础的法治文明交流在国际、国内层面都深入开展。国际层面,为了顺应国际经济关系的变化,使国与国之间在经济交流能顺利进行,协调并解决各国在经济交往中的矛盾,国际社会一直努力通过缔结各种国际条约并运用国际惯例,构建具有共同基础的国际法体系,这促进了全世界不同法治文明的融合。在国内层面,一些国家则通过把国际社会或其他国家成熟的法律经验纳入国内,对国内法加以改造以便尽量与国际社会接轨。可以说,全球经济交往使得原生于西方的法治文明开始对东方及其他地区带来冲击,并由经济领域逐渐向政治等非经济领域扩展,由制度层面渐次向观念层面渗透。

其四,不同法治文明在传播过程中既相互竞争又相互借鉴。在文明存在先进与否(不是好坏)的情况下,文明传播的基本特点是由高级形态转向低级形态(经济水平高低是最直接的压力),在这个过程中,先进文明往往试图展示自身的优势以影响对方,形成竞争性传播过程。近代以后,与其他传统型治理模式相比,强调法治的西方政治或法律文明显然是一种较高级形态的治理模式,于是,西方法治文明被其他落后国家或地区所借鉴。正因为如此,第二次世界大战结束之后,新兴民族国家在摆脱了西方殖民统治后,即使实现国家主权独立,仍然自觉或不自觉地保留甚至更大规模地引入原来西方殖民国家的法治文明。于是,世界各地的法治文明出现了一定程度的融合,大部分国家都接受民主、自由、平等和人权等共同的价值观。但是,西方法治文明在向其他国家和地区传播时难免与这些国家本土原有的法律文化、法律观念产生碰撞,并因此而发生一定程度的变异,形成一种不断冲突、筛选、接纳的有机融合过程。中国在借鉴国外法治经验的过程中,有一些国内学者,以苏力教授为代表,就强调要重视"法治的本土资源"。也正因为这个过程不是简单的模仿,而是有机融合,在学习中不断进行创新,所以东方国家也形成了"日本式法治""新加坡式法治"等不同特色的治理模式。当前,我们也看到了中国特色社会主义法治道路在推动着中国不断走向强大。

第四节 影响法治文明发展的主要因素

法律作为一种社会现象,与其他各种社会现象乃至自然条件都有不同程度和形式的联系,因此这些因素就可能影响法治文明的发展。18世纪,法国思想家孟德斯鸠在《论法的精神》中就提出,法律与地理、气候、政体、国家大小以及人种等其他现象之间存在关系(这种关系就是他说的法的精神)。虽然孟德斯鸠当时得出的某些结论现在看起来有些荒谬,但其分析问题的思路却值得重视,揭示了很多当时人们没有注意到的法律与其他社会现象或自然现象之间的联系。在人类法治文明发展过程中,影响不同地域法律发展水平的因素有很多,包括经济形态、政治文明、宗教传统、科学技术等,本节选取几个主要的因素进行介绍。当然,这并不是说影响法治文明发展的因素只有这几个,其他诸如社会政治观点、道德观点、历史传统、民族心理、国际环境等也会影响法治文明的发展。

一、经济形态与法治文明

法律作为社会行为规则,最初产生于经济活动和经济发展的需要。法律是社会的上层建筑,归根到底是由经济基础决定,经济的生产方式或运行形态在根本上决定着法治文明及相应的制度、文化的走向与变迁。具体来说,经济形态对法治文明发展的影响体现在以下几个方面。

其一,在根本关系上,经济形态对法治文明的形成具有决定性作用。法的起源、本质、作用和发展变化,都要受到社会经济基础的制约。当然,不能因此就认为法律不受其他社会因素的影响,或与其他社会现象无关。从法的产生来看,在人类的原始社会,由于社会生产力水平极端低下,没有文明社会中的制度法律这种社会现象。严格意义上的法是经济发展到一定阶段,出现了生产资料私有制、形成国家之后才产生的。这种决定性到了奴隶社会以后,表现得更为明显。因此,在根本关系上,经济形态会决定具体法律制度的性质和内容,经济的发展和变革最终会引起法律的发展与变革,经济发展的水平也影响法治文明的发展水平,影响特定时代法律在运行中的实现程度。

其二,在表现形态上,经济形态不同,法治文明的特征与变化也不同。农业社会形成的法治文明往往偏重于刑事法律,同时非常注重伦理道德的作用,法律主要用于维护君主专制的统治模式。而资本主义社会的工商业发达以后,对民商法、经济法等法律的需求越来越多,社会中的法律愈加复杂,程序越来越严格,专业性也越来越强,法治文明的水平也越来越高。在中国的社会主义市场经济条件下,由于市场经济强调以间接管理为主的宏观调控,强调规范微观经济行为,从而使法的内容极为丰富,覆盖的社会领域越来越大。由于经济的决定性作用,法律必须适应经济基础的要求而做相应变化,否则就不能达到为经济基础服务的目的。法不仅随着经济基础的根本变革而发生本质的变化,即使是在同一社会形态下,当经济基础发生局部变化时,也会引起法律发生相应的变化。

其三,在相互作用上,经济对法治文明及具体法律制度的发展具有决定作用,但是法治文明的水平和内容反过来会影响经济的发展。我们既要看到经济形态对法治文明的决定性作用,也要看到法治文明会反作用于经济形态。法律对其赖以存在与发展的经济形态具有引导、促进和保障等作用。这里的引导,是指法律规范提供社会交往行为模式和行为规则,引导经济主体依法办事,使经济关系朝着有利于社会需要的方向发展。这里的促进,既包括促进该经济关系的巩固,也包括促进该经济关系的发展,特别是在新的经济形态刚出现时,法律的促进作用更为明显。法律通过鼓励创新、保护产权等促进经济创新。这里的保障,是指法律可以解决社会纠纷,维持社会的和平与稳定,或者对破坏经济运行的违法或犯罪行为予以相应制裁,这样能够维持稳定的社会秩序从而实现经济的正常发展。

经济对法治文明发展的影响力在中国改革开放后市场经济的发展过程中得到充分体现。从实践经验来看,基于现代工商业经济的需要,中国在推进社会主义市场经济发展的过程中同时深入推进法治建设,经济等领域的立法逐步成为建立和完善市场经济的先导,法律为市场经济发展创造了良好的社会环境,保障并快速促进了我国经济的发展。2010年开始,我国的 GDP 稳居全球第二位,人民生活水平得到极大提升,2020年实现了全面建成小康社会的目标。中国共产党第十八次全国代表大会以来,中国特色社会主义市场经济得到了更加深入的发展,进一步确认了"社会主义市场经济本质上是法治经济"的根本认识。①总之,在发展社会主义市场经济的过程中,必须充分重视法治文明的作用,通过法律为市场经济繁荣创造条件,这也是未来中国法治发展必须坚持的方向。

【拓展阅读 2-13】

市场经济为什么必然是法治经济

从理论上说,市场经济这种经济形态必然要求完善的法律制度来加强产权保护,并维护交易秩序,因此市场经济必然走向法治化的经济运行模式。

(1) 市场经济强调主体平等从而引起法律对社会主体平等地位的重视。市场经济模式下,经济关系主体只有地位平等,商品才能自由交换。因此,法律需要确认主体之间地位平等,并形成自由交换的贸易环境。这种经济平等的观念也推动了政治及其他社会生活领域平等观念的普及。

(2) 市场经济需要尊重产权。法律只有完整保障商品所有者的产权,才能保障市场交易安全并树立交易信心,由此,国家需要充分完善民商经济类的法律制度体系。

(3) 市场经济发达必然导致法律制度体系的复杂并逐步完善。市场经济要求法律对市场交易规则、程序进行明确的规定,没有规则与程序,任何商品交换都是无法进行的。

(4) 市场经济需要法律确认并规定丰富的纠纷解决方法。商品交换的经常化,不可避免地出现一些纠纷,而纠纷的解决必须依靠具有普遍性、规范性和强制性的法律。

(5) 为克服过度经济自由带来的弊端(市场失灵),国家需要依法对市场进行引导和干预。

---

① 中共中央文献研究室. 习近平关于全面依法治国论述摘编[C]. 北京:中央文献出版社,2015:115.

二、政治文明与法治文明

　　法律和政治都是社会中的上层建筑，两者有着极为密切的联系，但又有明显的区别，正确认识法治文明和政治文明的关系，对了解法治文明的发展具有意义。不过，要了解法治文明与政治文明的关系，首先需要了解什么是政治。政治是一个很宽泛的概念，一般意义上，可以被理解成在共同体中并为共同体的利益而做出决策和将其付诸实施的活动(类似于管理)。政治是人类进入文明状态、建立国家以后特有的复杂社会现象。对政治这个概念，各时代的学者有不同的论述。柏拉图认为政治就是为了实现正义，为社会谋福利，为了达到最高善业。马基雅维利认为，政治就是玩弄权术，为了达到一定的目的可以不择手段，不讲信用。洛克等人则认为，政治就是管理政府的活动，开展政党斗争，争权夺位，保障自由和民主。第一次世界大战前后，西方出现了政治"制度说"，即政治是法律特别是宪法所规定的一系列国家或政府制度，这是从静态描述政治。20世纪30年代，学者们观察政治的眼光由静态转而侧重于动态，认为研究政治就是研究权力的形成和分享，即所谓的"权力说"。20世纪50年代开始，又出现了所谓"分配说"，即政治是为社会做出和执行权威性分配的行为或互相交往，涉及社会价值根本性权威的分配。在法与政治的关系中，对政治的理解主要从国家视角来看待，政治的核心内容是国家权力，主要指国家、政府机构和其他组织、个人借助公共权力来规定和实现特定目标的一种社会关系。

　　对政治这种现象进行更加宏观的思考，就形成了政治文明观念。在政治思想史上，马克思主义首次提出了"政治文明"这一概念。政治文明是社会文明的有机组成部分，是人类社会政治生活的进步状态，是人类政治实践活动中形成的文明成果，包括政治思想、政治文化、政治传统、政治机构，以及与政治相关的活动、仪式和制度等。从政治文明的价值取向来看，政治文明是人类政治生活取得的积极成果和进步状态；从政治文明外部表现来看，静态方面表现为人类在政治活动中取得的各种成就，比如制度、仪式等，动态方面则表现为人类社会政治活动不断变得文明、完善的发展过程；从政治文明的内容来看，政治文明包括政治意识文明、政治行为文明、政治制度文明，三者缺一不可。其中，政治意识文明是政治行为文明和政治制度文明的精神引导，政治行为文明则是政治意识文明和政治制度文明的具体体现，而政治制度文明既承载着政治意识文明，同时又以其规范化、强制性等为政治行为文明设定边界。政治模式与法治文明的关联体现在以下几个方面。

　　其一，政治模式对法治文明的发展具有主导性的影响力。法律和政治都是社会的上层建筑，都是由经济形态决定的，但是，经济形态的要求往往首先反映在政治上，然后才通过政治反映在上层建筑的其他部分，其中包括立法，因为国家或领导者的意志要通过法律表达出来。显然，与法以及其他上层建筑的部分来比，政治与经济基础的关系是更为直接、更为接近的，因而也就决定了政治对法不能不居于主导地位。比如近代中国，孙中山领导的民主革命推翻了清政府的帝王统治，并努力学习西方的民主制度，建立"五权分立"模式,由此使得中国古代的法治文明在20世纪初出现巨大转向。

其二,政治模式的发展与变化也会导致法治文明的发展发生转向。掌握国家政权的领导者,为适应经济和社会发展的需要,都会根据社会经济状况、国内外形势的发展及内部不同群体力量对比关系的变化,不断对法进行废、改、立,否则法律就会僵化并落后于时代。法律作为使社会政治关系形成秩序状态的特殊手段,不仅随着经济基础的变更而变更,而且会随着政治力量对比的变化和国家政权掌权者的政治任务的不同而发生改变,由此导致法治文明的发展出现转向。比如中国选择社会主义市场经济道路,并且因此强调法治、注重公民自由权利、私有财产权的保护,这样在政治模式上就改变了对社会进行全面管控的风格,社会主义法治文明也因此不断发展壮大。

其三,政治观念及政治运行良好程度等因素会影响法治文明的发展速度。政治观念也会影响法治文明的走向,政治的核心是国家权力的分配与运行,而如果对"权力"持"本性恶"的立场,即"权力乃万恶之源",那么必然会在法律制度的构建上更重视依法分配权力,更重视权力依法行使,从而实现严密监督权力的目标。由于政治的主导作用,一个国家政治状况是否良好会很明显地影响法律的实现效果,长期的政治局面稳定并开明,就能够促进法律制度的快速发展并不断完善。比如近代中国,清朝政府被中华民国取代后,中国古代的法治文明开始转向现代民主法治模式,但是由于当时政局不稳定,加上外国侵略对社会发展的破坏,政治无法保持良好的运行状态,所以民国时期的法律制度建设也受多种因素的影响,发展缓慢并且最终被社会主义法制所取代。

当然,政治模式对法治文明的发展具有主导作用,并不意味着法治文明绝对受到政治模式的影响,完全没有独立性。在现代社会,政治参与者的行为以及政治组织的运行、发展都不可能离开法律的支持,可以说,法律在多大程度上离不开政治,政治也便在多大程度上离不开法律。而且,法治文明作为一支文化力量,有自己的历史惯性,虽然政治体制的改变、政治力量的变化确实会导致法律制度发生变化,影响法治文明发展走向,但是法治文明所蕴含的文化力量会在社会中长期发挥作用,影响具体的法治运行状况。比如改革开放以后,中国走向现代法治建设的道路,但传统中国法律文化中重视调解、以和为贵、注重孝道等观念仍然在社会中长期影响人们的思想和行为方式。

将法律与政治模式的关系理论应用于中国当前现实,即在坚持中国共产党的领导下,发展中国特色社会主义民主政治,建设社会主义政治文明。这需要随着经济社会的发展不断深化政治体制改革,不断推进社会主义政治制度的自我完善和发展,推进社会主义民主政治的制度化、规范化和程序化。

三、宗教传统与法治文明

宗教作为一种历史文化现象,在国家和法出现以前就已产生,并一直影响着人类法治文明的发展。宗教既起源于人类的畏惧,也起源于人类对世界本源的思考。英国思想家霍布斯认为,"头脑中假想出的,或根据公开认可的传说构想出的对于不可见的力量的畏惧谓之宗教"①。而宗教中的上帝或神则起到解释世界本源的作用,"必然有一个原始推动者存在;也就是说,有一个万物的原始和永恒的原因存在,这就是人们所谓的上帝这一名称的意义"。②在人类历史上,法治文明的发展离不开宗教,传统西方法律观念中有许多内容就以宗教文化为背景,即使在现代社会,很多国家的法律也基于对宗教的信仰,这是法律和宗教长期保持一种密切联系的结果。目前,世界上有些国家通过立法确立国教,比如梵蒂冈、伊拉克、叙利亚等。有些国家没有确立国教,但是境内都是某一宗教的教徒。世界上大部分国家都强调政教分离、宗教信仰自由。联合国发布的《公民权利和政治权利国际公约》第十八条规定:"人人有权享受思想、良心和宗教自由。此项权利包括维持或改变他的宗教或信仰的自由,以及单独或集体、公开或秘密地以礼拜、戒律、实践和教义来表明他的宗教或信仰的自由。"宗教与法治文明的关系有以下要点值得重视。

其一,法律的起源、发展都与宗教关系密切。从人类心理学和社会学来看,宗教起源于人们内心对未知事物的恐惧和敬畏,这种心理需要的满足既有利于安抚人的内心,也是早期人类实现社会团结与共存的外在机制,宗教的崇拜对象和礼仪、信条和戒律,均是为了维护社会本身的生存及其结构的稳固。在初民社会中,社会规范与一些原始的宗教形态,如图腾崇拜、禁忌、巫术等,往往是混为一体的。国家出现之后,很多古代法典直接标明是神授之法,以此证明法律的效力,汉谟拉比法典、摩奴法典、摩西十诫都是一种神法。宗教观念也影响了人类早期的司法裁判活动,比如中国古代传说中依赖神兽獬豸进行断案,西方也曾长期存在"神明裁决"的做法。此外,古代社会中一些国王颁布的法令也会带有浓厚的宗教色彩,包含许多宗教的内容,如成吉思汗颁布的《大扎撒令》中就有蒙古萨满教的内容。

其二,人类对法律的认知受到宗教观念的影响。人类古代社会经常将法律的来源追溯成神的意旨。比如古罗马犹太教思想家斐洛在他的《论律法》一书中解读摩西十诫时说:"律法不是某个人发明的,而非常清楚地是神的神谕……"③在西方思想领域,自然法思想本身就具有浓厚的宗教色彩。古罗马的西塞罗这样解释自然法观念:"因为存在着来自宇宙之自然的理性,它敦促人们趋近正确行为而远离错误勾当,这一理性并非是在写入成文法之时成为法律的,而是一出现就成为法律;它与神的智慧同在。因此,设立要求和禁令的真正的、远处的法律是神的正确理性。"④近代西方宗教改革之后,虽然宗教逐渐直接退出政治思想,但是古典自然法的代表人物霍布斯、洛克、卢梭等对自然法的理解,基本上仍按照宗教话语的"不证自明"来阐述。1776 年,美国的《独立宣言》指出:"我们认为这些真理是不言而喻的:人人生而平等,造物者赋予他们若干不可剥夺的权利,其中包括生命权、自由权和追求幸福的权利。"19 世纪以后,尽管实证主义法学兴起,对法律效力来源的理解从上帝权威转向世俗权威,法律失去其与神性相关联的特征,但并不表示宗教在

---

① [英]霍布斯. 利维坦[M]. 黎思复,黎廷弼,译. 北京:商务印书馆,1985:41.
② [英]霍布斯. 利维坦[M]. 黎思复,黎廷弼,译. 北京:商务印书馆,1985:80.
③ [古罗马]斐洛. 论律法[M]. 石敏敏,译. 北京:中国社会科学出版社,2007:3.
④ [爱尔兰] 凯利. 西方法律思想简史[M]. 王笑红,译. 北京:法律出版社,2002:55-56.

有关法律的认知中不起作用。宗教中的博爱、平等、公正、自由等价值观还是影响了法治文明中的平等、正义、自由等观念。即使到现在，伊斯兰教仍认为伊斯兰法是神所启示的意志，不以人间法律创造者的权威为基础。

【拓展阅读 2-14】

摩西十诫(《圣经·出埃及记·十诫》)

神吩咐这一切的话，说："我是耶和华你的神，曾将你从埃及地为奴之家领出来。

"除了我以外，你不可有别的神。

"不可为自己雕刻偶像；也不可作什么形象仿佛上天、下地和地底下、水中的百物。……

"不可妄称耶和华你神的名；因为妄称耶和华名的，耶和华必不以他为无罪。

"当纪念安息日，守为圣日。……

"当孝敬父母，使你的日子在耶和华你神所赐你的地上得以长久。

"不可杀人。

"不可奸淫。

"不可偷盗。

"不可作假见证陷害人。

"不可贪恋人的房屋；也不可贪恋人的妻子、仆婢、牛驴，并他一切所有的。"

其三，民众的宗教认知和观念对法律的实施也有影响。欧美国家的法律制度受宗教影响非常明显，宗教生活与法律生活或暗或明地关联起来。比如，现代政治经济生活中都强调的契约精神，在宗教里也有体现，《摩西十诫》就鲜明地体现了"人神契约"观念，在思想史上，这种"上帝之约"便是十七八世纪欧洲自然法法学家们的"社会契约"的先声。此外，很多国家诉讼活动中的各种法律宣誓活动也深受宗教影响。比如，在英美国家，人们在法庭作证时都是要手按《圣经》发誓的。在中国古代，诉讼前也有"盟诅"一说。这无非是借助宗教性力量，尽可能让人们讲真话，从而降低查证的困难，在科技水平比较落后的古代，这种做法有重要的实用价值。法律与宗教之所以有着深度的交融，其原因正如美国法学家伯尔曼(Harold J. Berman)所言："法律不只是一套规则，它是人们进行立法、裁判、执法和谈判的活动。它是分配权利与义务并据以解决纷争、创造合作关系的活生生的程序。宗教也不是一套信条和仪式，它是人们表明对终极意义和生活目的的一种集体关切——它是一种对于超验价值的共同直觉与献身……法律赋予宗教以社会性，宗教则给予法律以其精神、方向和法律获得尊敬所需要的神圣性。在法律和宗教彼此分离的地方，法律很容易退化为僵死的法条，宗教则易于变为狂信。"[①]在伊斯兰社会中，人们对于某些制度的理解如果存在差异，则可能不得不求助于《古兰经》以获得公认的结论。

当然，也要看到宗教与法律存在很多差别，宗教和法律毕竟是两种不同的规范，在终

---

① [美]伯尔曼. 法律与宗教[M]. 梁治平，译. 北京：中国政法大学出版社，2003：12.

极目标、调控手段上都有所不同。法律是由国家制定和认可的,对权利、义务进行分配并以解决社会纠纷为目的,因而法律对社会的调控主要是以国家强制力为后盾,它注重解决现实社会中人与人的问题,终极目标是建立法治社会、法治国家,形成法律的至上权威。而宗教则是人们的一种内心确信,主要表达人们关于社会生活的终极意义和目的,宗教不应该导致群体歧视或群体封闭。在现代民主法治国家,主导性的做法是坚持宗教与国家政治生活及教育相分离的原则。法律应体现为一种民众共识,而非某个教派的特殊教义。对于宗教,法律的基本态度是保障宗教信仰自由,这作为一项基本人权已经获得国际社会公认。1948年联合国大会通过的《世界人权宣言》第18条规定:"人人有思想、良心和宗教自由的权利;此项权利包括他的宗教或信仰的自由,以及单独或集体、公开或秘密地以教义、实践、礼拜和戒律表示他的宗教或信仰的自由。"1966年联合国大会通过的《公民权利和政治权利国际公约》第18条亦有类似的规定。《中华人民共和国宪法》第36条也有关于宗教信仰自由的规定:"中华人民共和国公民有宗教信仰自由。"宗教信仰自由意味着信仰与不信仰的自由,教徒与非教徒、宗教与宗教之间不受到歧视的平等对待。对于宗教信仰自由,现代社会需要法律予以保障。

四、科学技术与法治文明

在科技非常发达且日新月异的现代社会,法治文明的发展不可能忽略科技的影响力。法律与科技的关系简单来说有两方面:一方面,科技进步促进法律或法治文明的发展;另一方面,法律保障科技的进步,具体可以从以下几个角度详细解析(本书第八章还会简略讨论现代科技对未来法治文明发展的影响)。

其一,人类法律制度的完善与科技进步有着非常紧密的联系。就法律自身来说,从习惯法到成文法,表达法律的符号即文字及其载体等条件的完善就是技术进步的结果。从宏观上看,科学技术的发展促使新的社会生产关系出现,也就引发法律的真空地带,当传统的法律不能调整新型社会关系时,就需要新的法律制度,由此促进了法律制度的进步。例如,由于现代医学的进步,人工授精、试管婴儿等技术的成功,使人类能够自我控制生殖过程和改变人类生殖方式,这一变化所产生的社会关系显然是传统婚姻法律所不能解决的,这就必然要对旧的法律领域进行拓宽,以达到调整新的婚姻关系或人伦关系的目的。又如,新的科技导致新的权利出现,各国产权制度必须跟上并不断完善。从野蛮的原始部落到现代的法治国家,越来越多的法律因为顺应了科技的进步而获得普遍接受和长久维持。特别是进入信息时代以来,人类社会由于科技的进步需要面对很多具有共性的社会问题,例如知识产权保护、食品安全、环境保护等,这些问题的解决很大程度上依赖科技的进步。2020年颁布的《中华人民共和国民法典》(以下简称《民法典》)对虚拟财产的承认就是科技进步的结果。因此,科技进步对法律产生了相当重要的积极影响。在现代社会,科技进步的速度超越了以往任何时代,借助便捷的通信手段和传播方式,很多科技进步的成果可以在短时间内对社会产生重大影响,甚至可以说,科学技术的发展和进步是法律完善、法治文明进步的终极推动力之一。

其二，法律规定及立法技术本身的科学性主要依赖科技的进步。在科学逐渐昌明的时代，作为现代社会中基本的治理手段，法律也受到了科技进步的多种影响，科技的进步改善了法律调整机制。首先，科学技术及其研究成果被大量运用到立法领域，促使法律规范的内容日趋科学化。例如，《民法典》中关于结婚有一条规定："直系血亲和三代以内的旁系血亲禁止结婚。"这种规定正是医学、遗传学等大量科学知识运用于立法的结果。其次，现代科技促使新的立法体制和法律部门的产生。传统立法体制中，立法工作往往交由国家设立的由法律专家主导的立法机构来完成，但当立法涉及现代科学技术方面的专门问题时，国家立法机构的一般成员往往感到无能为力，不得不把这类立法工作委托给专门的科技机构或人员，这样就促成了"委托立法"的新体制。而且，有些新的法律部门或领域立法也因科技而兴起，比如专利法的形成就与保护科技创新有关，现代各国网络监管方面的法律也因为网络技术兴起而成为一个新兴部门法领域。再次，科技发达也促进了立法技术的提高。立法机关可以更多地进行法律意见的咨询与收集，立法过程中进行调研、表决的手段也可以更加灵活。

其三，科学技术对执法与司法水平的提升带来巨大影响。一方面，大量的科技手段和产品出现，使得执法与司法要面对的问题更加复杂，比如大数据、人脸识别技术、区块链、虚拟货币等大量科学技术成果的出现，使得违法犯罪越来越高科技化，执法和司法机关要紧跟时代迎接新的挑战。另一方面，科技也为执法和司法提供了新的方法和手段。执法活动中，在现代社会高技术犯罪流行的情况下，执法人员能利用先进科学技术迅速地发现证据，找出线索，以达到打击犯罪的目的。借助现代科学技术，执法机关的人员也可大大提高执法效率，天眼监控、微电子技术、红外线摄影技术、医学技术等先进技术的使用使执法人员能更好地实施宪法和法律。司法实践中，司法过程的三个主要环节——事实认定、法律适用和法律推理，越来越多地受现代科学技术的影响，司法人员也越来越多地依赖科学技术来判定事实。当今，科技装置、仪器、工具所提供的证据已广泛为法院所接受，科学鉴定结论也日益受到重视。在中国当下法院工作中，智慧法院、电子诉讼、远程审判已经被充分应用，司法、执法与科学技术也日益紧密地结合在一起，当今执法和司法活动没有高科技的支持是不可想象的。

其四，法律发展保障科技进步，防范、纠正科技的滥用。科技是推进法律发展的终极力量，但是法律对科技也具有重要的反作用，比如科技的发展方向、科技组织的活动等都需要法律来规范和引导；科技的发明和创造需要法律通过知识产权保护加以确认和鼓励；科技产品的生产、科技对自然环境的影响等需要法律加以保护和处理；对于某些人阻碍科技进步，或利用科技实施危害社会和人类的非道德行为，法律可以进行打击和惩处，从而保障科技成果的良善应用。总之，法治文明所蕴含的良好的法律制度体系、权利观念等对科技发展具有重要影响。

当然，也要看到法律在回应科技进步方面存在一些不足。虽然从终极意义上来说，新科技力量最终会取代原有的科技力量并促进法律制度的改善，但是，新科技力量能否适应原有社会秩序中的伦理观念、道德观念、普遍信仰等，都有待具体分析和研究。科技进步也会给法律带来很多新问题，对原有的法律产生一定的冲击。[①]首先，科技进步的前沿性与法律的滞后性存在一定差距。科技进步总是产生于社会发展的最前沿，很多科技成果在社会中的普及都经过了一段比较长的时间。与之相比，法律本身带有一定的保守性，在时间上总是以现有的社会情势和观念作为基本的立场，经常无法及时回应科技进步，只能采取保守的放任态度。比如网络经济兴起，各国很多从业人员的社会保障就遇到困难。其次，科技进步的特定突破与法律关注的普遍问题之间存在脱节。就科技发展的历史来说，能够对社会中的每个公民都产生重要影响的成果并不多，因此，科技进步带有特殊性。与这种特殊性相比，社会中的每个公民却都要受到法律的规制，这就是法律的普遍性。当特殊性与普遍性产生冲突时，保守的法律就会受到前沿科技的冲击。再次，科技进步往往局部突破，而法律关注社会的整体性，注重整体协调，两者难以在每个方面保持一致。例如，现行各国法律都禁止进行克隆人的科学研究。从纯粹自然科学的角度而言，克隆技术的出现标志着基因技术高度发达，是科技进步的表现。但是，法律在应对克隆问题时，必须注重人类社会已经发展起来的整体伦理问题。

总之，随着科技的发展和社会生活的日益丰富，法律规范所调整的范围越来越广，法律的社会作用日益加强，这就使法律同现代科技之间的关系更加密切。对于现代科技的挑战，法律必须尽可能给予明确而及时的回应，法治文明也在这个过程中不断进步。现代科技的影响力有正负两个方面，它能带来无止境的财富和利益，使人类社会文明程度不断提高；它也会造成惨痛的灾难和损失，构成人类文明的障碍，甚至灾难。鉴于现代科技的这种双重特性，人类法治文明对现代科技的回应，根本目的在于达到"兴利"与"除弊"之间的平衡。

本章思考题

1. 如何理解文明的多重含义及文明交流的特性？
2. 你认为法治文明可以从哪些角度展开？
3. 不同地区的法治文明为什么会并且能够进行交流？
4. 影响法治文明发展的因素主要有哪些？
5. 如何理解科技对法治文明的双重作用？

---

① 孟子艳，李鑫. 科技进步对法律的冲击及其回应[J]. 科技管理研究，2015(2).

第三章

中国古代法治文明及近代转型

【本章导学】

中国古代法治文明是世界上历史最悠久的法治文明之一，独立于世界法治文明之林，它经历了从奴隶制社会到封建社会、帝制社会的不同阶段，相对稳定却又时刻发展、创新。中国古代法治文明以"礼"和"法"两者为纽带，融合了儒家及法家等思想，形成法律体系完整、内容丰富的中华法系，并对周边国家产生重要影响。近代以来，随着社会变迁及外来冲击，中国古代法治文明面临巨大挑战，开始艰难转型，实现向现代法治文明的过渡。了解中国古代法治文明的重要成果和特点，才能更好地认识当代中国法治文明所取得的成绩之不易。

【知识要点】

1. 中国古代法治文明起源悠久，相较其他法治文明的缘起有独特之处。

2. 中国古代法治文明强调"礼"与"法"两者的协调并用，"出礼入刑""准礼入律"是中国古代法治文明的重要表现。

3. 中国古代法治文明内容丰富，许多制度具有先进性，体现了中国古代人民对法治文明的追求与发展。

4. 近代中国法治文明在遭遇近代西方冲击后，努力寻求一条革新之路，艰难实现从传统法治文化向现代法治文化的转型。

第一节 中国古代法治文明的起源与发展

一、中国古代法治文明的起源

中国是一个历史悠久的国家，早在公元前5000年左右，在如今的黄河、长江流域就出现了许多规模较大的原始部落。这些原始部落不断发展，开垦土地，对外征服，进而建立起发达的城市和聚落。据最新的考古发掘材料，在公元前2000年左右，华夏大地上已经出现了许多发展程度较高的文明形态，形成"满天星斗"式的格局。[①]良渚遗址、石峁遗址、陶寺遗址等都是这一时期华夏文明的重要代表。这些遗址所出土的精美文物及规模宏大的建筑遗迹都证明了当时生产力的发展水平已经相对较高，社会阶级的分化已经出现，国家的雏形在悄然产生。随着夏王朝的建立，中国文明进入一个新阶段，中国的法治文明在这样环境中孕育诞生并不断发展。

(一) 中国古代法律的出现

根据马克思主义经典论述，国家的起源是文明发展的重要标志，也是法律起源的基础。在原始社会时期，随着社会生产力的逐渐提高，私有财产及私有制的出现开始摧毁部落社会的经济基础，阶级的产生与分化打破了部落成员间的平等关系。部落成员间的地位出现落差，使得部落的权力逐渐被少数人所垄断。统治者为了维护自己的权力，运用暴力手段贯彻实现自己的意志，国家机器开始出现。法律作为国家统治机制的重要组成部分，逐渐取代了原有氏族部落中的习惯与规范，成为被社会普遍遵守的规范。区别于氏族部落的习惯与规范，法律的重要特性在于其强制性。法律的出现不仅仅意味着有了成文的法律条文，它意味着有了专门机构制定带有权威性的行为规范，同时也有一批成员负责执行这些规范，最后当有人违反这样的规范就会受到暴力制裁。而这些正是国家所具有的特点，因此没有国家，法律也就无从谈起。

中国古代法律的起源，既有符合马克思历史唯物主义关于法律起源的规律，也有自身的独特之处。在部落氏族规范的基础之上，逐渐产生国家雏形，并形成法律规范。同时，中国法律的产生与军事战争的征服、血缘关系的连接，以及对自然的崇敬和祭祀又密切相关。

【拓展阅读 3-1】

传说中的司法始祖——皋陶

在中国古代典籍中，记载最早的司法始祖是皋陶，传说皋陶还使用一种叫獬豸的独角兽来断案决狱。獬豸类似羊，但只有一只角。据说它很有灵性，有分辨曲直、确认罪犯的本领。皋陶判决有疑时，便将这种神异的动物放出来，如果那人有罪，獬豸就会顶触他，无罪则否。汉代衙门中就供奉皋陶像、饰獬豸图，獬豸又被后世神化为"狱神"。

(二) 中国古代法律起源的特点

其一，中国古代的法律形成与军事战争有密切关联。中国古人很早就注意到了法律与战争之间的关系，特别是刑罚与军事活动的密切关系。"大刑用甲兵，其次用斧钺；中刑用刀锯，其次用钻笮；薄刑用鞭扑，以威民也。故大者陈之原野，小者致之市朝。"[②]汉代的

[①] 苏秉琦. 中国文明起源新探[M]. 北京：生活·读书·新知三联书店，1999：119-120.
[②] 《国语·鲁语》。

思想家王充更进一步指出"武法不殊，兵刀不异"①。这样一种"兵刑合一"的观念与中国社会早期发展中的军事征服活动密切相关。

在部落联盟时期，各部落臣服于联盟的首领，要服从联盟首领所发布的命令与指令，并且向其缴纳贡赋。如果不服从联盟首领的命令，则会被视为反叛，受到联盟的讨伐与镇压。在扩大联盟范围的过程中，对于未被纳入联盟的其他部落，也是通过军事战争的方式使其降服。而军事活动具有特殊性，为了保证统治秩序的稳定，对于征服后不臣服的个体，多数在战场上通过直接剥夺生命和财产的方式进行镇压。因此，施加刑罚的斧钺、刀锯等刑具，一开始都是军事活动中的兵器。

这种在互相征战过程中形成的处罚制度，在军事活动中不断成熟，对于"大刑"的使用规范逐渐确立，并开始用于部落内成员日常违反秩序行为的惩治。由此产生了相应的"中刑""薄刑"，以对部落内不服从统治秩序的成员进行威吓，通过相对较轻的鞭扑等规定进行处理。同时在执行刑罚的具体方式及程序上也逐渐完善，例如对于"大刑"，因为与军事征服活动相关，通常就在原野上直接执行，而"中刑""薄刑"等则在部落聚居地内部执行。刑罚与军事活动相互关联的特点也造就了中国传统法律中对刑事规范及惩罚性内容的重视。中国传统法律"以刑为主"的特点，追根溯源，就来自早期法律与战争密不可分的现象。

其二，中国古代法律注重血缘关系的纽带作用。在早期的部落生活中，中原地区肥沃的土壤与适宜的气候，使得以农业种植为基础的农耕经济得以茁壮发达。农耕经济的特点要求各部落必须长期、稳定地生活在一起，安土重迁，才能更好地对农作物进行耕作和照料。在这样的长期生活中，对部落内的等级关系及血缘关系的建立便逐渐重视起来。具有血缘关系的部落成员之间，其内部秩序的稳定性及成员间的互相协助也更突出，在对外征战中也更具优势。部落内依照相应血缘关系的亲疏远近确立部落内成员之间的等级关系，等级的差异导致在制度的建立与规范的适用上存在差异。在这样血缘关系的确定与婚姻的缔结过程中，部落的领导权也得以更迭和确立。②

在这样的部落生活中，血缘关系对部落的发展有举足轻重的作用，婚姻、血缘对部落的重要性不言而喻，同时为了维护部落已经形成的秩序，必须对婚姻、家庭等关系在制度上进行明确规范与保护。在"家国同构"的一体观念之下，家庭的血缘与部落的等级相互依存。这也导致了后来中国传统法律对于等级秩序、家庭成员血缘关系的重视。

其三，法律的形成与宗教祭祀信仰有重要关联。在华夏先民的早期生活中，因为生产力水平的限制，往往将自然现象归结于神秘的自然之力，并形成了早期的自然崇拜思想。而对家庭和血缘的重视，使华夏先民对祖先的崇拜有不一样的情感。在先民看来，祖先作为部落的领导和英雄，虽然死去但是仍然庇佑着部落，保护着子孙。部落的首领和祭司可

---

① 《论衡·儒增篇》。
② 根据《史记·五帝本纪》的记载，上古时期的五帝之间有直接的血缘关系及婚姻关系，尧、舜、禹都是黄帝的后裔，同时舜与尧的女儿又具婚姻关系。

以通过仪式同祖先进行沟通与交流，祈求祖先的保佑。

对于自然和祖先的敬畏及崇拜形成了先民早期的信仰，这种信仰也影响着人们的日常生活与对世界的理解。祭祀活动的举行成为部落中的大事，为了使祖先能够保佑部落成员，在祭祀的程序上、时间上、物品上必须慎之又慎，由此形成一套特别的规范。而在祭祀活动之中，成员的等级、同首领血缘关系的远近，又决定了其在祭祀活动中扮演的角色。违反这种祭祀规范，可能会触怒神明和祖先，对部落降下灾祸，因此要受到部落成员的谴责与制裁。这种规范就是后世"礼"的基础和雏形。

二、中国古代法治文明的发展

中国古代社会的发展，按照其社会形态的不同，大体可以分为奴隶制时期、封建制时期及帝制专制时期。这三个历史时期文化各异，在法律制度的构建上也不一致。奴隶制时期大致为公元前2000年左右夏朝建立至公元前1000年左右商朝的灭亡，这一时期的中国处于文明发展的初期，在国家结构与法律制度的建立上并不完善，带有明显的神权法色彩。封建制时期大约为公元前1000年左右西周建立至公元前221年秦始皇统一中国，这一时期以宗法制为核心的国家制度和法律制度得以形成，"礼"与"刑"并用的法律文明得以构建。帝制专制时期则从公元前221年开始至公元1912年清朝灭亡止，这一时期建立的以帝制专制主义为特点的国家制度，在法律文明发展过程中打下了深深的烙印，儒家思想与法家思想相互碰撞，形成了以"礼"与"法"为代表的中华法系，并对中国历史发展及东亚地区法律文明产生重要影响。

(一) 奴隶制时期

根据相关典籍的记载，在五帝时期末年，原有的"公天下"的部落联盟被"家天下"的国家所取代，而最早建立的王朝国家就是夏朝。夏朝的建立者启，改变了原先部落联盟时期公推首领的方式，采用家族内部世袭的形式进行最高统治权力的更迭，为之后四千年国家最高统治权力交替方式的确立奠定了基础。

夏商时期，由于生产力水平的限制，社会的经济生产活动以奴隶制经济为基础。社会形成了奴隶主贵族、平民及奴隶的不同阶层。为了维护统治阶级的利益，这一时期的法律以镇压奴隶、制裁侵犯奴隶主的行为为主要内容，在刑罚的使用上具有残酷性。

1. 夏商时期的法制具有强烈的神权法色彩

"夏道遵命，事鬼敬神而远之，殷人尊神，率民以事神，先鬼而后礼，先罚而后赏，尊而不亲。"① 相关典籍的记载指出了夏商时期对神秘的宗教及鬼神崇拜的重视。通过出土的大量甲骨文，我们也能更全面地了解当时人们对鬼神的崇敬，以及由此产生的将法律与神明相结合的神权法思想。

---

① 《礼记·表记》。

在商人眼中，他们是天帝的后代①，其统治的合法性来自上天。而历代商人的先公先王去世之后也会回归天帝的身边，继续对商人进行庇佑，因此举凡国家大事到日常生活，都必须请示祖先神明的意思，才能确保诸事顺利。在商代的甲骨文中，大量的卜辞记载的是商王对日常生活及国家大事的占卜，占卜的内容不仅涉及对天气、战争胜负、农业收成的预测，也包括对日常出行方位、奴隶逃亡方向的预测，自然也有大量涉及刑罚适用的预测。商王朝的统治者和贵族不仅自己信仰祖先神明，也引导国家上下对祖先神明进行祭拜。

在商王看来，他们是代上天行使治理权，因此一切臣民必须严格服从。而为了稳定自身的统治地位，商王在统治时往往也要假借天命与祖先的意志。商王盘庚时期，曾经对国内的部族首领及大臣进行训诫，指称其训诫的缘由是这些大臣的祖先在阴间向商王的祖先进行奏告，请求商朝的国君加强对他们这些子孙臣属的管理，使其服从命令，不得作乱，而商王的祖先又通过占卜的卜辞将这些内容告诉给了人间的商王。②因此，这些首领大臣必须严格服从商王的命令，不得作乱叛变，否则便是对祖先和神明的大不敬。

【拓展阅读 3-2】

甲骨文与商代法律

甲骨文，是中国的一种古老文字，又称契文、甲骨卜辞、殷墟文字或龟甲兽骨文，是我们能见到的最早的成熟汉字，也是中国及东亚已知最早的成体系的文字。殷墟出土的甲骨文中有许多卜辞都与刑罚的适用密切相关，让我们得以窥见商代法律的样貌。已经考释的甲骨文中有许多关于刑罚的文字，如墨刑、刖刑、宫刑等，不过受卜辞形式的局限，我们尚不得以知晓商代是否有成体系的法律规范。

这一时期的神权法除了体现为统治的合法性来自神明，同时在刑罚的适用上也依赖于神明的意志，实行"天罚"。根据出土的甲骨文卜辞，可以看到许多对刑罚实施的占卜，如"贞其刖百人殟"，"辛未贞，其墨多仆？其刖多仆？"③在刑罚的适用上，商王需要在实施前对是否施加刑罚、施行何种刑罚进行占卜，请求祖先神明的许可，而后才能实施相对应的刑罚。刑罚适用的权威来自神明的授予，刑罚实行的种类也来自神明的告示，这是神权法的主要特点。

2. 刑罚的残酷与分散化

通过对出土甲骨文的释读，我们可以得知夏商时期的刑罚制度在当时已经有了多种类型，而且以肉刑为主。所谓肉刑，就是直接施加于人体的刑罚，通过对人体部位的残害达

---

① 《诗经·商颂》："天命玄鸟，降而生商。"
② 《尚书·盘庚》："兹予有乱政同位，具乃贝玉。乃祖乃父丕乃告我高后曰：'作丕刑于朕孙！'迪高后丕乃崇降弗祥。"
③ 这两处卜辞的大意为，对于一百个人施加刖刑是否会导致他们死亡？在辛未这一天进行占卜，对于多仆这个人，是对他施加墨刑还是施加刖刑？

到刑罚的目的。根据文献的记载,甲骨文中出现的肉刑有墨刑、刖刑、劓刑、宫刑等,这些刑罚或者在人身体上进行刺字,或者割去犯人的五官、四肢、生殖器等部位,以进行惩罚。在出土的殷商墓葬中,经常可以看到肢体不全的尸骸,经考证很有可能就是生前被施加了刖刑的犯人,在死后被予以埋葬。除了施加残酷的肉刑,对于某些违反商王意志、破坏统治秩序的行为,商王还可能施加更为残酷的灭族之刑。①

不过从目前殷商时期出土的文物及甲骨文来看,夏商时期的法律制度发展还处于较为初级的阶段。在法律的形式上,大多以商王的诏令或口令为主,还没有系统地编撰成文的法典或法令,在内容上多是针对具体发生的事件,在其发生后进行一事一议的处断。在刑罚的适用上,我们也可以看到,目前出土的甲骨文中出现的刑罚种类和数量虽然不少,但是未说明刑罚适用与其犯罪行为之间的关系,不同刑罚的等级及适用情形可能并不具有体系化的建构。

(二) 封建制时期

公元前11世纪,随着殷商被西周所取代,中国社会的发展也迎来了一个新的阶段。著名的历史学家王国维先生曾指出,商王朝被周王朝所取代,并不仅仅是王朝之间的一次更迭、统治者的更换,而是从思想、文化、政治制度上都迎来一次大的变化,使中国文明焕发新的面貌,不亚于一场革命。②商王朝和周王朝的建立者来自不同的部族,其文化背景和社会形态都不尽相同,这一次王朝的变革,也是中华文化交融碰撞后的新的产物。

周朝在思想文化、政治制度及法律形态上都较商朝有了较大的进步和发展,形成了具有自身特点的封建法制。这种封建法制在思想上表现为"以德配天"及"明德慎罚"观念的提出,在政治制度上表现为以宗法制和分封制为基础,在社会规范上则表现为"礼"与"刑"这两种手段的同时运用。

1. "以德配天"及"明德慎罚"思想的提出

周部族在推翻商王朝的战争中逐渐认识到,商王朝的神权法思想已经不能解释自身的统治合法性,因此需要塑造新的观念。在此基础上,周朝提出了"以德配天"的观念,并在此基础上发展出了"明德慎罚"的法律观念。

在周朝统治者看来,过去商王朝所提出的"帝祖合一"观念并不真实,上天的神明并不会因为统治者是否为其后裔而保佑其统治,赋予其合法性。天下的各个部族中,所有的统治者及臣民在上天面前都是平等的,因此上天只会庇佑那些品德高尚,行为合乎上天道德要求的部族成员及统治者,所谓"皇天无亲,惟德是辅"③。周朝的统治就是因为其历任统治者的行为都符合上天的道德要求,才最终取代商王实现对天下的统治。这种道德要

---

① 《尚书·盘庚》:"乃有不吉不迪,颠越不恭,暂遇奸宄,我乃劓殄灭之,无遗育,无俾易种于兹新邑。"
② 王国维《殷周制度论》中指出,"殷、周间之大变革,自其表言之,不过一姓一家之兴亡与都邑之移转;自其里言之,则旧制度废而新制度兴,旧文化废而新文化兴"。参见王国维. 观堂集林[M]. 北京:中华书局,1959:456.
③ 《左传·僖公五年》。

求具体而言包括两方面，即"敬天"和"保民"。所谓"敬天"，就是要时刻对上天、对自然保留敬畏之心，要时刻敬畏上天可能会转移天命的行为，心中常怀警惕，不能松懈轻慢，不能因为暂时的统治以为可以一劳永逸。而上天的意志如何探寻，这便要从世间百姓的生活中得以体现，从被统治的民众是否能够安居乐业中得知。因此，统治者必须时刻注意"保民"，注意照顾民众的生活，使民情得以顺畅，才能符合上天的要求，实现统治的稳定。

周朝的建立仰赖之前统治者敬天、保民的行为，而继任的国君也需要时刻做到敬天和保民，使自己的行为符合上天的要求，"以德配天"，这样周朝的统治才能长久稳定，进而实现国家的安宁和民众生活的富足。如果违背了上天的道德需求，那么君王的统治也将被新的符合上天道德要求的部落或人群所取代。周朝所提出的"以德配天"思想，相较于夏商时期的神权法观念有了巨大的进步。在夏商时期，基于"神权法"的观念，君王的人间统治都是上天秩序的体现，而上天是不会犯错的。这样一来，无论君主发出什么命令，臣民都必须无条件遵守，因为这都是上天与神明的意志。而周朝则破除了这样的观念，将统治的合法性从上天与自然替换成了现实中的民众和百姓。虽然这里还有"天"这个对象，但是统治的重心已经转移到人世间的保民、安民和重民上了。大量出土的商代祈求上天和祖先降下启示的甲骨卜辞，在周代已经不再出现，周王不再通过向祖先神明祷告而获得启示，决定自己的行为，而是基于现实的环境和情况做出自己的判断。

"以德配天"的政治观念落实到具体的法律观念上，便是"明德慎罚"思想。所谓"明德"就是敬德、崇德，重视德行，而"慎罚"则是刑罚适中，不得随意施加刑罚，不乱杀无辜。周代制度的重要奠基者周公曾经在与其弟康叔的对话中指出："只有我们的父亲文王能彰显仁德、慎用刑罚；不欺侮孤老、寡母，在人民面前平易、恭敬、谦虚，以创造我们华夏，让我们的大邦、小国都井井有条。"①在"明德慎罚"的观念中，"明德"是指导思想及核心，一切的行为都需要围绕"明德"这一目的来实施，而"慎罚"则是"明德"的必然体现，也是辅助手段。对于犯罪行为必须制裁，但是惩治并不是最终的目的，而是通过对刑罚的适用来使人们幡然悔悟，重新做出符合道德的行为，使人民进一步尊崇和重视道德，不能不教而诛。民心的向背是天命所归的体现，因此在刑罚适中上要注意不得滥施酷刑，必须慎之又慎。刑罚的适用必须和犯人的行为相协调，达到"刑中"的效果。②

2. 宗法制与分封制的施行

周代的封建法制在国家的政治形态上，建立起以宗法制和分封制为表现的具体制度。周朝初年的统治者看来，以德配天的思想决定了现实的政治制度也必须符合天道，建立起相适应的国家制度。在"家国一体"的观念之下，国家的制度设计依赖于具体的家庭，依赖于血缘关系与亲族关系的构建，这是中国法律制度发展的一大特点。在周初的政治制度设计中，一方面周王必须解决继承制度的安排，保证统治权力更迭的有序性；另一方面，随着疆域的扩大，要解决如何实现对民众的有效治理。前者产生了嫡长子继承制，后者导

---

① 《尚书·康诰》："惟乃丕显考文王，克明德慎罚，不敢侮鳏寡，庸庸，祇祇，威威，显民，用肇造我区夏。"
② 《牧簋铭》："毋敢不明不中不井。乃甫政事，毋敢不中不井。"

致了封建制,连接两者的则是宗法制度。

在周人看来,婚姻制度是政治法律制度的基础,没有婚姻就没有家庭,就没有相应的等级秩序,也就没有国家。在"家国一体"的观念之下,婚姻是宗族关系、血缘关系的根源和纽带。周代一开始就确立了"立嫡以长不以贤,立子以贵不以长"①的嫡长子继承制。嫡长子继承制是宗法制的核心,嫡长子以外的兄弟则为别子,所谓"别",就是有别于继嗣了父亲身份的兄弟。对别子而言,嫡长子为"大宗";对嫡长子而言,别子是"小宗"。"大宗"与"小宗"的关系为"礼"所规范。简而言之,就是小宗服从大宗,大宗保护小宗;大宗继承其父的贵族身份,百世不迁;小宗由大宗分封后另为一支。嫡长子继承制及相应大宗、小宗的确立,最终使宗法思想系统化,并确立宗法制度。

所谓分封制,则是以宗法制和婚姻制为基础,周天子将周王室和亲族内的重要人物授予爵位,即"封邦建国"。西周灭商以后,周武王和周公曾经在全国范围内进行大分封。那时实施土地国有(或王有)制,"溥天之下,莫非王土,率土之滨,莫非王臣",全国的土地和臣民,名义上都归周王所有。周王把土地连同居住在土地上的臣民分封给诸侯,即"封国土,建诸侯"或"封邦建国"。经过这种分封以后,贵族内部形成从周王、诸侯、卿、大夫到士的等级结构。分封时,还规定了分封者和被分封者之间的各种权利、义务关系。下级要听从上级的命令,缴纳贡赋,定期朝觐或述职,提供劳役,接受军事调遣和指挥,服从裁判等;上级则有保护下级和排解纠纷的责任。土地不允许买卖,只能由上级分封或赐予,但实际上贵族代代世袭而逐渐占为己有。这种等级明确的封建制度,使得君主和诸侯之间各自确定权利、义务关系,有效实现了对国家的治理,保证了周代统治的长期稳定性。

3. 注重"礼"与"刑"的并用

周代在中国历史上第一次实现了礼乐政刑合一的治理模式,对后世的国家治理产生了深刻的影响。"礼"和"刑"作为周代实现社会统治的两种手段,有效维护了其统治,也对中国法治文明的发展奠定重要基础,后世的法治文明大多围绕"礼"和"刑"而展开。

(1) "礼"的精神及其表现

礼来自上古时期祭祀天地自然鬼神的仪式及仪式中所遵循的一系列规范。西周建立之后,周公"制礼作乐",在商代的基础之上建立了周代的礼仪,即周礼,以起到维护宗法制、巩固统治的作用②。周代的礼包罗万象,不仅涉及祭祀宗教的内容,举凡政治、军事、经济、文化、行为规范、风俗习惯等内容都有所涉及。

这些内容众多的规范,虽然表现形式不同,其背后的精神内核都是共通的,即"礼义",进一步言之即"亲亲、尊尊、长长、男女有别"。其中尤以"亲亲"和"尊尊"这两点最为关键。所谓"亲亲",即个人必须爱戴自己的亲属,尤其是以父亲为核心的尊亲属,子孙孝顺父祖,弟弟恭敬兄长。在宗法制上,就是小宗服从大宗;在国家政治上,则是遵循嫡长制、继承制;在官员任命和分封上,强调任人唯亲,而不是任人唯才,要依据亲缘关系的

---

① 《左传·隐公元年》。
② 《论语·为政》:"殷因于夏礼,所损益,可知也;周因于殷礼,所损益,可知也。"

远近来任命不同的官制，做到"亲者贵，疏者远"。而"尊尊"则是指下级必须绝对服从上级，公卿大夫服从诸侯，诸侯服从周天子，其目的在于严格等级制度，做到防止犯上作乱及僭越的发生。"亲亲"是宗法原则，强调的是孝，"尊尊"是等级原则，强调的是忠，这两点密不可分，构成了中国传统伦理的两大基石。

周代的礼时刻体现的便是这样的精神，并基于这样的原则制定了多样的规定。根据典籍的记载，西周的礼大体可以分为五种，即吉礼、凶礼、军礼、宾礼、嘉礼。吉礼是祭祀天地鬼神山川祖宗之礼，要求虔诚敬待鬼神；凶礼是哀吊死伤灾祸之礼，应哀痛忧思，如士丧礼等；宾礼是君臣及各色人等相见的礼仪，有礼貌和礼节，如朝觐聘问等；军礼是与军旅活动有关的礼仪；嘉礼是喜庆活动的礼仪，包含婚礼、冠礼等，要有发自内心的愉悦。

【拓展阅读3-3】

中国传统婚礼中的"六礼"

婚礼是中国古代礼的重要表现，中国古代婚礼在周代时就已基本确立，形成以纳采、问名、纳吉、纳征、请期、亲迎为步骤的"六礼"仪式，延续千年。纳采是男方请媒人向女方家进行提亲；问名则是由媒人向女方家询问女方的姓名和出生年月；纳吉是将女方的姓名八字取回后在宗庙进行占卜，看双方是否适合缔结婚姻；纳征，如果占卜结果顺利，男方正式向女方家下聘礼；请期，男方择定婚期，并告知女方家长；亲迎，结婚当日迎娶女方到家庭。在过去，只有经历了"六礼"仪式缔结的婚姻才被认可为正式有效的婚姻关系。

(2) "刑"的适用与表现

周代的礼多是一些正面的规定和指引的要求，对于违反礼的要求的行为，必须采取适当的惩罚措施加以制裁，"礼"和"刑"两者互为表里，"礼之所去，刑之所取。失礼则入刑，相为表里者也"①。周代的刑同发达的礼一样，也有许多丰富的内容。

在犯罪行为的打击上，周代的"刑"是为了维护"礼"的秩序，维护"德"的实现，因此对违礼背德的行为要进行从重处罚。例如，"不孝不友"的行为被视为最恶劣的犯罪，会进行极端处罚。所谓"不孝不友"，指的是父亲不爱护自己的儿子，反而厌恶他，儿子不恭敬地孝顺父亲，反而使其伤心；兄长不照顾友爱自己的弟弟，而弟弟对自己的兄长也没有尊敬之情。在周人看来，这样的行为，是对以"尊尊""亲亲"为核心的礼的破坏，乱了上天降下的彝伦，影响极为恶劣，必须杀之不赦，不能宽宥。而对能体现和维护"礼"的行为，必须优待重视，例如周代特别规定了对老幼犯罪减免刑罚的制度。据史籍记载，西周时期有"三赦"之法，即"一赦曰幼弱，二赦曰老耄，三赦曰蠢愚"②，凡此三者皆赦免其罪。《礼记》亦云："悼与耄，虽有死罪不加刑焉。"古代人将80~90岁称为"耄"，7岁以下称为"悼"，这说明西周时期80岁以上的老人及7岁以下的年幼者犯罪都可减免刑

---

① (南朝宋)范晔：《后汉书·陈宠传》。
② 《周礼·司寇》。

罚。这样的优待体现了立法者对社会弱势群体的关爱,注重民情,也影响了后世法律的内容。

在司法审判中,西周的司法官员还形成了特有的"五听"审判方法。所谓"五听",指的是通过五种不同的方式观察案件的当事人,进行案件事实的调查,"一曰辞听,二曰色听,三曰气听,四曰耳听,五曰目听"①。观察案件的当事人在表达时言辞上是否有矛盾之处,神色表情是否异常,呼吸是否均匀、顺畅,注意力是否集中,眼神是否游离。这种审判方式比夏商时期依靠神明裁判的方式有了很大的进步,通过对人的观察来判断其口供证词是否可靠,以此来调查案件的真相。这种审判方式具有相当的科学性依据,与现代心理学、侦查学的内容不谋而合,也体现了古人司法活动中的智慧。而为了避免单纯依靠口头供述判案可能存在的弊端,周代还实行"三刺"的制度,即司法官在施加死刑之前,必须向三类人群充分征询意见②。向周围的贵族、向工作的吏员、向四方的民众充分询问,请他们发表对案件审理的意见,听取意见,以保证案件的审理尽可能公正无偏,不发生冤假错案。

(三) 帝制专制时期

西周建立的封建法制的核心即宗法制度,维系周天子与诸侯、诸侯与公卿大夫之间等级关系的纽带是彼此之间的血缘关系,但是血缘关系随着时间的推移不可避免地会疏远。虽然周礼中试图通过朝聘之礼解决这一问题,但是周天子的权威仍然日渐衰微。加上生产力的不断提高,土地私有化的现象越来越普遍,封建制下的宗法制、等级制开始逐渐瓦解,礼的秩序不再被遵守和适用,刑的实施也渐渐荒弛,礼崩乐坏之下社会迎来了大的转型时期。

经历了春秋战国时期数百年诸侯林立、互相攻伐的动荡之后,公元前221年,秦始皇统一六国。这次统一不仅使得国家疆域和版图归一,政治制度与法治文明上也迎来了新的发展阶段。从公元前221年秦朝建立到1912年清朝灭亡,两千多年的帝制时代中确立的以皇帝专制为核心的政治制度,法治文明产生了新的面貌,法律形式逐渐完善,司法制度不断发展,法律内容日渐丰富,形成了具有代表性的中华法系文化。

1. 法律形式逐渐完善

在奴隶制与封建制时期,中国的法律形式仍然较为原始,在法律规范的制定及编纂上未成体系,在法律条文的公布上秉持着神秘主义。立法者主张"刑不可知,威不可测,则民畏上也"③。民众只要对法律不了解、不知悉,那么在行为上就会更加谨小慎微,不会违反社会的秩序。而在春秋战国时期,随着社会经济的发展,这种法律神秘主义的观点已经不再适用。春秋时期,郑国的大夫子产第一次将法律规范铸造在青铜鼎上,实现了第一次法律公开运动,这就是著名的"铸刑鼎"事件。此后,法律条文的公开成为历代法律制

---

① 《周礼·司寇》。
② 《周礼·司寇》:"一曰讯群臣,二曰讯群吏,三曰讯万民。"
③ (晋)杜预注,(唐)孔颖达疏:《春秋左传正义·昭五年尽六年》。

度的基础。商鞅变法之后，秦国推行"以法为教，以吏为师"，①倡导民众向基层的官吏和司法人员学习法律，了解法律的规定。法律不再是少数特权阶层所秘密珍藏的文本，而是向天下的民众公开。民众通过公开的法典文本，能够有效了解哪些行为是严加禁止的，犯罪之后的刑罚又是如何，这使得民众的违法行为得以减少，社会的秩序得以稳定。

【拓展阅读3-4】

中国法律公开化的典型——铸刑鼎

公元前536年，郑国的宰相子产将制定的国家法律《刑书》铸刻在青铜鼎上，并放在宫殿门前，让全国的百姓都能看到这个鼎以及鼎上的法律条文。子产的做法受到以叔向为代表的许多贵族的反对，认为这将导致犯法的事情逐渐增多，郑国将因此灭亡。但是子产顶住了压力，坚定公开法律，并认为这是救世之举，将有利于郑国的发展。子产的这一行为，开启了中国古代公布成文法的先例，之后各国也纷纷将法律公之于众，中国古代法律发展迎来新的时期。

我国历代王朝一直将法律的公开视为重点，要求官员阶层必须带头了解国家的法律规定，并将之作为官员考核的重要依据。汉代官员的评价即出现"颇知律令"的考察。唐宋时期的科举考试中，有专门的"明法"科，专门考察对法律的熟悉程度，通过国家考试的方式选拔相应的司法官员。明代的法律中明确规定了"讲读律令"的条文，要求各级官员必须知晓国家的法律条文。每年的官员考察中，抽查其对法律文本的熟悉程度，如果官员无法回答，或者对法律文本的理解出现错误，轻则通过罚俸的方式予以惩戒，重则降职调离岗位，不得升迁。

除了重视官员学习、掌握法律，历代统治者还关注基层民间对国家法律的学习、掌握情况。明清时期的地方官员必须定期在州县衙门向地方的士民群众讲解国家的法律规定及朝廷的政策，各乡镇也必须择选识字明白之人向民众讲解法律。对于熟悉国家法令、了解国家法律规范的民众，如果是偶然有过失违法行为或者是被牵涉株连而被惩处的，可以从轻发落，减一等处罚，《大清律例·吏律·讲读律令》中对此就有明确规定。

在国家法律规范的制定上，帝制时期的中国尤为重视成文法典的编纂，奠定了以"律"为核心，多种法律形式互相协调，共同发挥作用的法律体系。唐代的法律体系是帝制时期的中国法律成熟化的代表。

唐朝建立之后，开始着手制定法典，经过反复增减，最终制定了在中国法律文明史及世界法律文明史上都具有重要历史意义的《唐律疏议》。唐高祖时，在隋朝《开皇律》及历代法典的基础之上，细加撰草，制定了以十二篇为结构，五百零二条为内容的唐律。到了永徽四年(653年)，为了更好地适用唐律的条文，唐高宗李治下令长孙无忌等大臣对唐律的文本逐条逐句加以解释，对立法的本意及司法的具体适用进行说明，使唐律在具体的法律

---

① 《韩非子·五蠹》。

适用中更加具有操作性。对唐律的解释即是《疏议》。《疏议》的内容不仅包含个别字词的解释、法律术语的说明、立法原意的考究、条文规范的考证，还有以问答的形式对实践中的疑难问题做出的解释。《疏议》在疏解律意的同时，常常根据司法实践的需要对律文进行补充，有时甚至加以变通乃至修正，从而使得律文的内容更为全面、准确，同时也更有弹性，增加了律文的生命力。除此之外，《疏议》在对律条疏解之时，注意到唐律的整体性，在需要的时候会列举各相关律条的规定，甚至会适当征引唐代其他法律形式即令、格、式的相关规定。《疏议》的内容与《唐律》的文本一起在实践中发挥作用，具有同等的效力，并合为一体称为《唐律疏议》。《唐律疏议》的出现标志着帝制时代的法典编纂走向了成熟，体现了极高的立法水准。唐朝之后的历代王朝，其法典编纂无不是在《唐律疏议》的基础之上进行增减，宋代的《建隆重详订刑统》、金代的《泰和律义》、明代的《大明律》、清代的《大清律例》，都能在结构及条文上看到唐律的影子。

【拓展阅读3-5】

中华法系的域外传播

《唐律疏议》作为中华法系的代表性成就，对同时期及之后的日本、韩国、越南等亚洲诸国的法典编纂产生了重大影响。朝鲜《高丽律》的篇章内容都取法于唐律。日本文武天皇制定《大宝律令》，也以唐律为蓝本。越南李太尊时期颁布的《刑书》，大都参用唐律。从唐朝起，中国法典的先进性、科学性受到相邻国家的尊重，并被奉为母法，相邻各国均成为中华法系所覆盖的国家。

在正式颁布的律典之外，帝制时期的中国还通过各种不同的法律形式丰富着法律体系，以起到维护社会秩序、加强规范的作用。根据《唐六典》中的记载，"凡律以正刑定罪，令以设范立制，格以禁违止邪，式以轨物程式"。这说明除了正式的唐律，唐代还存在令、格、式这三种不同的法律形式，并在实践中发挥着重要作用。

如之前所说，律是国家正式颁行的律典文本，也是处罚定罪量刑的重要规范，相当于后世的刑事法律规范。律文的制定具有稳定性，一般王朝初期制定法典条文，之后的统治者不会轻易增减修改其文本。律文具有最强的惩罚性与制裁性，统治者通过直接施加刑罚的方式对违反律文的行为予以打击。令即诏令，本义是口头发布的命令。秦代即有皇帝专门的命令和诏令。相较于稳定的律文，令文的灵活性和针对性更为明显，但其效力和正式的律文相同，在实践中予以同等对待。令文的内容较为广泛，多是国家制度的实施规定以及对民众具体行为的规定。唐代的令文包括对国家官制的设置、地方行政级别的规定、官员选拔考核的标准、服饰着装的区别及行政文书的格式等内容。这些规范是以正面的方式规定国家制度，指导各级官员及民众在不同的场合该如何行为，本身不具有处罚性。格则是皇帝临时、临事颁布的行政命令。相较于律令，格的针对性和适用性更强，属于"特别法"的内容，在具体的事项上，格的效力高于律令。唐代将格依照效力的不同分为两种，即散颁格和留司格，前者颁行天下，后者仅在特定行政衙门内部发挥效力。最后则是式，主要是尚书省和二十四司及其他衙门在执行律、令、格的过程中制定的办事细则及公文程式。律、令、格、式作为唐代主要的法律形式，各自具有明确的分工和适用条件，又相互协调。令、格、式这三种法律形式的内容近似于行政法，规定的是如何组织和行为，律则是针对违反这些内容的处罚条款。

到了明清时期，唐代的律令格式已经不再适用，为了满足社会变化的需求，条例、则例等新的法律形式开始逐渐占据主导地位，成为重要的法律形式。所谓条例，原本是司法机关根据具体的案件而抽象出的规范性内容，经皇帝批准后颁布施行。它和律文的区别在于"律者万世之常法，例者一时之权宜"①。由于朱元璋在制定《大明律》时明确要求子孙不得修改，因此为了适应社会的变化，解决法律中与实际情况不符之处，朱元璋之后的历任皇帝纷纷制定新的条例规范。万历年间，首次将例文与律文一起编排刊刻，称《大明律附例》。清代则继承了明代的法律形式，编撰了《大清律例》，成为帝制时期最后的法律体系。

2. 司法制度强调科学、慎重

帝制时期司法制度的设计充分体现了对人的重视，在司法机构的设置、司法程序的安排上都力图实现科学与慎重，减少官员上下其手、枉法裁判的可能性，也给予了民众申冤的途径。

秦汉时期，中央政府就设置专门的司法审判机构，对重大案件进行审理并负责相关司法行政活动的开展。中央的廷尉属于九卿之一，秩中二千石，属于国家的高级官员。廷尉职掌重案的审理，并能对皇帝干预司法的活动予以一定限制。此外还有御史大夫，位列三公，负责百官监察并对廷尉及地方官员可能存在的司法舞弊进行弹劾。

唐代形成了以大理寺、刑部、御史台为核心的三法司，作为中央主要司法审判机构。刑部负责审核大理寺流刑以下及州县徒刑以上的案件，发现可疑之处，流徒以下案件判令原审机关重审或进行复判，死刑案则转送大理寺重审。大理寺为中央最高审判机关，审理中央百官犯罪与京师徒刑以上案件，以及重审地方移送的死刑案件。对徒刑、流刑案件的判决，须报刑部复核；对死罪案件的判决，直接奏请皇帝批准。御史台为中央最高监察机关，负责监督大理寺和刑部的司法活动，也参与某些重大疑难案件的审判，并可受理职官案件。为了保证司法审判的公平，每逢大案，常常由大理寺卿会同刑部侍郎、御史中丞共同审理，称为"三司推事"。

宋代还明确规定了直诉制度，规定案件逐级上诉审理，如果到尚书省仍未平断案件，则民众可以依次经登闻鼓院、登闻检院等机构实封投状；如果登闻鼓院等机构不予受理，可以拦驾由皇帝身边亲卫将诉状转交皇帝，由皇帝直接指派官员进行审理。各级衙门在接到当事人上诉申诉之后，必须在限定期限内组织没有利害关系的官员详细研究案情，重新审理。

在案件审理过程中，帝制时期的司法制度还特别重视对案件情节的还原以及证据效力

---

① 《明史·刑法志》。

的认定，《睡虎地秦简》中就有早期侦查案件的记载。[①]对于司法审判的科学性，保障当事人权益方面也有诸多探索，如宋代的"鞫谳分司"及"翻异别勘"制度就是例子。鞫谳分司就是将审与判两者分离，由不同官员分别执掌。鞫，指审理犯罪事实。谳，指检法议刑。宋朝中央和地方都实行鞫谳分司制度。各州府设司理院，由司理参军(鞫司)负责审讯及调查事实等，司法参军(谳司)依据事实检法用条，最后由知州、知府亲自决断。鞫谳分司强调两司独立行使职权，不得互通信息或协商办案，有利于互相制约，防止舞弊行为。另外，宋朝法律形式复杂多样，条文内容繁多，设立专职官员检详法条，也有利于正确适用法律。"翻异别勘"是指在诉讼中，犯人推翻原来的口供(翻异)，事关情节重大，一般由另一法官或其他司法机关重审(别勘)的制度。别勘分为差官别推(换法官审理)和移司别勘(换司法机关审理)两种。宋代，当犯人不服判决临刑称冤或家属代为申冤时，则改由另一个司法机关重审或监司另派官员复审。按照法律规定，翻异可三至五次。妄行翻异叫冤者，别推时加重处罚。就其实质来说，这种制度属于司法机关自动复审，虽有时会因多次翻异而影响司法机关的审判效率，但从总体上来说能够在一定程度上杜绝冤假错案的发生，同时也是宋朝统治者慎刑精神的表现。

在刑罚制度上，随着经济与人口的发展，帝制社会对劳动力越加重视，奴隶制时代的残酷刑罚不再适应社会需求，给人体带来巨大创伤的肉刑逐渐被抛弃，而改用监禁刑、劳役刑等作为惩罚的手段，形成了以"笞杖徒流死"为代表的五刑制度。在刑罚适用上也更加慎重，特别是对于死刑。

【拓展阅读3-6】

缇萦救父与汉文帝废除肉刑

西汉文帝时期，有一位地方官员犯法被押解到长安，他的女儿缇萦因不忍父亲遭受残酷的刑罚而向汉文帝上书，指出遭受了肉刑的犯人，会留下终身不可挽回的损伤，即使以后要改过从新也无能为力，因此要求代替父亲受罚，入宫为奴。汉文帝看到这份陈请之后，被她的孝心和言论所感动，因此下令废除过去断人肢体的肉刑制度。这个典故也被称为"缇萦救父"。从此之后，残酷的肉刑逐渐退出中国刑罚体系。

明清时期的会审制度也体现了传统法律文化中的慎刑思想，这是明清司法活动中的重要活动，是皇帝权威在司法制度中处于最高地位的体现。以清代为例，其重要的会审制度包括热审、秋审、朝审等内容，比明代更为成熟与系统。所谓热审，即在每年的小满节气后的十天到立秋之前，由大理寺的官员会同御史及刑部承办官员，审理发生在京畿重地的笞杖案件，并对其予以减轻处罚的制度。热审的目的在于加快笞杖等情节相对较轻案件的

[①]《睡虎地秦简·封诊式·穴盗》中记载了当时的一个真实案件，某甲因为家中衣物失窃，前往官府禀报，当地官府接到报案后，迅速派人前往勘查，并对门窗外遗留的足迹等痕迹进行测量，询问周围邻居，对案件嫌疑人进行调查。参见：睡虎地秦墓竹简整理小组．睡虎地秦墓竹简[M]．北京：文物出版社，1990：145.

审理速度，避免因为天气炎热导致笞杖刑犯人死于狱中。秋审则是国家复审各省死刑案件的一种制度，因为在每年秋季举行而得名。清代乾隆年间，秋审进一步规范，成为死刑缓刑的复核程序。朝审则是中央各部院对刑部在押的监候犯人进行复核审判的制度。

按照清代法律的规定，对于危害国家统治或者严重的人身和财产犯罪，应判处"斩立决"或"绞立决"的处罚；而对于情节和危害性不那么严重的犯罪，或者案件情节存在可疑之处，以及犯罪人本身有值得怜悯的情形，可以暂时判处"斩监候"或"绞监候"，暂缓处决。每年秋季，各省督抚要就本省的监候案件会同官员进行复审，提出"情实"(即案件事实清楚)、"缓决"(暂缓执行裁决)、"矜"(案件当事人有值得同情、怜悯的情节)、"疑"(案件情节存在可疑之处)的意见，连同卷宗上交刑部。在秋审当天，由朝廷各部大臣共同审理，并由刑部上奏皇帝，由皇帝本人做出最终裁断。秋审和朝审之后，对于情实的案件，当年冬至前执行死刑；对于缓决的案件则继续羁押，留待明年再做进一步审理，若经过三次复审都定为缓决，则可以免去死罪，减轻发落；对于可矜案件，则根据其情况直接予以减轻发落；而对于案件情节属实的当事人，若其家中祖父母、父母年老无人奉养，或者为家中独子的，则可以经皇帝特旨批准免死，改为杖责枷号示众，释放回家。这种对于死刑执行的慎重，目的在于限制各地擅杀、滥杀的情形，做到裁判的公正和公平，体现了传统法律文化中对生命的重视。

3. 法律内容丰富、多元

帝制时期的法律内容广泛，丰富、多元，对民事、刑事、行政等法律关系都有涉及，在律典的编纂上以"诸法合体"为特征，同时又通过其他法律形式丰富其内容。睡虎地出土的秦简中就说明了许多不同类型的法律关系。这些律文包含土地耕作、牲畜饲养、国家官职、驿站管理、爵位晋封、公文程式等诸多内容，并不是仅仅以单一的刑事犯罪为重心。

我们以唐代的《唐律疏议》为代表，一探帝制时期法律的丰富性。《唐律疏议》一共十二篇，其中第一篇《名例律》，相当于现代刑法总则，主要规定了刑罚制度和基本原则；第二篇《卫禁律》，主要是关于保护皇帝人身安全、国家主权与边境安全的内容；第三篇《职制律》，主要是关于国家机关官员的设置、选任、职守及惩治贪官枉法等的内容；第四篇《户婚律》，主要是关于户籍、土地、赋役、婚姻、家庭等的内容，以保证国家赋役来源和维护封建婚姻家庭关系；第五篇《厩库律》，主要是关于饲养牲畜、库藏管理，保护官有资财不受侵犯的内容；第六篇《擅兴律》，主要是关于兵士征集、军队调动、将帅职守、军需供应、擅自兴建和征发徭役等的内容，以确保军权掌握在皇帝手中，并控制劳役征发，缓和社会矛盾；第七篇《贼盗律》，主要是关于严刑镇压蓄意推翻君主专制政权，打击其他严重犯罪，保护公私财产不受侵犯的内容；第八篇《斗讼律》，主要是关于惩治斗殴和维护封建的诉讼制度的内容；第九篇《诈伪律》，主要是关于打击欺诈、伪造等犯罪行为，维护帝制社会秩序的内容；第十篇《杂律》，凡不属于其他分则篇的内容都在此规定；第十一篇《捕亡律》，主要是关于追捕逃犯和兵士、丁役、官奴婢逃亡的内容，以保证封建国家兵役和徭役征发和社会安全；第十二篇《断狱律》，主要是关于审讯、判决、执行和监狱管理的内容。可见其中不仅涉及现代所理解的刑事犯罪的内容，还包括婚姻、土地、诉讼、赋役等内容，涉及领域广泛。

除了《唐律疏议》，《唐六典》也是唐代法律的一个重要组成部分，由此也可见古代法律的内容丰富。《唐六典》是一部关于唐代官制的行政法典，规定了唐代中央和地方国家机关的机构、编制、职责、人员、品位、待遇等，注中又叙述了官制的历史沿革。依照唐玄宗的意图，此书本应按《周官》分为理典、教典、礼典、政典、刑典、事典六部分，故名《唐六典》。《唐六典》是保存至今的一部最早的、完整的、具有封建国家行政法典性质的文献，在中国行政立法史上具有重大意义，书中记载了大量唐朝前期的田亩、户籍、赋役、考选、礼乐、军防、驿传、刑法、营缮、水利等制度和法令等方面的重要资料。后世明清时期编纂的会典，其源头即为《唐六典》。

【拓展阅读3-7】

西方人对中国法律的观察和赞许

17—18世纪，随着许多中国文献传播到西方并被翻译为当地文字，欧洲人对中国文化产生了浓厚的兴趣。伏尔泰、莱布尼茨等学者都曾大力赞扬中国的道德水平和政治法律制度。曾在乾隆年间来访中国的小斯当东(Sir Staunton)对《大清律例》予以极高评价："与我们的法典相比，这部法典的条文最伟大之处是其高度的条理性、清晰性和逻辑一贯性……尽管这些法律冗长烦琐之处颇多，我们还没看到过任何一部欧洲法典的内容那么丰富，逻辑性那么强，那么简洁明快，不死守教条，没有想当然的推论。"

第二节 中国古代法治文明的主要特征

一、出礼入刑、隆礼重法的治国策略

自封建时期开始，礼作为一种重要的社会规范，就在国家治理上发挥着重要作用。秦汉以后，虽然封建社会的贵族法治瓦解，但是礼仍然在社会和人们的观念、行为中发挥着重要作用。特别是与国家颁行的法律之间存在着密切关系，两者互相影响，"礼"从正面的角度引导人们的行为，"法"则从禁止的角度对人们违反礼的规范进行惩处，两者共同构成中国传统法治文明的支柱。西晋《泰始律》"引礼入律"，第一次实现礼与法的连接，得到后世的称赞。帝制中国的代表性法典《唐律疏议》，更是因为其"一准乎礼，得古今之平"而被称为中国古代法典的范本。礼法融合的代表制度包括"准五服以制罪""十恶制度"等重要内容。

五服又称丧服，原本是指亲属在服丧期间所穿的衣服，根据亲疏关系的远近，不同的人在参加丧礼时所着的衣服质地不同，需要服丧的时间也不同，亲者服重，疏者服轻，依

次递减。这五等服制依次是：①斩衰三年，用极粗生麻布制作丧服，衣服不缝边。儿子及未出嫁女儿为父母、妻为夫、臣为君(以日代年，服丧三日)服丧皆如是。②齐衰，用次等生麻布制作丧服，衣服缝边。丧期有三年、一年、五月、三月等。一般为祖父母、曾祖父母、高祖父母服丧。③大功，用稍粗的熟麻布为丧服，丧期九月。④小功，用略细的熟麻布为丧服，丧期五月。⑤缌麻，用细熟麻布为丧服，丧期三月。五服制度是传统中国的礼教中以丧服为标志，规定亲属的范围、等级，明确亲属亲疏远近尊卑的制度，是明确划分家庭内部等级关系的基本原则。"准五服以制罪"是依照人们亲属关系的远近来区别其在不同犯罪中所承担的责任，从国家律典上保障了家长对家庭内部的管理权和家庭内部的尊卑等级。一般来说，普通人之间的纠纷，服制越近，以尊犯卑，处罚越轻；以卑犯尊，处罚越重。反之，服制越远，尊卑相犯的处罚越接近普通人。

"十恶"是中国古代法律制度中严厉打击的十种恶性犯罪。《律疏》中说："五刑之中，十恶尤切，亏损名教，毁裂冠冕，特标篇首，以为明诫。"《唐六典》载："乃立十恶，以惩叛逆、禁淫乱、沮不孝、威不道。"在唐律及后世法典规定的应当受到刑罚处罚的各种犯罪中，列于"十恶"的犯罪行为是最严重的，这些严重的犯罪皆属弃礼经、悖道德、坏伦常的行为。将这十类犯罪集中于此，称以十恶，标于篇首，是为了表明立法者对维护封建伦理道德的高度重视，从而达到震慑和禁绝违背礼教行为之目的。

根据《唐律疏议》的记载，"十恶"包括"谋反、谋叛、谋大逆、恶逆、不孝、大不敬、不道、不义、不睦、内乱"十种行为。这十种行为还可再分为四类：①危及皇帝与皇权类，包括谋反、谋大逆、谋叛、大不敬；②侵犯尊长与有服亲属，包括恶逆、不孝、不睦、内乱；③侵犯官长尊师类，不义；④毫无人性类，即不道。"十恶"中，谋反、谋叛、谋大逆三者与律文要罚的行为是对应的，即"十恶"中此三者之"恶名"与律文中的"罪名"对应。例如谋反与谋大逆为《唐律疏议·贼盗》"谋反大逆"条所规定的犯罪行为，谋叛为《唐律疏议·贼盗》"谋叛"条所规定的犯罪行为。"十恶"中，恶逆及以下七者分别包含了若干犯罪行为，即"十恶"中恶逆及以下七者之"恶名"各自包含了若干律文中的"罪名"，如恶逆包含了五类犯罪行为或曰"罪名"，分别为：殴祖父母、父母；谋杀祖父母、父母；杀伯叔父母、姑、兄姊、外祖父；杀夫；杀夫之祖父母、父母。立法者将"十恶"集中规定于《唐律疏议·名例》一篇，除了体现"法律礼教化"以外，还强调了"十恶"在通常刑罚处罚基础之上的一些处罚特例。具体来说包括以下几方面内容：官员、贵族及其一定范围内的亲属犯罪享有议、请、减之特权，若犯"十恶"则不准议、请、减；有官爵之人犯罪所处除名之刑，遇赦可予以免除，若犯"十恶"则会赦犹除名；同居亲属得以相互容隐，若犯"十恶"则亲属听告；犯死罪者，可以父祖年老疾病为由上请缓于执行死刑，若犯"十恶"则不准上请侍亲；死刑执行必须于特定时间，且执行之前必须五覆奏(执行前一日两覆奏、执行之日三覆奏)，若犯"十恶"则决死不待时、决前一覆奏；一般犯罪遇有赦免刑罚得以减、降，若犯"十恶"则会赦不原。

二、民惟邦本、本固邦宁的民本理念

中国传统法治文明注重对民生的保障，高举民本的思想理念。著名的思想家孟子就说过，"民为贵、社稷为次，君为轻"，并且强调，"诸侯之宝三：土地、人民、政事"。人民是国家的重要基础，离开民众，国家就不复存在。"乐民之乐者，民亦乐其乐；忧民之忧者，民亦忧其忧。"从孔子的"富之教之"到朱熹的"新民"思想、王阳明的"亲民"思想，再到顾炎武的"厚民生，强国势"，历史上诸家学说都推崇"民为邦本"的思想。

传统中国是农业社会，农耕经济是社会的重要经济基础，也是国家赋税的最重要来源，而农业的生产离不开老百姓的辛苦耕作。民众也是国家军队的重要来源，中国历朝兵制发生多次变化，但都离不开民众的服役，没有军队，国家将失去保卫能力。同时，民众也是国家重大工程的参与者，举凡城池修建、运河开通、宫殿建造等各项事务都需要民众广泛参与服徭役。可见，民众才是传统中国的根基，是国家的根本。"国者积民而成，舍民之外，则无有国。"①

民众既然是国家的重要根基，就要求统治者必须爱民、护民。这种爱民、护民的要求并不是简单的口号，而是需要通过具体的措施来实现。一言以蔽之，就是通过富民、养民、利民的手段，使得民众生活富足，进而实现国家的强盛。"凡治国之道，必先富民。民富则易治也，民贫则难治也。……是以善为国者，必先富民，然后治之。"②在法律上，也要通过相应的规定来加以落实。

对于民众来说，最重要的生存根本就是土地，因此必须从土地分配上保障民众的生产和生活。历代统治者在制定相关法规时都离不开对土地制度及相关问题的规定，关于土地的立法也是中国传统法律制度的核心内容。自商鞅变法开始，即允许民众自由买卖土地。民众可以自由买卖土地，容易导致势要之家兼并贫民之土地，形成"富者田连阡陌，贫者无立锥之地"的情形③。因为兼并存在，土地易主非常频繁，所以有这样的俗语："千年田换八百主""贫富无定势，田宅无定主"。为了解决土地兼并问题，保证民众都有相应的土地得以生存，北魏起即开始实施"均田法"。这是一种按人口分配土地的制度，它规定部分土地在耕作一定年限后归其所有，部分土地在其死后还给官府。唐代时期规定，十八岁以上的中男和丁男，每人受口分田八十亩，永业田二十亩；老年人、残疾人受口分田四十亩，寡妻妾受口分田三十亩；这些人如果为户主，每人受永业田二十亩，口分田三十亩。工商业者、官户受田减百姓之半。道士、和尚给田三十亩，尼姑、女冠给田二十亩。此外，一般妇女、部曲、奴婢都不受田。永业田是可以由子孙后代继承的田土，而口分田则是在本人死后回归国家，由国家重新进行分配。均田制的实施在一定程度上使无地农民获得了无主的荒地，农民有了安居乐业的可能，生产积极性提高，同时大片荒地被开垦出来，粮食

---

① 梁启超. 论近世民族竞争之大势及中国之前途. 饮冰室合集·文集之四[C]. 北京：中华书局，1989：56.
② 《管子·治国》.
③ (东汉)班固：《汉书·食货志》.

产量不断增加，从而积极推动农业经济发展。另外，均田制是国家土地所有制，虽然没有直接分割地主的财产，但有效限制了他们的土地扩张。

三、天下无讼、以和为贵的价值追求

虽然中国传统法律有着丰硕的成果及重要成就，但是在传统法律思想中却始终贯穿息讼无讼、以和为贵的价值理念追求。早在两千多年前的春秋时期，孔子就曾发出这样的感慨，"如果让我审理案件，那么我将和别人一样，最终实现没有争讼案件"[①]。对于历朝的地方官员来说，虽然案件审理是其日常工作的重点之一，但是他们所努力追求和实现的是天下无讼的境界。北宋时期的著名士大夫程颐担任地方官员时，其突出政绩就是将原先每天二百多起的纠纷案件大幅度降低。著名理学家朱熹也指出："圣人不以听讼为难，而以使民无讼为贵。"[②]为了实现"无讼"的目的，传统中国法律从两方面入手，一方面是强调调解，充分发挥宗族、乡党、村社里老等基层力量，对民间纠纷予以化解，另一方面则是通过制度对诉讼活动予以一定程度的限制。

传统中国是一个以家族血缘关系为重要纽带的社会，由于人们的活动范围有限，多数人终其一生都不会离开其居住的乡村里社，因此构建了一个"熟人社会"。每个人都处于其居住生活的家族或者村社的管理之中。加之当时中国交通不便，国家行政权力难以触及每一寸土壤，所谓"皇权不下县"，因此地方基层社会的管理就需要依靠家族乡党，国家也默认宗族力量的存在。早在秦汉时期，地方基层就有"三老"，从民众中选拔年高德劭之人，负责民众教化及纠纷的化解。宋元以后，民间诞生了各种乡约族规，对人们的活动进行规劝及处置。例如浙江浦江的义门郑氏，聚族而居三百多年未曾分家，其《郑氏规范》从宋到元至明历经三朝，共计168则，是中国古代家族法规的代表。《郑氏规范》对家族子弟的行为进行严格约束，如果有违反则进行训诫处罚，最严厉的则是在家谱中除名，不仅是肉体上的处罚，还有精神上的惩戒。乡约的代表则是陕西蓝田的《吕氏乡约》，它以"德业相劝，过失相规，礼俗相交，患难相恤"为宗旨，对乡里子弟的行为进行规制，深刻影响了后世的诸多乡约。在乡约族规的约束下，民间的许多纠纷和矛盾都由基层进行化解，而不用官府进行处断。

【拓展阅读 3-8】

中国古代乡约的典范——《吕氏乡约》

乡约，顾名思义，就是士大夫主导下以乡民为规范对象的规约。《吕氏乡约》是"蓝田四吕"，即吕大忠、吕大钧、吕大临、吕大防，于北宋神宗熙宁九年(1076年)所制定和实施的我国历史上最早的成文乡约。尤其是到明代，吕坤对《吕氏乡约》做了进一步发展，

[①]《论语·颜渊》。
[②] (宋)朱熹：《论语集注》。

他提出《乡甲约》的突破,把乡约、保甲都纳入一个组织综合治理,对后世影响极大,为现代乡村自治奠定了理论和实践基础。

同时,帝制时期的中国还对诉讼活动进行法律上的限制。对于立案的程序,明清时期严格规定所谓"三八放告",即民众要打官司,只能在逢三或八的日子里才能提交词状,时间之外概不受理。此外,官方对代人打官司的讼师也进行严格打压。明清时期,法律规定所谓"教唆词讼",即对唆使他人进行诉讼并捏造情节诬陷他人的行为进行惩处。官员对基层的讼师讼棍负有查处之责,如果放任则要追究官员的相应责任。

四、德主刑辅、明德慎罚的慎刑思想

西周时期即形成"以德配天""明德慎罚"的观念,之后的两千多年,中国传统法律始终秉持着这一理念,特别是秦汉后儒家思想及法家思想不断融合,形成了外儒内法的政治格局,在法律上延续着这一理念,体现在刑罚上则是更加谨慎。

帝制时代,儒家思想与法家思想交融的一个例子即汉代的"春秋决狱",是指两汉时期的儒家学者在审理案件的过程中,抛开国家法律,引用《春秋》等儒家经典作为审理案件的依据的司法活动。"原心定罪"是引经决狱的总原则。汉代儒家对这一原则做过很多撰述。董仲舒在《春秋繁露·精华》中说:"《春秋》之听狱也,必本其事而原其志。志邪者不待成,首恶者罪特重,本直者其论轻。"桓宽在《盐铁论·刑德》中进行了进一步阐述:"故《春秋》之治狱,论心定罪:志善而违于法者免,志恶而合于法者诛。"王充在《论衡·答佞篇》里亦明确指出:"刑故无小,宥过无大,圣君原心省意,故诛故赏误。故贼加增,过误减损。""春秋决狱"的实施,根本目的是使刑罚的适用更加人性化,符合儒家思想,而不是单纯用酷刑治理,减轻或减少罪刑的适用,使其更加合理。对于主观上是良善的行为,即使造成了一定的后果,也可以免除相应的处罚。对于主观上是邪恶的行为,即使未能造成严重后果,也必须进行惩处。儒家学者从"仁政"角度出发,历来反对法家的严刑峻法,主张德教。因此,汉代儒家引经决狱时,多有体现宽厚仁政的宽刑原则。《后汉书·何敞传》记载:"(何)敞在职,以宽和为政……及举冤狱,以《春秋》义断之,是以郡中无怨声。"儒家学者在引经决狱的过程中,也并不完全一味主张轻刑。在必要的场合,儒家学者主张刑罚适中,适度发挥刑罚的惩恶作用,这也是儒家学者"德主刑辅"法理思想的体现。秋决狱所导致的法律原则影响了后世法律的制定,其中诸如"亲亲得相首匿""原心定罪""纲常礼教""诛首恶"等内容成为传统法治文明的重要内容。

体现慎刑的典型制度还有"死刑复核复奏"制度。它是中国古代刑事审判中的重要制度,死刑复核制度是指部分拟判决死刑的案件,在最终判决之前必须报请皇上批准;死刑复奏制度则是指那些已经判决死刑的案件,在行刑之前必须再次报请皇上批准,只有皇上批准死刑复奏命令后,才能行刑。根据案件性质的不同,有"三复奏"或"五复奏"的具体差异。《隋书·刑法志》载:"开皇十五制:死罪者,三奏而后决。"唐太宗完善了这一制度,规定了"三复奏"和"五复奏"两种制度,即地方的死刑案件适用"三复奏",京师的死刑案件适用"五复奏"。司法官员不奏而擅刑者,要受刑事处罚。唐朝确立的死刑复核制度一直为历朝历代所用。

【拓展阅读 3-9】

春秋决狱的故事

董仲舒记录了许多春秋决狱的故事,其中有这么一件。甲乙双方相斗,乙抽佩刀刺甲,而甲之子举杖击乙护父,却误伤了自己的父亲。有人说甲之子犯了"殴父罪",应当斩首。但董仲舒从《春秋》中找到这样一例:许国太子给有病的父亲喂药,事先自己没尝一下,结果父亲吃药后就死了,许太子因此犯了杀父罪。但许太子进药是孝心的表现,他未先尝药只是一种过失,并非存心毒害父亲,最后被赦免。据此,董仲舒认为,父子是至亲,看到父亲与人争斗,自然产生害怕惊慌的心理,见人拔刀刺父,即挺杖救护,本心不是想伤害父亲。据《春秋》之义,此乃属于"君子原心",应赦而不诛。

五、援法断罪、罚当其罪的平等观念

中国古代的思想家认为,"法者,天下之程式也,万事之仪表也"①,强调法律的重要地位。在此基础上,对于违反法律的行为必须严格依照法律进行惩处。晋代著名官员刘颂曾经指出,"律法断罪,皆当以法律令正文。若无正文,依附名例断之。其正文名例所不及,皆勿论",同时建议"今限法曹郎令史,意有不同为驳,唯得论释法律,以正所断,不得援求诸外,论随时之宜,以明法官守局之分"。②总结之即所谓"断罪引律令",要求司法官员在裁断时必须援引法律的相关规定进行处理,如果法律中没有规定的行为不得加以处罚。这与西方罪刑法定的思想观念有相同的思想内核。历代的法律中,也多将此写入条文,要求司法官员必须引用法律处断,如果没有引用法律处断的,则要处以笞刑。

【拓展阅读 3-10】

张释之直言引律

汉文帝在位期间,有一次出行经过渭水,正好有一人从桥下跑出,惊扰了皇帝的车驾,使得汉文帝险些摔落。汉文帝因此命令拘捕此人,交由廷尉查办。时任廷尉张释之审讯后,认为此人应当罚金四两。汉文帝对此很生气,认为判决过轻应当严惩。张释之则称:"法律是皇帝和百姓所共同遵守的,不应有所偏私。既然已经有所规定,就应当按照法律加以处罚,如果随意变更就不能取信于民。"汉文帝思考良久后,也表示赞同张释之的处断。

---

① 《管子·明法》。
② 《晋书·刑法志》。

第三节 中国古代法治文明的近代转型

一、近代社会转型的背景

19世纪中叶，传统的君主专制已经发展到了顶峰，君主个人的权威达到了历史的顶点，但与此相对的却是小农经济发展的停滞、吏治的腐败无能、阶级压迫的日益严重，以及人口增长带来的社会危机。按照历代王朝兴替的周期规律，此时的清廷已经不可避免地走上了衰落的结局。而鸦片的大量输入，以及被迫打开通商口岸导致帝国主义商品大量倾销，使得中国的经济雪上加霜。

中国传统以农业经济为基础的经济形态讲求自给自足，重视对农田的开垦，对于商业活动较为轻视。但是农业经济的问题在于其灵活性较低，在社会发生大的变动时，无法满足快速发展的需求。清代初年，康熙为了体现其仁人爱民的思想，宣布"滋生人丁，永不加赋"，即不再提高农业税征收的金额。这使得国家的财政规模长期维持在一定的额度，没有较大的增长。到了乾隆时期，国库积累的长期储备因为各种战事活动、兴建大型工程和皇帝本人的使用消耗殆尽，逐渐捉襟见肘。太平天国运动之后，农业经济更是受到巨大打击。历次侵华战争之后，清廷开放了从沿海到内陆的诸多口岸，列强得以长驱直入，在我国设立工厂，掠夺资源，将我国作为其原料来源地及商品倾销地。小农经济及家庭手工业遭到致命打击，民族工商业发展也屡屡受挫。为了回应列强的资本与商业侵略，清廷试图通过洋务运动进行自保，在富国强兵的口号下，出现了一批新式企业。这些企业多处于军工、制造、矿产、纺织、交通等行业，并通过"官督商办"或"官商合办"的形式运作。虽然内外困难重重，但是这些企业还是在艰难中不断斗争、生存，为中国的近代工商业发展打下了重要基础，促进中国经济从农业经济向商业经济转变。

在政治与家庭结构上，儒家传统思想所依赖的君民等级制度及以家庭为核心的伦理制度，在这一时期都受到了极大的挑战，逐步瓦解。在传统社会中，士农工商的四民结构是社会的主流，其社会的影响力与地位都不相同。士人的社会地位最高，工商业历来不被重视。但是在近代转型的过程中，士农工商的结构逐渐解体，买办及军阀阶层成为社会的主要领导阶层。外国人来到中国投资设厂，囿于语言、文化、习俗上的差异，需要通晓外文、熟知国外制度的中国人代其处理事务、沟通市场，这些就是买办阶层。买办阶层从外国企业的掠夺中获得利益，很快壮大并积累大量财富，成为中国近代早期的企业家。在商业氛围日渐浓厚的背景下，许多传统的士人也纷纷抛弃了原先的士绅身份，转而成为商人，投身商业与经济活动之中，成为早期民族资本家。晚清著名的"南张北周"两大商业大亨，其中张謇本人是清末的状元，却开办了大生纱厂，周学熙身为道台却创办了开滦煤矿及启新洋灰公司。与此同时，乱世之下，军人的地位也逐渐上升。太平天国运动之后，湘军、淮军等军事集团逐渐成为清廷官员的重要来源，把持了朝廷上的军政大权，纷纷在地方坐大，成为专制皇权所忌惮的存在。曾国藩、左宗棠、李鸿章等在清末政局具有举足轻重的地位。清末筹备新军，又使得袁世凯及其背后的北洋新军得以成长，成为清末民初政治上的绝对力量。

明末以后，南美洲及东南亚农作物的引入使得人口迎来了一波大的增长，19世纪中叶，其人口较清代初年已经翻了两番，达到近4亿。有限的农业土地及生产技术无法满足增长的人口需求，许多农民不得不背井离乡，来到城镇谋求生路。这样一来，原先依托农村的宗族组织及家族势力不断式微。大的宗族不复存在，分裂成一个个的小家庭，或者是单一的个人。宗族与个人的关系逐渐疏远，其掌控力也逐渐衰落，家族制度出现危机。大量女性也纷纷走出家庭，接受新式教育，开始谋求自身独立，成为一股不可忽视的力量。男尊女卑、夫为妻纲的思想观念也受到批评与挑战，失去了其主导权。

从经济基础、社会结构到思想文化的一系列变化，意味着中国处在从传统社会向现代社会转型的前夜，是君主专制社会形成以来最大的社会变革。

二、领事裁判权的产生及其影响

领事裁判权又称治外法权，是指外国人进入他国之后，不论发生何种纠纷，依照属人主义原则，都由该国派驻所在国的使领馆外交人员进行裁判处理，不受案件发生所在国法律的约束。这是一种司法上的特权。1843年，清廷与英国签订《议定五口通商章程》，其中对英国人与中国人发生案件纠纷特别规定了领事裁判权，涉及英国人的案件，依照其本国的章程法令由英国管事官处理，不受清朝法律的制裁。后来随着其他不平等条约的陆续签订，领事裁判权的范围不断扩大，内容更加具体。列强援引"最惠国待遇"，确认其在华领事裁判权的适用，截至清末，共有19个国家获得在华领事裁判权。

【拓展阅读3-11】

会审公廨的司法活动

根据1868年《上海洋泾浜设官会审章程》的规定，清廷在上海租界专门设立一个公馆，由清廷派遣一名同知，专门管理各国租界内的钱债、斗殴、盗窃、词讼等案件，这个机构即会审公廨。只要案件涉及洋人，就必须由领事官员或其他外国职员会同该同知一起审理，在堂上共同参与审讯。如果中外官员对案件意见不一，则交由上海道台或案件当事人所在国在华总领事复核。因此，会审公廨虽然是清廷机构，但是因为外国领事参与案件的调查和审理，实际上中国官员不具有独立的司法审判权，多数情况下是由外国官员决定案件的审理结果。除了上海租界，中国各地的租界都设立了不同的会审公廨，对中国的司法主权进行侵蚀。

领事裁判权确立之初，清廷并未意识到其危害性，反而认为中外人民各自依照不同法律管理，清廷不必参与其中，可省却诸多麻烦。但随着中外交往逐渐频繁，特别是教案[①]不断增加，由于租界与领事裁判权的存在，清廷的司法权不能完整行使，妨碍其对教案的处理与对反对力量的镇压。清廷曾于1900年试图通过军事活动收回领事裁判权，但被八国联军侵华战争所打败。同时，列强以清朝法律野蛮、残酷、不文明为由，拒绝放弃其领事裁判权，除非清廷能依照列强的要求对国内法律进行修改。在此前后，英国首先表达了要求中国改良法律与司法的主张。1902年，清廷与英国签订了《中英续订通商航海条约》，其中第十二条规定，"一俟查悉中国律例情形及其审断办法及一切相关事宜皆臻妥善，英国即允弃其治外法权"。不久，美国及日本同清政府签订的条约中都加入了类似的条款。废除领事裁判权，收回司法主权，成为晚清法制变革的直接原因。

领事裁判权的最终废除直到民国年间才得以实现。辛亥革命爆发后，英美驻上海领事馆宣布由租界工部局管理会审公廨。直到上海光复，民国政府才接管会审公廨。1928年北伐成功，上海会审公廨被撤销，由上海租界临时法院取代。直到第二次世界大战之后，中国才在国内彻底废除了领事裁判权，实现了国家司法主权的统一。

三、清末的预备立宪及变法图强

1900年"庚子事变"之后，清廷遭遇重大打击，清政府的权威扫地。1901年，慈禧不得不以光绪的名义下诏实施变法，要求地方大臣上奏提出改革变法的措施和方案。除了三纲五常的君主制，其他制度都可以改弦更张。两江总督刘坤一与湖广总督张之洞因此联名上奏，提出整顿中法，采用西法的主张，这就是著名的《江楚会奏变法三折》。

（一）变法之初的小规模修订

在变法改制之初，清廷并没有完整、明确的变法方案。由于列强经常批评《大清律例》中的刑罚残忍、野蛮，清廷就把修改《大清律例》作为主要的立法工作，对其中的罪名与刑罚开始删改。同时因中外商业往来的增多，为了保障其在华利益，列强又要求清政府必须迅速制定有关商业法律。因此变法伊始，许多法律条文的出台都带有明确的针对性，目的是解决现实的需求。

1905年，沈家本和伍廷芳作为修订法律大臣，向清廷上奏《删除律例内重法折》，提出删除传统法律中的凌迟、枭首、戮尸等酷刑，并缩小死刑的适用范围。在死刑的执行上，也改变过去公开处刑的方式，建立专门的刑场对死刑犯进行秘密处决，以保证人道。同时，两人还上奏对审判中的刑讯逼供现象进行限制，不得随意对犯人施加刑讯。在商业法律的制定上，为了回应列强的需求，清廷在1903年设立了商部，并在1904年颁布了《钦定大清商律》。这是中国近代历史上第一部商法。虽然其出台相对仓促，没有涉及海商、票据、

[①] 教案是中国近代史上的历史概念，主要是指清末外国教会和传教士因在华传教期间与中国人民发生的纠纷诉讼及外交事件，著名的教案有"天津教案""西林教案"等。《辞海》中，教案指帝国主义利用宗教侵略中国，引起人民反抗而酿成的案件。参见：辞海(合订本)[M].上海：上海辞书出版社，2010：911.

保险等内容，仅仅有《商人通例》及《公司律》两部分，但是这是一部体现了权利本位和私法自治的中国法典，为近代中国民商事立法的滥觞。

【拓展阅读3-12】

中国法律现代化之父——沈家本

沈家本(1840—1913)，字子惇，别号寄簃，浙江吴兴(今浙江湖州)人，清末官员、法学家，中国近代法学的奠基人。他历任刑部侍郎、修订法律大臣、大理院正卿、资政院副总裁等官制，主持了许多清末法律的修订和革新。他力图将中国古代法治文明与西方近代法律文明相融合，实现对中国法治文明的再造。

(二)"预备立宪"指导下的系统立法

1905年，清廷派遣五大臣出洋，考察各国立宪制度与国家民情，为清廷之后的立宪改革提供方案。1906年，清政府正式下令仿行立宪。在清廷看来，中国实施宪政的土壤还不成熟，必须经过渐进的改良，逐步在民众心中确立立宪的思想，在国家政治上实现制度的转型。因此，清廷于1908年颁布《钦定逐年筹备事宜清单》，确定通过9年的时间进行宪政改革，最终颁布正式宪法，召开国会，建立君主立宪制度。

为了体现对民意的重视，收集朝野对立宪工作的意见，也为将来召开议会做准备，清廷在中央和地方分别设立了资政院及谘议局。资政院和谘议局的设立是清末预备立宪过程的重要象征，也是立宪党人斗争的结果。但是资政院和谘议局的定位只是提供相关意见的舆论机构和咨询机构，清廷并不打算赋予其对政府的监督权和完全的立法权，朝廷行政和地方督抚的行为也不受其限制，同近代外国的议会仍存在较大差距。不过，资政院和谘议局的议员们还是利用这一平台，积极对清末预备立宪表达了自己的意见，推动有关工作的开展。

1908年，清廷颁布了《钦定宪法大纲》，这是中国近代第一个宪法性文件，由"君上大权"14条及"臣民权利义务"9条两部分组成，基本以《大日本帝国宪法》为蓝本进行制定。但是相较于日本宪法中通过国会、内阁等机构对天皇权力的限制，《钦定宪法大纲》中规定的皇帝权力范围比日本天皇还大，在军事、外交、内政、立法上都具有最高权力，且"神圣尊严，不可侵犯"。《钦定宪法大纲》的出台，让广大立宪党人看到了清廷假立宪的真面目。

除了《钦定宪法大纲》，《钦定大清刑律》(也称《大清新刑律》)的出台也意味着传统法典中诸法合体的现象不再存在，刑事法典以专门、独立的面貌得以出现。1906年，沈家本聘请日本人冈田朝太郎协助起草新刑律，经过激烈讨论之后于1911年1月正式颁布。《钦定大清刑律》由总则和分则两编构成，采中西古今之长短，改革了传统的五刑制度；删除了比附，确立了罪刑法定；改革了死刑制度，只适用绞刑；删除了十恶、八议等封建制度；对不到刑事责任年龄的犯罪人施行感化教育等。

1911年，武昌起义爆发，各地革命浪潮风起云涌，纷纷起兵响应。为了应对国内政局的危机，清廷仓促之下颁布了《宪法重大信条十九条》(简称《重大信条》)。这部《重大信条》不再是宪法纲要，而是一部临时宪法，条文中对皇帝的权力进行了较大限制，实行虚君共和的君主立宪制。《重大信条》是清廷在统治临近灭亡前夕出台，试图通过这部法律挽回民心、平息革命，但国内的政治局势已经发生了重大变化，其命运已无法扭转。

(三) 法治转型的配套措施

在一系列的立法工作与机构设置之外，清末法制变革还有许多配套措施，推动法律转型与现代化。在变法过程中，沈家本、伍廷芳等变法大臣就意识到，法律的变革不仅仅是法律条文的制定，还需要有相应的法律教育及司法机构的变革。因此，沈、伍二人于1905年上奏请求设立专门的法律学堂，进行法政人才的培养。同时，大量中国留学生前往日、美、英、法、德等国家学习法政相关知识，这些留学生学成归国之后成为近代法制改革转型的中坚力量。1907年，修订法律馆从法部独立之后，京师法律学堂成立。修订法律大臣又延请日本学者松冈义正、冈田朝太郎、志田甲太郎等人作为法律学堂的教习，并兼任修订法律馆的顾问。这些外籍顾问，在中国法律教育近代化过程中发挥了重要作用，同时作为许多重大法案的直接起草者和参与者，对法治转型做出了重大贡献。

在兴办法律教育的同时，清廷为了使民商事立法工作更好地开展，使法律条文的制定更适合中国的国情，还组织了两次大规模的民商事习惯调查。这两次调查活动对民间广泛存在的关于民商事活动的习惯性规定和内容进行收集与整理，为立法活动提供参考，为之后的历次民商事立法工作保留了大量重要资料。

在司法机构的改革上，清廷也采取了许多措施。除了在中央设立大理院专司审判，各级地方也纷纷设立了审判厅。1907年，清廷颁布了《各级审判厅试办章程》，明确地将案件分为刑事案件及民事案件，确立其各自不同的审判程序，并详细规定了检察官制度及审判流程、审判办法。至清朝灭亡之前，基本在各省设立了高等审判厅及地方审判厅机构，实施现代司法审判。1910年，法部还举办了第一次全国法官录用考试，有500多人通过考试并获得法官资格，充任法官或检察官，成为中国法治近代化转型中的重要力量。

第四节 民国时期法制建设的转向

1911年10月10日，武昌起义爆发，拉开辛亥革命的序幕。1912年1月1日，中华民国南京临时政府成立，并颁布了《临时约法》。中国近代法治转型迎来了一个新的阶段。1912年3月，袁世凯就任临时大总统，中华民国政权由北洋军阀集团控制，又称北洋政府。这一时期，在清末变法改制的基础之上，北洋政府进行了一系列立法工作，修订法典，推动法治现代化。但是因为政治局势的动荡，中央政府频繁更迭，各地军阀割据斗争，许多法典和司法改革不能有效地在全国各地实施。1927年4月，国民党北伐取得胜利，在南京成立国民政府，直到 1949 年 10 月 1 日中华人民共和国成立，这 22 年即南京国民政府时期。南京国民政府时期延续了清末以来法治近代化的路径，在孙中山三民主义与五权宪法理论的指导下进行法制改革，在此前法制建设的基础之上取得了新的发展，建立起以"六法体系"为核心的法律体系。

一、三民主义与五权宪法理论

1905 年 11 月，孙中山在《民报》发刊词中首次将同盟会的政治主张总结为"民族""民权""民生"三大主义。三民主义作为孙中山民主革命纲领，是旧民主主义革命的重要指导思想，也是社会矛盾的集中体现，反映了旧民主主义革命时期的历史任务。

孙中山提出的三民主义，随着其本人思想观念的变化和社会环境的不同，也迎来了前后不同阶段的发展。早期的三民主义中，民族主义包括"驱除鞑虏，恢复中华"，即推翻清朝的满族贵族统治，建立以汉民族为主体的统一民族共和国；民权主义为"创立民国"，即建立资产阶级共和国；民生主义即"平均地权"，针对中国传统社会土地兼并及豪强地主的压迫现象，由国家重新核定地价，向地主征收土地。

民国建立之后，特别是北洋政府的独裁统治，使得孙中山认识到旧有的三民主义不能适应革命发展的新需求，特别是其中诸如民族主义的内容随着清廷的灭亡，必须有新的解释。因此，孙中山不断发展和完善三民主义的思想内容，并对其内涵做了新的解释。在民族主义上，不再强调旧有的、狭隘的以汉族为主体的大汉族主义，而是强调五族共和，并进一步提出，民族主义是为了求中华民族的自我解放，以及国内各民族的一律平等；在民权主义上，孙中山对直接民权更加重视，吸收欧洲的民权观念和学说，强调以国民的选举权、罢免权、创制权、复决权为基础建立国家；而在民生主义上，孙中山提出"耕者有其田"及"节制资本"的主张，对垄断资本主义时期的资本扩张提出限制。三民主义的思想成为民国时期法律发展，特别是南京国民政府的重要意识形态，对《中华民国训政时期约法》《中华民国宪法》的制定都有直接影响。

孙中山的宪法思想则集中体现在其五权宪法的理论体系之中。在孙中山看来，西方资本主义体制中奉行的三权分立体制，即立法权、司法权、行政权三者相互独立行使而又互相制约、互相影响的权力机制，并不能彻底解决民主与宪政的问题。权力之间可能存在勾结与推诿的现象，同时民众不能直接行使民权，有可能面临议会专权的困境。因此，孙中山通过对中国传统社会的观察与认识，提出了带有中国特色的资产阶级宪政理论，在三权之外，再加入考试权及监察权。考试权的行使，可以解决政党轮替之下，由政党决定官员组成人员而导致的行政资源浪费，严格规定官僚体系的录用条件。监察权的行使，则可以独立监察系统的身份对多数党及官僚团体进行监督，避免其滥用地位谋求自身利益，损害民众与国家的利益。

二、六法体系的形成与发展

受大陆法系的法治文明影响,近代民国时期的法律体系形成了由宪法、民法、刑法、行政法、民事诉讼法及刑事诉讼法组成的六法体系,并在此基础上将所有相关的法律汇编成《六法全书》。六法体系的建立是中国近代法治转型的新成就,标志着在法典编纂及法律体系的建构上,已经实现了从传统礼法文化背景下的诸法合体向近代法律文明的转型。

(一) 宪法

宪法作为国家的根本法,具有重要的地位,也是六法体系中居于核心地位的法律规范。在孙中山看来,宪政的实现不能一蹴而就,而是必须经过"军政""训政""宪政"三个阶段。"军政"的目的在于实现国家统一与社会秩序的稳定,"训政"的目的是让民众逐渐学会行使民权,最终实现"宪政"。1927年国民党北伐成功之后,"军政"的目的基本实现,继而便是通过"训政"的锻炼让民众充分知晓民权。抗日战争胜利之后,国内要求施行宪政的舆论不绝于耳,蒋介石也希望利用制定宪法来加强其个人权力。因此1946年,在未经政协讨论决定的情况下,在没有中国共产党及民主党派参与的情况下,国民党单方面宣布召开国民大会,进行正式宪法的制定。

《中华民国宪法》从结构及条文上系统、全面地体现了孙中山三民主义及五权宪法的理论,但也掺杂了英美宪政思潮的某些理念,体现了一定的制衡与分权色彩。不过,这部宪法从根本上仍然是国民党一党专政及蒋介石个人独裁的护身符,赋予了总统极大的权力,使其凌驾于五权之上,此时的统治实质上已经成为总统集权制,而非民主共和制。在人民自由权利上,虽然宪法赋予民众许多权利,但国民政府又陆续颁布《戒严法》《戡乱时期危害民国紧急治罪法》等法律,事实上导致民众无法全面享有宪法赋予民众的所有权利。

(二) 民法

民法是现代法律的重要组成部分。南京国民政府成立后,便组织民法起草委员,进行民法典的制定。不到两年的时间即完成民法典的制定,在立法效率上相当高。《中华民国民法》体现了高超的立法技艺,是中国历史上第一部完成了的专门民法典。在立法体例上,除了继承之前民法草案的五编制,还进一步优化了内部的章节排列顺序,章下分节,节下分款,款下分目,层次分明,序列整齐。在法律用语上,进一步做到了准确和统一,文词适当,形成典雅的法律文体。同时,它注重引进西方最新民法成果,符合现代民法发展的趋势。《中华民国民法》广采众长,吸收与借鉴德、法、瑞、意、日等国民法典中的优秀制度,其中关于法人、代理、时效、地役权等规定,都是当时世界上较为领先的内容。此外,这部民法典还注重保留部分优良的法律传统,在一定程度上体现了适合国情及民族法律文化的内容,更好地满足了社会和实践的需求。《中华民国民法》的制定和颁布是近代中国民事立法的一大成就。

(三) 刑法

南京国民政府成立之后，先是使用了北洋政府时期的《暂行新刑律》，而后于 1928 年和 1935 年分别颁布了两部《中华民国刑法》，即《旧刑法》和《新刑法》。《旧刑法》颁布后不久，修订的工作便提上了日程，原因在于：一是《中华民国民法》及其他法典陆续公布，有许多条文同《旧刑法》存在冲突，需要修改；二是国际上刑法发展又有了新动向，需要紧跟潮流；三是《旧刑法》的制定比较仓促，也存在许多不完善之处。于是 1935 年 1 月 1 日，《新刑法》颁布，并于同年 7 月实施。相较《旧刑法》，《新刑法》在立法精神上更注重主观唯心主义，强调犯罪人本身的主观恶性，一个明显例子便是保安处分的引入。所谓保安处分，是指在对行为人的人身危险性进行评估之后，对符合规定的行为人采取的预防犯罪的特殊措施。保安处分的对象不限于犯罪行为人，也包括有犯罪嫌疑或有妨碍社会秩序嫌疑的人。这是当时德国、意大利等法西斯国家刑法制度的内容，实践中容易造成对人权的不当侵害，扩大刑法的制裁范围。此外，《新刑法》吸收了当时许多特别刑法的内容，如《惩治盗匪暂行条例》《禁烟法》等，对严重危害国家秩序的行为进行从重从严的打击，刑罚上整体比《旧刑法》严厉许多。

值得注意的是，与此前的刑事立法相比，《新刑法》保留了更多中国传统法律文化的内容。例如《新刑法》规定，对直系尊亲属有诬告、伤害、遗弃、非法拘禁等行为的，比普通犯罪的刑罚要加重二分之一。又如，罪犯的配偶及五亲等之内的血亲或姻亲犯藏匿犯人、便利犯人逃脱、湮灭证据等罪的，可以减轻或免除处罚，这就是传统法律中亲属相容隐的再现。

(四) 行政法

行政法是六法体系中有关国家组织及活动的法律规范的总称，也是国家行政机构进行活动的重要法律依据。民国时期的行政法内容广泛，涉及范围较广，包含了组织、内政、教育、财政、军事、人事、专门职业等方面。与六法体系中的其他五法相比，行政法并没有一部专门的法典将所有行政法律规范全部统摄在内，它是由大量单行法规、判例及解释例等构成，并以单行法规为基础和主要来源。由于没有统一的行政法典，缺乏总则性规定，行政法的系统性和完整性与其他五法相比便稍显不足。由于涉及内容广泛，行政法的规范数量在六法中首屈一指。据统计，行政法律的内容占到了六法总量的一半以上，远远超过了其他五法，可见其调整范围的广泛性及内容的重要性。

(五) 民事诉讼法

南京国民政府时期先后颁布过两部民事诉讼法，即 1932 年 5 月 20 日施行的《中华民国民事诉讼法》及 1935 年 7 月 1 日施行的《中华民国民事诉讼法》。前者即《旧民诉法》，后者为《新民诉法》。《旧民诉法》在审判级制上采用三级三审制度，规定外国人适用普通审判制度，诉状内要表明诉讼原因及证据等。此外，《旧民讼法》还照顾到社会生活的具体情形，如在"特别诉讼程序"中增加"人事诉讼程序"等带有中国特色的诉讼制度。《旧民诉法》颁布后，因为其诉讼程序过于烦琐，有些地方又显疏漏，给诉讼人带来不便，备受批评。因此1934年，修订《旧民诉法》的工作展开，并于次年公布施行。与《旧民诉法》相比，《新民诉法》在内容和体例等方面都有了很大的变化。《新民诉法》改为九编，共六百三十六条，规定了总则、第一审程序、上诉程序、抗告程序、再审程序、督促程序、保全程序、公示催告程序和人事诉讼程序等内容。此外，还增加了诸如不动产物权分割或涉界诉讼由专属不动产法院管辖等内容，对票据债务、船舶碰撞等特殊案由规定了专门的管辖等。《新民诉法》是近代中国民诉立法史上较完备的一部法典，也是近代民诉立法的重要成果。

(六) 刑事诉讼法

南京国民政府同样先后颁布过两部刑事诉讼法典，即1928年9月1日施行的《中华民国刑事诉讼法》和1935年7月1日施行的《中华民国刑事诉讼法》。前者即《旧刑诉法》，后者为《新刑诉法》。《旧刑诉法》规定了普通刑事诉讼的通用规则，以及刑事诉讼实行四级三审制、国家追诉主义、公设辩护人制度、废除预审制度内容，此外还有公开审判、合议庭审理等近代通行原则，具有重大的进步意义。为了与《旧刑法》的修订相协调，南京国民政府很快又着手修订《旧刑诉法》。《新刑诉法》出台过程中，南京国民政府大量参考了当时国际上先进的立法成果，引入了"自由心证"的原则，由法官决定证据的取舍和证明力。此外在审级上改为三级三审制，除了内乱罪和外患罪、妨碍国交罪由高等法院第一审，其他罪均设地方法院为第一审法院。对司法警察的权力进一步限制，法警向检察官移送嫌疑人的期限由三天缩短为24小时。明确规定了上诉不加刑，除了因为原审法院适用法条不当或者量刑显系失衡而撤销，不得改判重刑。这些内容的出现对案件中犯罪嫌疑人的权利有很大保障。

本章思考题

1. 中国古代法治文明的起源有什么特点？
2. "礼"与"法"如何体现在中国古代法治文明中？
3. 中国古代法治文明的现代转型面临哪些困难和挑战？

第四章

大陆法系法治文明

【本章导学】

大陆法系法治文明作为人类法治文明的重要组成部分，是历史最为悠久的法治文明之一。从公元前5世纪的罗马法到19世纪《法国民法典》和《德国民法典》的产生，经历了漫长的发展历程。古代罗马法以其专业的术语、科学的体系对后世法治文明产生了深远影响。法国和德国在继承罗马法的基础上，走上了不同的发展道路，编撰了两部在人类法律史上举足轻重的民法典，形成了具有各自特色的法律文化，并影响了世界上许多国家和地区，成为大陆法系的两大重要支柱。通过了解大陆法系法治文明，我们将对人类法治文明有更多的认识，"他山之石，可以攻玉"，我们也将在此基础上更清楚地认识中国当代法治文明在世界法治文明历史上的地位和意义。

【知识要点】

1. 大陆法系法治文明以罗马法为源头，古代罗马法是古代社会最完备、最发达的法律体系，对近现代法治文明具有深远影响和意义。

2. 法国和德国在发展历程中分别形成了具有自身特色的法治文明，构成了大陆法系法治文明的双璧。

第一节 大陆法系的历史概述

一、罗马法的发达与大陆法系

罗马法是古代罗马奴隶制国家法律制度及规范的总称，包括从公元前6世纪罗马国家产生之后至公元476年西罗马帝国灭亡时期的法律，也包括7世纪以前东罗马帝国过渡为封建制国家前的法律。罗马法是古代社会最完备和最发达的法律体系，也是世界法治文明发展史上最有影响的法律体系之一。它对私有制社会商品经济的一切本质关系都做了详尽而明确的规定，成为近现代西方法律和法学的基础，也奠定了大陆法系的根基。

(一) 罗马法的发展历程

1. 《十二表法》的问世

同大多数国家一样，罗马共和国早期没有成文的法律规范，习惯法来自贵族的口头宣布并在其团体间流传。这使得贵族掌握了对法律的解释权，可以任意解释法律，对民众和奴隶进行压迫。为此，平民阶层展开了对贵族阶层的斗争，要求制定成文的公开法典，作为司法中量刑裁判的依据和纠纷解决的渊源。民众的抗议迫使元老院不得不成立十人立法委员会，前往希腊考察法制，并回国制定法律，最终形成了《十二表法》。

《十二表法》是罗马国家的第一部成文法，它总结了罗马国家早期的习惯法规定，并为之后罗马法的发展奠定基础。《十二表法》包括传唤、审理、索债、家长权、继承和监护、所有权和占有、私犯、公法、宗教法等内容。由此可见，这是一部多种性质法律规范混合的法典，并且以私法的规定为主，程序法优先于实体法。《十二表法》的内容主要是对奴隶贵族特权和利益的维护，保护其私有财产和人身安全不受侵犯。例如其中规定，对于逾期的债务人，债权人可以进行长达60天的扣押，并将债务人锁付集市，如果无人代其偿还债务或赎身，债权人有权将债务人出卖为奴隶或杀死。①

《十二表法》颁布之后，平民阶层又通过各种斗争争取自身的权利。如公元前367年的《李锡尼-绥克图斯法》，平民获得了担任执政官及高级官员的权力；公元前326年的《波提利阿法》，废除了债务奴隶的规定。公元前287年的《霍腾西阿法案》，宣布平民会议的决定对罗马全体公民具有效力，由此确立了平民参与国家立法的权利。平民具有了和贵族平等的公民权利，罗马法和罗马社会迎来了发展的新阶段。

2. 市民法与万民法体系的形成

市民法，也称公民法，是适用于罗马公民内部的法律规范的总称。它以《十二表法》为基础，包括了元老院及民众大会的决议，以及罗马人的习惯法等内容。市民法的主要内容包括国家的政治制度、司法诉讼的程序、婚姻家庭关系的确立、财产继承制度的规定等方面。由于其独特的历史特点，市民法在财产关系方面的规定并不完善，特别是对程式主义的强调，也具有保守色彩。根据市民法的规定，诉讼、交易等活动中必须依照特定的步骤，遵循严格的仪式，念诵规定的话语才能使相应行为具有效力，否则该行为具有瑕疵。

随着罗马共和国疆域的不断扩大和经济的不断发展，市民法的规定已经难以适应不断变化的社会环境，对于新纳入罗马疆域的其他部族和民众，在适用法律规范上也有所欠缺。为此，统治阶级在公元前267年设置了最高裁判官一职，通过最高裁判官颁布告示的形式制定了许多新的法律规范，并结集成裁判官法。裁判官法的出现规避了之前市民法保守和形式主义的特点，有利于调整社会矛盾。同时针对外来人不断增加的问题，为了调解罗马公民与非罗马公民之间的矛盾，调整彼此之间的权利义务关系，公元前242年罗马又设置了外事裁判官。外事裁判官调解罗马人与非罗马人之间的矛盾时，不再依照市民法的固有

---

① 由嵘. 外国法制史参考资料汇编[M]. 北京：北京大学出版社，2004：126-134.

规定，而是依照公平、正义的原则进行裁断。就这样在最高裁判官与外事裁判官的司法实践之中，产生了与市民法不同的法律规范，专门适用罗马公民与外来人，以及外来人之间，被称为万民法。

万民法原指各民族所共同的法律，是由罗马国家机关制定并保证其实施的法律规范。与市民法相比，万民法更侧重对债权债务关系的处理，对于婚姻家庭等内容则依然由市民法调整，或由外来人本民族的习惯法或制定法调整。万民法简易、灵活、不拘形式，适应了罗马社会的发展与实践的需求。万民法与市民法并不是截然对立的，而是互为补充、相互影响。最高裁判官有时会将万民法的内容适用到市民法中，市民法中的某些规定也可能被外事裁判官所征引而运用于万民法。直到公元212年《安东尼敕令》颁布，授予罗马境内所有人公民身份，市民法与万民法在实践上失去了独立的意义。公元6世纪，查士丁尼皇帝编纂法典时最终将两者统一起来。

3. 法学研究的繁荣与法学家的作用

公元前27年，罗马帝国成立，此后的数个世纪是罗马帝国发展的鼎盛时期，也是罗马法的重要发展阶段，这一时期促进罗马法发展的便是活跃的法学研究及法学家阶层的崛起。

在罗马共和国晚期，经济的快速发展要求相应的法律规范出台，但是立法的相对滞后并不能与此适应。因此出现了特殊的法学家群体，他们通过著述对法律进行解释，或对法律疑难问题进行解答，或指导当事人参与诉讼，等等。这些法学家对法律的解释和讨论并不具有实际的效力，只是提供给当事人及裁判官作为参考。但是在奥古斯都时期，皇帝颁布命令授予部分法学家公开解释法律的特权，其意见一致时直接产生效力，如果法学家之间有所分歧，则裁判官参酌审案。这一命令的颁布提高了法学家的地位，使罗马法的研究蔚然大观，许多学者投身罗马法的研究。

公元2—3世纪，先后出现了以盖尤斯、保罗、乌尔比安、帕比尼安和莫迪斯蒂努斯为代表的著名罗马法学者。公元4世纪，上述五人被授予五大法学家的称号，受到统治者的认可，其观点、学说具有最高权威。公元426年，狄奥多西二世与瓦伦提安三世皇帝一起颁布了《引证法》，规定上述五大法学家对法律问题的解释和观点同法律本身同具效力。如果成文法典中对问题没有规定的内容，裁判官可以直接引用他们的学说进行审判。若五大法学家的观点不一致，则以多数人的意见为准。《引证法》的颁布，肯定了法学家的研究在罗马法中的重要地位，但同样也限制了此后罗马法研究的进一步发展。

【拓展阅读4-1】

罗马法对公平、正义的重视

罗马法不仅在制度上有丰富的内容，在法律思想上也领先于同时代的其他文明，在法学家的不断阐释下，它特别强调法律对公平、正义的维护。《查士丁尼法学总论》开篇即道明："正义是给予每个人他应得的部分这种坚定而恒久的愿望。法学是关于神和人的事物的知识,是关于正义和非正义的科学。"同时还指出,法律的基本原则是为人诚实,不损害别人,给予每个人他应得的部分。

4.《国法大全》的编纂

公元4世纪后,罗马帝国日渐衰落,罗马法的发展也陷入瓶颈,主要是对已经出现的法律形式及皇帝敕令进行汇编和整理。公元438年,狄奥多西二世颁布了第一部官方的皇帝敕令汇编,即《狄奥多西法典》,该法典收入了此前重要的皇帝命令,约有3000多条。通过系统编纂的方式,使得皇帝诏令的效力得以延续。

公元476年,西罗马帝国灭亡,只剩下东罗马帝国。公元6世纪登基的东罗马帝国皇帝查士丁尼为了重振罗马帝国的辉煌,着手对既有的罗马法文献进行整理和编纂,先后完成了三部大型法律文献汇编。

《查士丁尼法典》的汇编是最先进行的。公元528年,东罗马帝国的法典编纂委员会对罗马帝国历代皇帝的敕令及元老院的决议进行整理、审校及汇编,删除了其中已经不符合需求或者互相矛盾的内容。该法典于公元529年公布施行,此后又进行了增修汇编,于534年再度颁行。《查士丁尼法典》共十二卷,每卷按照时间顺序罗列相关的敕令并标明颁布的皇帝名称,其中第一卷规定了教会及国家公职人员的权利和义务,第二至八卷为私法,第九卷为刑法,第十至十二卷为行政法规定。

《查士丁尼法学总论》又称《法学阶梯》,是以古罗马法学家盖尤斯的同名著作为基础,参照其他法学家的著述修改、编撰完成的著作。它是研习罗马法的教科书,是官方颁行的正式教材,也具有实际的法律效力。该书共分四卷,依照罗马法的体系分类进行撰写,第一卷为人法,第二卷为物法,第三卷为继承、债即契约,第四卷为侵权之债及诉讼。

《查士丁尼学说汇纂》也称《法学汇编》,是汇集罗马历代法学家的观点及言论,以及对法律问题的研究成果的大型文献。依照主题的不同,该书将法学家们的观点分门别类汇总,凡是收入其中的内容同样具有实际的法律效力。该书共五十卷,其中关于市民法的内容以萨宾努斯学派的观点为主,关于裁判官法的内容以乌尔比安的观点为主,关于适用问题及案件的讨论以帕比尼安的学说为主。

三部大型法律文献汇编完成后,查士丁尼颁布命令,宣布以后一切的法律都以上述的内容为准,凡是未被收入其中的法律条文、学说、观点一律不具有效力,不得在司法实践中加以引用。此后,查士丁尼本人又陆续颁布了168条敕令,在他死后被整理成册,称《查士丁尼新律》,内容主要是对公法及现行法律的解释,还完善了有关婚姻家庭的规范。以上四种法律文献统称《国法大全》或《民法大全》。《国法大全》的问世,意味着罗马法已经臻于完善。这些系统、完备的法律规范对欧洲中世纪及近现代法律文明的发展有着根本性的意义,也是大陆法系诞生的摇篮。

【拓展阅读 4-2】

罗马三次征服世界

德国著名法学家耶林说过,"罗马帝国曾三次征服世界,第一次以武力;第二次以宗教;第三次以法律。武力因罗马帝国的灭亡而消失,宗教随着人民思想觉悟的提高、科学的发展而缩小了影响,惟有法律的征服世界是最为持久的征服"。

(二) 罗马法的主要内容

1. 人法

人法是对法律上作为权利和义务主体的人的规定,包括自然人、法人的权利能力和行为能力,以及同家庭和婚姻有关的内容。[①]

罗马法中的自然人有两种含义:一种是生物学意义上的人,包括奴隶在内,即 Homo;另一种是法律意义上的人,即可以享有权利并承担义务的主体,即 Persona。一个完整的法律意义上的自然人,不仅是生物学上的人,还需要有自由权、市民权及家族权,只有同时具备这三种身份权,才是享有完整人格的主体。自由权是自由实现自我意志的权利,这是市民权和家族权的前提。奴隶生来没有自由,自然也就没有自由权。不过其可以通过主人的解放获得解放自由权,成为解放自由人,不过解放自由人在诸多方面都受到限制,如没有选举权和被选举权。市民权是罗马公民所享有的特权,包括公权和私权两部分。其中公权是选举权、参政权等涉及公共政治活动的权利。私权则是缔结婚姻、订立遗嘱、提出诉讼等权利。家族权则是家族内部的成员在家族内部享有的权利,如家长对子女有命令、要求其行事的权利,家长可以代表全家独立行使各种权利,为自权人,其他家庭成员处于家长之下,为他权人。

按照罗马法的规定,只有同时具备上述三种身份的才是完整意义上的人,享有完全的权利能力。这些身份并非一成不变,而是可能随着自然人的状态变化而发生改变,如沦为奴隶、丧失理智、被处以刑罚等。一旦三种身份权全部或部分丧失,则人格发生变化,称为人格减等。丧失自由权为人格大减等,丧失市民权和家族权为人格中减等,丧失家族权为人格小减等。

罗马共和国后期,随着商品经济的发展,人们为了某种共同利益而结合成的社会团体大量增加,于是罗马法开始关注团体的法律地位并提出了许多重要论述,如"团体具有独立人格""团体成员的变动不影响团体的存续"等内容。到了罗马帝国时期,对团体的分类进一步细化,如商业团体、宗教团体、慈善团体,分别在法律上享有独立人格。罗马法中的团体法人主要有两类,即社团法人和财团法人。前者以一定数量的人的集合为成立条件,

---

[①] 罗马法中将法律按照对象的不同分为人法、物法及诉讼法,这种三分法对后世大陆法系的法律体系有重要影响。"我们所使用的全部法律,或是关于人的法律,或是关于物的法律,或是关于诉讼的法律。"参见:[古罗马]查士丁尼. 法学总论[M]. 张企泰,译. 北京:商务印书馆,1989:11.

如地方行政机关，手工业行会、宗教组织等，后者为依照财产的聚集而成立的组织，如慈善基金、国库等。

【拓展阅读4-3】

罗马社会对遗嘱的重视

　　罗马法中赋予家长极大的权限，每个男孩无论少年或成人、结婚与否，甚至能否走向社会担任公职，凡事都要得到父亲的允许。直到父亲去世，一个罗马人才能成为一个法律上真正的人。而父亲对子女有至高无上的权力，可以剥夺子女的继承权，还可以对其行为进行裁判，甚至私自处决。在这样的社会环境下，罗马人特别重视遗嘱，罗马法中存在大量关于遗嘱的规定，因为遗嘱是父亲用来彰显自己在家庭中的权力和在社会上的威望的一种象征形式与武器。无论是贵族还是平民，都会在生前立下遗嘱，并反复修改，而遗嘱的公开与否还会影响人们对立遗嘱人的评价。遗嘱是令人引以为豪的东西，有些立遗嘱人甚至会迫不及待在生前就宣布遗嘱，以获得人们的称赞和尊重。

2. 物法

　　物法在罗马法的私法体系中占据重要地位，是其主体，对后世大陆法系的民法理论影响最大。罗马法中的物法由物权、继承权和债权三部分构成。

　　罗马法中物的概念范围较广，除了自由人，其他存在于自然界的一切东西，只要对人有用并满足人的需要，都可以称为物。其中不仅包括有形的财产，也包括无形的法律关系和权利。所有权是物权的核心，使权利人能够直接行使物之上的最完全的权利，包括占有、使用、收益和处分的权利，以及禁止他人对其所有物做任何行为的权利。罗马法学家曾总结所有权具有绝对性、排他性和永续性三大特点。绝对性是所有人在法律允许的范围内，可以任意处分其所有物而不受限制；排他性是指一物不能有两个所有权，所有人有权禁止或排除他人对其所有物的干预；永续性是指只要没有毁灭物的意外事件或法律事件发生，所有人对其物的所有权将永远存在。罗马法中关于物权的概念已经体现了相当高的认识程度，现代民法体系中关于物的理解和认识仍是建立在罗马法的基础之上。

　　罗马法中的继承与现代法律中的继承概念不尽相同。在罗马人看来，继承是死者人格的延续，财产的继承只是人格延续的附加。家族中的家长或家父去世之后，其权利必须延续下去，这不仅包括其人身权利和义务，也包括财产权利。家子通过继承家父的权利，成为新的家长或家父，成为完整意义上的人，实现人格的圆满。罗马社会中，遗嘱的订立非常普遍，因此罗马法中包含大量关于遗嘱、继承的内容，对遗嘱的方式、立遗嘱人的权利能力、继承人的指定、遗嘱的范围等都有明确规定。

　　债权是罗马法物法中的另一个重要内容。《查士丁尼法典》中对债的解释为，依照法律而使他人为一定给付的法锁。由此可见，债是债权人和债务人之间的权利义务关系，债的标的为给付，债权人不能直接对标的物行使权利，只能通过请求债务人进行给付而实现权利。同时债一旦成立之后，便具有法律效力，受法律保护，如果债务人不履行义务，债权人有权请求法院强制执行或赔偿损失。对于债的发生原因，罗马法中将其分为两类，即合法原因和非法原因。前者为双方当事人订立契约而产生的债，后者则是因为侵权行为而导致的债，包括由盗窃、强盗、侮辱他、破坏财产等行为导致的债。

3. 诉讼法

罗马法中针对不同权利的侵害有不同的救济方式，分为公诉和私诉。公诉是指对侵害国家利益的案件进行审理；私诉则是指根据个人的申诉，对有关私人利益的案件进行审理。在不同的时期，罗马法中规定了三种不同的诉讼程序。

罗马共和国前期，罗马盛行法定诉讼程序，这种程序只适用于罗马公民。诉讼时，双方当事人必须亲自到场，念诵固定的话语，配合固定的动作，并携带案件诉争的标的物或证据。整个案件的审理分为法律审查和事实审查两个阶段，法律审查时确认当事人诉权是否被法律所承认，属于何种性质；事实审查则是对案件事实进行调查，对双方的证据进行审定，并做出判决。

程式诉讼是罗马共和国后期，随着经济与社会发展，由裁判官在日常司法实践中创立的诉讼程序。程式诉讼时，裁判官做成一定程式的诉状，包括诉讼人的请求原因和目的，由原告向裁判官陈述要点和理由，经裁判官拟定后交承审法官。承审法官根据诉状内容进行审理裁判。程式诉讼废除了法定诉讼中烦琐而严格的程序，双方当事人可以自由发表意见，而且在适用范围上不局限于罗马公民，对外国人的审理也适用。

特别诉讼是罗马帝国初期产生的诉讼程序，并成为帝国时期唯一通行的诉讼制度。特别诉讼时，自始至终由一个官吏担任审判，诉讼不拘泥于形式，更侧重于查明当事人的真实意见。对于当事人提出的证据，裁判官依照自由心证进行取舍。

二、中世纪以后西方法治文明的变迁

（一）罗马法的复兴

罗马帝国灭亡之后，罗马法失去了其作为国家法律的有效性和权威性，但是其影响却未曾消失。中世纪初期，罗马法在东罗马帝国依旧适用。7—9世纪，罗马法是拜占庭帝国的重要法律渊源，并因而影响东欧地区的斯拉夫民族国家及早期的俄罗斯。在西欧，虽然国家林立，但是它们普遍缺乏系统、规范的法律制度，在推行具有民族特色的日耳曼法之外，仍然按照属人原则对原先罗马帝国内的居民使用罗马法，并不断借鉴、吸收罗马法中的制度与内容。

11世纪末至12世纪初期，随着商品经济的发展及城市的繁荣，日耳曼法、教会法等法律体系逐渐无法适应社会与经济的实际需要。这时，作为"以私有制为基础的法律的最完备形式"①的罗马法重新被人们加以关注和研究,其作用和价值逐渐得到重视。以意大利半岛为中心,西欧各国陆续出现了研究、学习罗马法的浪潮,史称"罗马法复兴"。之后,罗马法的适用范围不断扩大,因为"在罗马法中,凡是中世纪后期的市民阶级还在不自觉地追求的东西,都已经有了现成的了"②。

1135年,在意大利北部的亚马非城发现了《查士丁尼学说汇纂》的原稿抄本,引起了意大利法学家学习罗马法的兴趣。意大利的博洛尼亚大学最早开始对罗马法进行研究,各国前往学习的学生前后多达数万人。当时的学者们首先通过释读、注解的方式研究罗马法的文献,因此得名注释法学派,这一学派的产生为罗马法的复兴奠定重要基础。14世纪,以意大利著名法学家巴托鲁斯(Bartolus)为代表的法学家主张将罗马法的内容与欧洲的具体社会环境和社会实践相结合,根据现实的需要对罗马法中的原则和制度进行改造,使其能够直接适用于具体的裁判。这一新兴的学派被称为评论法学派,它的产生标志着罗马法的研究和适用有了新的突破,经他们加工、整理的罗马法被西欧许多国家广泛适用。

【拓展阅读4-4】

罗马法复兴的重要人物——伊尔内留斯

1088年创建的博洛尼亚大学是罗马法复兴过程中的一个重要标志,而伊尔内留斯(Irnerius,1050—1125年)不仅是博洛尼亚法学院或法律学校的创建人,也是注释法学派的创始人。他是第一个在院校讲授罗马法的教师,通过对罗马法文本进行注释、说明的方式对罗马法进行研究,使得罗马法在中世纪迎来了伟大复兴。

法国和德国都是较早接受罗马法的国家。12—16世纪,法国深受注释法学派的影响。16世纪以后,随着法国国力的强盛及人文主义法学在法国崛起,法国成为罗马法复兴的重要基地,对罗马法的研究超过了意大利,并进而推动了法国南北地区对罗马法的接受。德国早在13世纪就开始继受罗马法的内容,到15世纪末期,境内各大学已经将罗马法作为必修课程,以《优士丁尼学说汇纂》为基础的"共同法"也适用德意志境内。17世纪末,从帝国法院到普通法院,对罗马法的适用已经不仅仅限于个别条文,而是以罗马法的主要内容作为裁判的依据。18世纪,潘德克顿学派的产生标志着德国对罗马法的学习与继受达到了顶点。

罗马法的复兴是历史发展的必然结果。中世纪的欧洲,特别是意大利,海上贸易及手工业的发达带来了大量城邦国家的繁荣,威尼斯、热那亚、米兰等城市都是欧洲经济重镇。城市、市场、商人的兴起,标志着资本主义及资产阶级的前身市民阶级在封建社会内部逐渐产生并成长。资本主义的生产方式是在商品生产与交换的基础之上产生的,也是其高级形态。以《国法大全》为代表的罗马法,完整地体现了这种商品生产与交换的内容,符合

---

① 马克思恩格斯全集[M]. 第15卷. 北京:人民出版社,1971:113.
② 马克思恩格斯全集[M]. 第8卷. 北京:人民出版社,1965:454.

新兴的资本主义发展的需求。

同时，罗马法的复兴与繁荣也体现在其对君主专制权力的维护上。中世纪的欧洲，在封建制的政治与社会基础之上，国家的君主权力并不集中。除了受到来自天主教会的教权干涉，国内的领主、贵族也对国王权威时刻提出挑战，统一的国家、集中的权力成为各国王权追求的目的。而罗马法中包含了对君主权力维护的内容，对封建国王来说无疑是强化其权威的重要依据，对削弱封建割据势力、促进统一具有重大帮助。

此外，罗马法的内容与远高于同时期欧洲其他法律文明的立法技术也注定了在当时的历史条件之下，只能通过复兴罗马法来达到改造旧有法律制度、创造新的法律文明的目的。罗马法中的人、物、诉讼的法律分类形式，对不同财产取得方式的界定，对诉讼制度的安排，详细、准确的法律术语与概念等，都深刻影响了当时人们对法律的认识和理解。

(二) 教会法的衰落

教会法也称寺院法、宗规法，是基督教关于教会本身组织、制度及教徒生活准则的法律，对教会与世俗政权的关系、婚姻家庭、土地买卖、犯罪刑罚、诉讼流程等都有规定。教会法是中世纪欧洲重要的法律渊源之一，对当时人们的社会生活、国家的政治制度都有直接影响，而在中世纪后期，教会法的地位逐渐衰落，不再是主要的法律内容。

基督教产生于公元1世纪罗马帝国的犹太行省，是从犹太教中演变发展而来的，宣扬上帝面前人人平等。在基督教传播早期，它成为奴隶和广大被压迫人们反抗罗马帝国专制统治的工具和信仰，受到了罗马统治者的残酷镇压，只能进行秘密传播。而后随着越来越多人信仰基督教，其宗教势力逐渐扩大，教义也开始发生变化，要求信徒忍耐服从，认同君权神授。公元313年，罗马皇帝君士坦丁颁布了《米兰敕令》，承认了基督教的合法地位。公元380年，基督教成为罗马帝国的国教。在这一过程中，教会作为基层组织对教徒们的生活和行为进行裁判与规制，形成了严密的组织和纪律。公元333年，主教裁判权获得了罗马帝国的认可，教会法就是在这一基础之上而产生。

西罗马帝国灭亡之后，基督教信仰没有随着帝国的崩溃而垮台，反而进一步扩大了其影响范围。欧洲兴起的各个小型封建国家也接受了基督教信仰，教会权力与封建王权开始结合，并逐渐凌驾于王权之上，国王或皇帝的加冕都需要来自教会的认可。此时，教会法的内容也在不断增加，除了教会内部的决议和文件，还吸收了世俗日耳曼法的内容。教会的司法权也不断扩大，不仅适用教徒，对世俗居民也有管辖权。

教会法的主要法律渊源来自《圣经》及教皇教令集、宗教会议决议等。《圣经》是基督教的信仰基础，也是教会法最重要的法律渊源，具有最高的法律效力。一切违反《圣经》中记载内容的行为都必须受到处罚，《圣经》的文字也是教会裁判中直接引用的重要依据。教皇教令集是罗马教皇及教廷颁布的敕令、通谕和教谕的汇编合集，是教会法的另一个重要渊源。13世纪，教皇格里高利九世进行官方法典的编纂，形成《格里高利九世教令集》，包括教会法院组织、诉讼司法程序、教士的特权及义务、婚姻、刑法等五篇内容。此后，罗马教廷又陆续对教令进行整理和汇编，使其内容不断丰富、完善。宗教会议决议是教皇及地方教会召开各种宗教会议时所颁布的决议和法规，由于其有特殊的影响性，因此许多封建君主也会参与宗教会议，巩固自身统治。

15世纪后期，文艺复兴运动兴起，各国中央集权开始形成，教会的地位逐渐下降。宗教改革运动又使各国君主摆脱了罗马教皇的控制，新兴的资产阶级否定教会的权威性，许多新的教派踊跃出现。罗马教廷的权力一落千丈，教会法的适用范围不断萎缩。资产阶级革命后，政教分离原则的提出，使得欧洲各国的法律与宗教的关系逐渐远离，法律实现了世俗化的改造，教会法的管辖领域仅限于信仰与道德等方面。

【拓展阅读4-5】

教会法对婚姻关系的维护

教会法的内容中，关于婚姻和家庭的规范具有十分重要的地位。《圣经》中认为夫妻的结合并不是个人的意志，而是受神所庇佑的，因此婚姻神圣，不能轻易解除。在一些特殊情况下，即使配偶成为异端分子、刑事罪犯，甚至感染麻风病或有恶疾，婚姻关系也必须维持，不能随意解除。由于封建社会中男女地位不平等，这种严格禁止离婚的条款，某种程度上也是对妇女权益的保护。

教会法作为基督教发展的产物，其适用范围超出了宗教的范围，渗透到了世俗生活中，对大陆法系的形成也有重要作用。教会法的法律观念、伦理道德观念、权利义务观念等内容都对之后的法律文明打下了深深的烙印。例如教会法中关于婚姻、家庭的原则和制度，长期制约着西方国家关于婚姻、家庭关系的立法，其所提出的一夫一妻制原则，主张婚姻自由，反对重婚和童婚，反对近亲结婚的规定，以及在财产继承上男女平等的原则，都被之后的大陆法系制度所接受。在刑法方面，教会法主张对犯人进行改造和灵魂教化，通过监禁的方式实现犯人的改过自新，这对近代刑法理论及刑法学说的发展有很大影响。在诉讼程序方面，教会法要求审判者做出裁决时必须依赖良知和道德，后来发展成为西方司法诉讼中著名的自由心证原则。特别是教会法中的纠问式诉讼模式，是大陆法系中刑事诉讼制度的直接制度来源。教会法用书面证据及证人证言进行案件调查和审判的制度，也取代了之前落后的诉讼证据模式，发展了诉讼法的理论。

(三) 城市法与商法的产生

中世纪西欧的城市法和商法是欧洲新兴的特殊法律体系，它们主要产生、形成和适用于自治城市与港口，调整着新兴的城市社会生活、经济、政治关系，以及一般的商业活动和海上运输贸易的法律关系。城市法和商法的产生，体现了新的社会生产关系，以及新兴阶层对自由、平等的追求和呼唤，具有资本主义因素。城市法作为地域性的法律规定，随着主权国家的兴起，被不断吸收、融入各国法律制度之中。而商法则是具有国际法性质的习惯法规范，由共同商法发展为国家商法。它们促进了资本主义的发展，也对之后的大陆法系法律文明有重要影响。

城市法是 10—15 世纪西欧获得城市自治权的城市所适用的法律规范。这种制度主要和城市的商业活动、贸易、税收、市民的法律地位等内容密切相关，只用于自治城市内部或城市共和国范围内，具有鲜明的地域性色彩。

城市法是随着西欧城市的复苏及商业贸易的繁荣而产生的。10世纪以后，随着生产力水平的提高，手工业和商业活动日渐活跃。原先的领主庄园经济受到一定的冲击，集市贸易和零售批发等商业活动广泛分布在意大利、荷兰、法国等地的大大小小的城市之中。由于人口密集、交易频繁，共同的生活习惯和行为促进人们基于相同的利益走到了一起，形成集体观念和意识。由于王权的旁落与无力，市民们只能自发组织起来管理自己的事务，共同决定城市中的大事小情。许多城市纷纷追求独立的地位，摆脱封建领主的控制，新的城市机构和自治机关由此产生，并形成了新的规则，即城市法。

早期的城市法是有关城市工商业发展和贸易的行会章程，主要来自城市原有的习惯法及罗马法中的商事习惯。随着城市经济的发展，大规模的城市立法活动陆续展开，《热那亚城市法典》《米兰城市法典》《巴黎城市法典》《萨克森城市管辖法》等都是城市法中的著名规范。这些法典的内容不断增多，不仅涉及商业活动，也包括公法、私法、经济法、诉讼法等内容。到了中世纪后期，随着贸易与资本的流通，各个城市为了维护自身的利益，协调经济关系，开始结成城市同盟，如北德意志地区形成的汉萨同盟就是最著名的城市同盟，前后有 160 多个城市加入其中。各个城市同盟制定本同盟内部的法典，以维护各城市的利益。《汉萨海上规则》就是汉萨同盟的法律规定，在北欧地区具有重要地位。各同盟还进一步组建"秘密刑事审判庭"，管辖危害城市的刑事犯罪行为。

【拓展阅读 4-6】

城市法与特许状

特许状是城市法的重要渊源，是规定王权、教权、封建主与城市之间权利义务的文件。特许状在一定程度上限制了国王或领主对城市的权力，保障了城市自治及市民的权利和义务。著名法学家伯尔曼指出："城市法在大多数场合是根据成文的特许状建立起来的，这些既是政府组织的特许状，又是市民权利和特权的特许状，在实效上，它们是最早的近代成文宪法。"中世纪产生了这样的法谚——"城市的空气使人自由"。

城市法是基于契约精神而产生、形成的，也是中世纪政治上无序和缺乏统一性法律规范的体现。随着资产阶级民族国家的诞生，城市法也逐渐走向衰落。就性质和作用而言，城市法是封建社会的法律规范，但它同时又带有早期资本主义的萌芽和内容。城市法在政治上维护自治城市的独立地位和合法性，保障了市民的权利，在经济上保护和发展了工商业，促进了资本主义早期商品经济的发展。城市法反对特权，反对封建身份，反对封建土地制度的内容，体现了平等、自由的精神和法治的内容。例如，城市法在经济上规定了土地可以自由买卖转让，可以自由出租或抵押；在政治上确认了公民及民事主体在政治、经济、法律上的平等地位。妇女可以独立订立遗嘱，市民可以参政议政、参与立法与司法活动。这些都影响了近代资产阶级的人民主权观念，为之后的大陆法系文明所继承。

商法是调整商人之间因为商事活动而产生的各种法律关系的一系列习惯和法律规范的总称。人类的商业活动由来已久，对商事活动中产生的纠纷进行调解，并规范商事活动的规定很早就产生了。公元前 7 世纪的巴比伦王国就出现过对公司的规定，地中海东岸的腓尼基人也曾制定过商人法。作为古代地中海海上贸易中心的古代希腊也有着丰富的商事规定，如雅典的《罗德海法》就对海损做出了创造性的规定。但是直到中世纪的西欧，商法才逐渐摆脱依附地位，形成了独立的法律部门。

10 世纪开始，随着人口迁徙和社会稳定，农业增产带来了用于贸易的剩余产品，地中海及波罗的海沿海的商业活动开始复兴并繁荣，直到 14 世纪，这一阶段被称为"商业革命"。[①] 中世纪的商法就是在这样的背景下形成于 10—12 世纪的意大利。得益于独特的地理条件和位置，意大利的商业贸易异常繁荣，成为欧洲的商业中心。加上其作为罗马法复兴的发源地，具有良好的法律基础，故商法最先在意大利成形，并影响了法国、德国等国家的商法。意大利将罗马法中关于商事贸易的规定与长期海上贸易所形成的习惯惯例加以结合，发展出独具特色的商法体系，被称为各国商法的"母法"。而后随着商业活动的发展，各国依照自身的国情和特点纷纷制定自己的商事规范。由于商事活动的流动性，各国也形成了特别的商务领事以及"治外法权""领事裁判权"等内容，并设立特别的商业法庭，解决商事纠纷及跨国商业冲突。长期的发展形成了全欧洲多数国家普遍适用的商业法律规范和贸易惯例，即共同商法。17—18 世纪，随着欧洲君主专制的确立，共同商法转而成为国家商法，商法由国际法性质转而成为主权国家内部的国内法。

【拓展阅读 4-7】

商法的自治性

中世纪商法自成一体的特点和对自治性的强调被后世史学家津津乐道。德国商法史学者戈德施密特说："中世纪商人法的高贵与特点，在于商人从自身的需要和观念中制定自己的法律。"沃瑟姆也说："海商法是商人们自己发展起来的，它不是各地王侯们的法律。"

中世纪商法的内容极为丰富，虽然主要以商事活动为调整对象，属于私法范畴，但又包含了相关的公法内容及司法制度，可以说是公法与私法、实体法与诉讼法、国际法与国内法的统一。商法虽然产生于封建社会时期，但是因为其调整一般的商业活动和贸易关系，带有资本主义的性质，不仅促进了资本主义的发展，也对之后的法治文明有深刻影响。例如商法对当时广泛使用的票据就有明确规定，根据不同的使用功能将票据划分为本票、支票、汇票等形式，并产生了票据背书制度。17 世纪法国的《商法典》就吸收此前商法中关于票据的诸多规定。此外，商法在银行、保险等制度上都有创造性规定，

---

① [英]博斯坦 M M 科尔曼 D C, 彼得·马赛厄斯. 剑桥欧洲经济史(第二卷)[M]. 王春法, 译. 北京: 经济科学出版社, 2004: 275-334.

体现了市民阶层和商人群体对自由、平等的追求。大陆法系中的商业规定绝大多数都来源于商法中的内容。

第二节 大陆法系代表国家的法律史概述

一、法国法的历史与发展

作为大陆法系典型代表的法国法，以其深厚的思想基础、完备的法典体系结构、明确严密的原则内容、民商分立的私法制度、公私法划分的经典分类、二元主义的司法制度等内容著称于世。其对大陆法系的发展产生了决定性的影响，对世界法治文明做出了卓越贡献。

(一) 法国法的历史概述

1. 封建时期法国法的发展

法国自封建时期就有了鲜明的法治文明，自公元9世纪法兰克王国分裂至法国大革命之前，近1000年的时间内，法国法从以习惯法占据主导、法律分散不成系统，逐渐向统一化、民族化的过程迈进。

公元843年，法兰克王国分裂为东、中、西三个国家之后，在日耳曼法的基础之上进行了法律的发展。由于这一时期的法兰西王国以封建时期的自然经济为主导，商品经济落后，各地封建领主实力强大，因此国王名义上对国内的法律有立法权和司法权，实际上却是由各地的封建领主行使独立的统治权。特别是文化与历史的长期因素，导致法国境内的南方与北方在法律文化传统上存在较大差异，北方以日耳曼法和习惯法为主流，而南方因地靠罗马，以罗马法及成文法作为主要法律依据。这一时期的法律渊源也较为多元与分散，仅北部地区就有不少于300种习惯法，这些习惯法的效力往往局限于领主的单一辖区。而南方虽然以罗马法为主要法律渊源，每个城市和村庄又根据自身的需求对罗马法进行修改，形成了自身的自治性法规。

16世纪之后，法国进入了封建君主专制时期，国家权力高度集中，文艺复兴及宗教改革运动对国内的思想文化起到新的启蒙作用，商品经济日益繁荣，资本主义的发展日新月异，法律制度也开始出现新的变化，统一法律的需求日渐强烈。出于强化王权的现实考量以及为了维护全国的统一市场，以王室立法为代表的统一立法活动成为主要的立法方式。王室立法以法王的名义进行，具有最高的法律效力，适用于全境。王室立法内容广泛，对赠予、合同、继承、家庭财产等方面都有所涉及，并对现实法律的需求进行了回答。同时，因为这些王室立法的起草、制定多是在研习罗马法的法学家协助之下完成，因此打上了罗马法的深深烙印，确立了后来资本主义时期法国法的发展方向。

2. 资本主义时期法国法的发展

近代法国的法律制度始于 1789 年法国大革命，形成并确立于 19 世纪上半叶，并于 19 世纪下半叶开始改革并实现现代化。近代法国法是资产阶级革命彻底胜利的产物。法国大革命彻底推翻了封建制度，建立了资本主义国家，开创了具有代表性的近代法国法律制度，为大陆法系的形成与发展奠定基础。

【拓展阅读 4-8】

法国大革命与中期法

1789 年爆发的法国大革命不仅是法国历史上的重大事件，也是世界近代史的重要节点。法国大革命揭开了历史的新篇章，也给法律思想及法典编纂赋予新的革命性色彩。民法史学者通常将 1789 年法国大革命爆发到 1804 年《法国民法典》出台这一时期出台的法律称为中期法或革命时期法。中期法虽然时间短暂，却摧毁了旧制度下的沉疴顽疾，封建社会的体系被革命浪潮一扫而空，代之以人人平等、契约自由、政教分离的新社会政治秩序。这一时期是法国旧法与现代法的连接点，具有承上启下的重要地位。

1789 年爆发的法国大革命是法国近代法创建的序章，通过 1789 年颁布的《人权宣言》、1791 年宪法、1793 年宪法以及一系列废除封建法律制度的法令，从制度上宣布了资产阶级共和国的诞生，建立了君主立宪制政体，确立了主权在民等一系列资产阶级法治原则，为法国资产阶级法律制度的形成奠定坚实的制度基础。从拿破仑时期开始，法国的法律制度逐渐完善，先后制定了宪法、民法典、民事诉讼法典、商法典、刑事诉讼法典及刑法典等法律文本，形成了六法体系。这不仅对法国资本主义法治有着重要影响，也与西欧其他国家及世界其他地区的法律制度的产生有直接关联。

法国作为资产阶级国家中较早发展并形成完善法律制度的国家并非偶然，而是有着历史的必然性。一方面是思想家的推动作用。早在 17—18 世纪，法国就是欧洲启蒙运动的中心，涌现了大批著名的启蒙思想家，如倡导古典自然法学说的孟德斯鸠、卢梭、伏尔泰，百科全书派的狄德罗、孔多塞等。这些启蒙思想家通过著述宣扬资产阶级的自由、平等、博爱、法治的观念，要求推翻封建专制统治，建立资产阶级的新秩序。他们对法学概念的发展也大有促进，将其从神学的束缚中解放出来，赋予其独立的地位。他们对法律的认识不再依附神学的理念，而是认为法律来自人类的理性，将人作为法律的根源及目的。在这样的思想浪潮之下，"自然权利""三权分立""罪刑法定""人民主权""社会契约"等概念不断被提出，并在人们的思想中打下深深的烙印，作为反抗封建王权与教权的武器，为资产阶级法律制度的产生从思想上扫除了桎梏。

【拓展阅读 4-9】

法国《人权和公民权宣言》(1789 年 8 月 26 日制宪国民会议颁布)[①]

组成国民会议的法兰西人民的代表们，相信对于人权的无知、忽视与轻蔑乃是公共灾祸与政府腐化的唯一原因，乃决定在一个庄严的宣言里，呈现人类自然的、不可让渡的与神圣的权利，以便这个永远呈现于社会所有成员之前的宣言，能不断地向他们提醒他们的权利与义务；以便立法权与行政权的行动，因能随时与所有政治制度的目标两相比较，从而更受尊重；以便公民们今后根据简单而无可争辩的原则所提出的各种要求，总能导向宪法的维护和导向全体的幸福。

因此，国民会议在上帝面前及其庇护之下，承认并且宣布如下的人权和公民权。

第一条　人生来就是而且始终是自由的，在权利方面一律平等。社会差别只能建立在公益基础之上。

第二条　一切政治结合均旨在维护人类自然的和不受时效约束的权利。这些权利是自由、财产、安全与反抗压迫。

第三条　整个主权的本原根本上乃存在于国民。任何团体或任何个人皆不得行使国民所未明白授予的权力。

第四条　自由是指能从事一切无害于他人的行为；因此，每一个人行使其自然权利，只以保证社会上其他成员能享有相同的权利为限制。此等限制只能以法律决定之。

第五条　法律仅有权禁止有害于社会的行为。凡未经法律禁止的行为即不得受到妨碍，而且任何人都不得被强制去从事法律所未要求的行为。

第六条　法律是公意的表达。每一个公民皆有权亲自或由其代表去参与法律的制订。法律对于所有的人，无论是施行保护或是惩罚都是一样的。在法律的眼里一律平等的所有公民皆能按照他们的能力平等地担任一切公共官职、职位与职务，除他们的德行和才能以外不受任何其他差别。

第七条　除非在法律所确定情况下并按照法律所规定的程序，任何人均不受控告、逮捕与拘留。凡请求发布、传送、执行或使人执行任何专断的命令者，皆应受到惩罚；但任何根据法律而被传唤或逮捕的公民则应当立即服从，抗拒即属犯罪。

第八条　法律只应设立确实必要和明显必要的刑罚，而且除非根据在犯法前已经通过并且公布的法律而合法地受到惩处，否则任何人均不应遭受刑罚。

第九条　所有人直到被宣告有罪之前，均应被推定为无罪，而即使判定逮捕系属必要者，一切为羁押人犯身体而不必要的严酷手段，都应当受到法律的严厉制裁。

第十条　任何人不应为其意见甚至其宗教观点而遭到干涉，只要它们的表达没有扰乱法律所建立的公共秩序。

[①] 朱福惠，邵自红. 世界各国宪法文本汇编(欧洲卷)[C]. 厦门：厦门大学出版社，2014：236.

第十一条 自由交流思想与意见乃是人类最为宝贵的权利之一。因此，每一个公民都可以自由地言论、著作与出版，但应在法律规定的情况下对此项自由的滥用承担责任。

第十二条 人权和公民权的保障需要公共的武装力量。这一力量因此是为了全体的福祉而不是为了此种力量的受任人的个人利益而设立的。

第十三条 为了公共武装力量的维持和行政的开支，公共赋税是不可或缺的。赋税应在全体公民之间按其能力平等地分摊。

第十四条 所有公民都有权亲身或由其代表决定公共赋税的必要性，自由地加以批准，知悉其用途，并决定税率、税基、征收方式和期限。

第十五条 社会有权要求一切公务人员报告其行政工作。

第十六条 一切社会，凡权利无保障或分权未确立，均无丝毫宪法之可言。

第十七条 财产是不可侵犯与神圣的权利，除非合法认定的公共需要对它明白地提出要求，同时基于公正和预先补偿的条件，任何人的财产皆不可受到剥夺。

另一方面，法国资本主义商品经济的繁荣与快速发展，也为其法律秩序的形成提供坚实的经济基础。作为较早统一与实现王权专制的欧陆国家，法国的统一市场建立较早，同时通过海外的殖民扩张运动开辟了广大的市场，并建立了生产资料的掠夺地，市场经济不可阻挡地在法国高歌猛进。法国的城市、乡村都形成了完备的市场贸易关系，巴黎等地还建立了证券交易所及各类银行、保险、信贷机构，进一步催生资本主义的金融关系。商品经济的发展离不开公平、自由的市场及平等的法律制度，因此商品经济的繁荣必然要求法律制度的革新与发展。

从19世纪下半叶开始，资本主义从自由竞争阶段过渡到垄断资本主义时期，为了适应现代社会的需求，法国法也开始了一系列改革。这时的法国法出现了社会化的浪潮，在强调保护个人权益的同时，也注重对社会利益的维护，资产阶级的法治原则发生变化。大量的行政法规、经济法规及社会法规开始出现，也开始借鉴与吸收英美法系的内容，并对原有的法典做出适当的修改，在公私法的分类上进行了改革和完善。不过法国法在实现现代化的过程中，并不追求激烈变革，在法典的修改上也比较慎重，在努力维持成文法典的前提下，通常通过制定专门的单行法来解决具体问题，在遵循传统法律原则的基础上进行适应现代社会需求的改革。

【拓展阅读4-10】

理性主义与近代法律

近代的革命时代是一个理性的时代，启蒙学派所提倡的理性主义成为时代主流的思想观点。康德曾说，"所谓启蒙，就是人类摆脱加之于自身的不成熟状态"。理性主义认为，理性支配着人类的一切活动，智者正确运用缜密思想的同时，也是旧势力清除之日。正如某学者观察的那样，"人们乐观地认为，无懈可击的自然法原则所产生的理性的新法和新体制势必消弭旧法和旧体制"。

(二)《法国民法典》的发展与内容

法国法的标志性法典即《法国民法典》，作为资产阶级国家最早的一部民法典，《法国民法典》的问世不仅对本国法治文明的发展具有重要意义，对大陆法系国家的法治文明也有深远影响。《法国民法典》颁布后，其他基本法典也相继问世，迅速建立了法国的统一法律体系。此外，因为法国大革命的影响和感召力，加上《法国民法典》本身内容与体系的完善和科学性，在此之后的19—20世纪，许多国家都在模仿《法国民法典》，并在其基础上制定了本国的民法典，对世界法治文明的发展起到推动作用。

1.《法国民法典》的制定

1789年的法国大革命彻底改变了原有的封建法律制度，为民法的产生和发展扫除了障碍。革命之后，资产阶级一方面不断颁布民事单行法律来变革封建的民事法，另一方面则着手起草一部适用于全国的统一民法典。

1789年的《人权和公民权宣言》《1791年宪法》及一系列革命法律、决议是法国资产阶级最早的民事法律规范，也是《法国民法典》中许多条文的来源。《人权和公民权宣言》中的平等、自由、安全和财产权利等条款确立了民事权利平等、契约自由、财产神圣不可侵犯等资产阶级的民法原则。著名的"八月法令"进一步宣布废除封建劳役制度及贵族制、等级制，雅各宾派专政时期还颁布"土地法令"，废除封建土地所有制和各种封建特权。在婚姻上，相关法律对婚姻世俗化进行推动，准许离婚自由，凡年满21岁的男女都有完全的婚姻自主权，取消家长的亲权。这些规范都成为《法国民法典》的重要内容。

1790年7月5日的制宪会议上形成了一项重要决议，即全面审查和改造民事法律，制定出一部简明且与宪法相适应的民法典。《1791年宪法》更是直接规定，应该制定一部王国共同适用的民法典。后来，法律部委员会先后于1793年、1795年及1798年提出了三部民法典草案，但都被否决。

1799年拿破仑上台建立政府之后，立刻着手进行政治经济的全面改革，民法典的编纂再次提上了议事日程。1800年，拿破仑任命了一个由最高法院院长、最高法院法官、高级行政官和议员组成的法典编纂会，开始起草民法典。在四个月的时间之内，展开了100余次关于民法典草案的审议会议，拿破仑亲自参加了其中的50多场，并就其中的重大原则、立法语言和条文体系提出了许多自己的观点与看法。1803年3月—1804年7月，分别通过36个单行法，并于1804年宣告将这些单行法合称为《法国民法典》。因为这部法典是在拿破仑任内通过的，而且拿破仑本人对法典的制定参与颇深，因此该法典又称为《拿破仑法典》。

2.《法国民法典》的内容

《法国民法典》采用罗马法中《法学阶梯》的编纂体例，由总则和三编组成，共36章，2281条。其中总则介绍了民法典的公布、效力、适用范围及基本原则。第一编是"人"，主要是关于民事法律关系主体的各项规定；第二编是"财产及对所有权的各种限制"；第三编是"取得财产的各种方法"，主要是民事法律关系的客体从一个主体转移到另一个主体的各种方法规定。

作为反映资本主义早期发展样貌的民法典，《法国民法典》基本体现的是为保障个人最大限度的自由，法律进行最小限度干涉的个人主义、自由放任主义的早期资本主义社会经济关系。由于生产水平的限制，当时的法国还是以农业为主，工商业为辅，因此法典中对农业财产特别是土地所有权有着详尽的规定，对农业劳动关系中的牲畜租赁等都有涉及。但对工业财产关系，特别是法人制定却没有规定。

这部民法典贯彻了资产阶级的民法原则，具有鲜明的革命性和时代性，具体体现在以下几个方面：体现了民事主体自由平等的原则，凡是成年的法国公民一律平等，自由地享有民事权利，对于居住在法国的外国人也同样适用，这彻底否定了由身份和地位决定民事权利有无和多寡的封建特权制度；体现了私有财产神圣不可侵犯的原则，对于所有权的界定，该法继承了罗马法中的制度，强调所有权的绝对性、排他性和永恒性，对于所有权的范围，除了其本体，还延伸至其孳息和附加物；体现了契约自由的原则，契约的主体、订立、形式、内容等都可以由当事人意思自治决定，一经成立，即不得随意变动，须遵守约定，善意履行；体现了损害赔偿责任的过失责任原则，法典中规定任何人因自己的过失而使他人受到损害的，都负有对他人进行赔偿的责任。

在立法语言方面，《法国民法典》的立法者力图以规范、简洁、通俗易懂的方式进行条文的撰写，避免过于艰深、复杂。立法者曾指出，这是一部法国人民的民法典，因此务必要让全体法国公民都能够读懂和理解。

【拓展阅读4-11】

《法国民法典》的语言

《法国民法典》的简洁、通俗向来为人们所称道，它不仅尽量减少使用复杂的法律专业术语，而且力求表述简洁和通俗，一改传统法典条文的冗长与抽象。法国文学家司汤达曾经为了培养语调上的美感，甚至每天都要大声朗读几段法典条文。德国比较法学家拉贝尔评价《法国民法典》的语言是"水晶般清澈而又有优美的语言，前无古人，后无来者"。《法国民法典》与《德国民法典》的高度专业化与技术化形成了鲜明的对比。

3.《法国民法典》的修订与发展

《法国民法典》一经问世，迅速产生了巨大影响，许多进步人士和法学家纷纷到法国学习这部法典，并带回本国，作为本国制定民法典的蓝本和基础。一时间，模仿《法国民法典》的民法典犹如雨后春笋，许多被拿破仑征服的地区及法国殖民地更是直接适用这部法典。

不过《法国民法典》毕竟是资本主义早期发展的产物，其条文和内容不可避免地带有一些封建社会的残余，需要针对不断变化发展的社会做出修改。从《法国民法典》诞生至今，历届法国政府都根据社会需要对其进行了修订，其中第一编关于"人"的条文修改最多。在婚姻、家庭领域，女性与儿童的地位不断提高并得到保障，非婚生子女获得了和婚生子女平等的民事权利。在《法国民法典》制定之初，曾规定丈夫应该保护妻子，妻子应当顺从丈夫。到了20世纪，这样的条款便改为夫妻双方应该在道德和物质上共同管理家庭，负责子女的教育。婚姻关系中的男女平等得到了法律的确认。

除了修改民法典，法国还通过颁布民事单行法的方式完善民事法律制度。特别是20世纪上半叶，民事立法增加，国家干预私法和法律的社会化倾向日益明显。对私人所有权的无限及绝对性原则有了新的限制，例如对矿山、土地、森林等资源的所有权的行使都必须符合相关规定。民事主体也从自然人扩展到了法人、联合组织甚至国家。契约自由的原则也得到了干预，出现了"集体契约"等类型的契约。这些变化和修订，都表明《法国民法典》为适应资本主义生产关系发展而做出了调整，使其能在当代社会继续发挥作用。

【拓展阅读4-12】

《法国民法典》的传播

《法国民法典》诞生之后，随着拿破仑的军事扩张而不断向域外推进，在欧洲大陆上与法国相邻的瑞士、荷兰、意大利等首当其冲，罗马尼亚、保加利亚、希腊等也紧随其后主动接受。虽然拿破仑的征服时间有限，但各国继受法国法的行为并未因法国军事活动停止而告终，而是成为本国法律体系的重要基础。《法国民法典》在欧洲大陆以外的传播，则是与其海外殖民活动相伴。北非的突尼斯、阿尔及利亚，东南亚的越南、柬埔寨、老挝，以及美洲的海地等国作为法国曾经的殖民地或被保护国，其立法深受《法国民法典》的影响，甚至有些国家如海地更是直接原样照抄法国的六部法典，不做更易。据不完全统计，《法国民法典》直接或间接地影响了超过45个国家和地区的法律体系，是全世界最有影响力的民法典之一。

二、德国法的历史与发展

德国法是大陆法系的重要组成部分，也是近代以来最为发达的法律体系之一。德国法讲究体系严密，用语准确，坚持法典化的立法方向。《德国民法典》是继《法国民法典》之后，又一部大陆法系的著名法典，推动了大陆法系的发展，成为大陆法系内与法国法并驾齐驱的核心之一。

(一) 德国法的发展和演变

1. 封建时期德国法的发展

同法国一样，德国最初也是法兰克王国的组成部分，法兰克王国分裂之后，东法兰克王国逐步演变为德意志王国。公元962年，奥托一世接受罗马教皇的加冕，建立神圣罗马帝国。但是在此之后，德意志长期处于分裂割据的状态，神圣罗马帝国的皇帝只是名义上的统治者，各地封建领主自行其是，甚至神圣罗马帝国的皇帝还需要由帝国内的七大选帝侯选举产生。直到1871年德国统一之前，德意志长期处于分裂状态。

与这种分裂格局相伴的是法制的长期割裂与不统一。各个邦国及领主辖区之内，有各自的法律制度，法律来源分散和多样。15世纪以前的德国，大多沿用法兰克时代的地方习惯法，而且这种习惯法因地区的差异而不尽相同。例如《萨克森法典》和《施瓦本法典》都是这一时期习惯法的编纂体现，但其内容却有较大差异。前者主要是论述法院适用的刑事、民事及调整封建土地关系的采邑法，后者则是德意志南部地区的习惯法，并含有教会法和罗马法的内容。

15世纪末期，罗马法成为德国各大学的必修课程，德国也产生了自己的罗马法学家，产生了研究罗马法的独特兴趣。德国法学家们尤其注重对《国法大全》中《查士丁尼学说汇纂》的学习和研究，并创造了许多抽象的法学术语和概念，被称为"概念法学"，因为"学说汇纂"在德语中发音为Pandekten，又被称为"潘德克顿法学"。德国法学家将罗马法的主要内容整理为《罗马法简编》，在各地法院中加以适用，并且根据《查士丁尼学说汇纂》的体例进行法律的拟订和起草。潘德克顿法学的产生标志着德国学者对罗马法的研究已经达到了新的高度，并且对之后德国法的发展有决定性影响。

2. 资本主义时期德国法的发展

1871年，德意志诸邦国中的普鲁士经过普法战争及多次对外战争，赢得了在德意志诸联邦中的主导地位，建立了统一的德意志帝国，实现了德国近千年以来的大统一。国家的统一为德意志法制的统一和德国法的发展扫除了障碍。很快，帝国便制定了宪法及刑法典，又陆续颁布了民事诉讼法典、刑事诉讼法典和法院组织法等。20世纪初，民法和商法的颁布标志着德国的法制发展到了新的阶段，建立了完整的资本主义法制，成为大陆法系的典型国家。

资本主义时期的德国法制是资本主义从自由放任主义向垄断资本主义过渡的阶段，因此具有特殊的表现形式，既有自有资本主义时期的传统法律色彩，又体现了垄断资本主义时期的新面貌。同时其公法制度受到封建专制主义的深刻影响，因为德国的统一来自自上而下的对外战争，封建专制主义思想没有受到批判的清理，导致其保留了维护君主专制集权的封建制度。即使德意志帝国灭亡之后，封建制度仍然未得到彻底清除。得益于德国长期以来浓厚的法学研究与教育传统，德国在法学技术上比同时期其他国家的成就更大，因此形成了独特的风格，讲究法律语言的准确，立法体系的精确、完善，善用抽象的法律概念，这些都使得德国法在大陆法系中独树一帜。

第一次世界大战之后，德意志帝国灭亡，魏玛共和国建立。这一时期，德国将资产阶级法制向前推进，为了去除德国法中的封建残余内容，其制定的《魏玛宪法》是资产阶级宪法中规定公民权利、义务最多的，且具有时代特色的一部宪法。这一时期德国法的一大特色是对社会法立法的重视。长期以来，德国产业工人群体不断壮大，工人运动不断开展，形成了特殊的劳工阶级。受苏联十月革命的影响，德国的工人阶级在国家立法中的话语权得以提升，在其主导下制定了许多关注社会经济和劳工权益保障的社会化立法。

20世纪30年代,德国法制中的封建残余内容借由纳粹党的上台得以启用,建立了一整套法西斯独裁专制制度,德国法之前取得的成果受到了严重打击。纳粹时期,公民权利被剥夺,司法制度遭到践踏,德国法经过了一段不正常时期。第二次世界大战结束后,德国被分割为东德和西德两个国家,各自走上了不同的法制发展道路。联邦德国重建民主政治,在经济上推进市场经济体制,重新迎来了新的发展机遇。而民主德国则依照社会主义原则对政治、经济、文化进行全面改造,建立以公有制和民主集中制为指导的政治经济制度,形成了较完善的法律体系。1990年两德统一,联邦德国的法制适用德国全境,成为德国法新时期的基础。

(二)《德国民法典》的制定、内容与特点

1.《德国民法典》的制定

德国统一之前,各邦国都有自己的法律,特别是在民事法典上较为混乱,各地区存在较大差异,有的适用《法国民法典》,有的适用《普鲁士邦法》,还有的则适用罗马法和教会法。

1815年,德意志联邦成立,随着德国民族统一运动与资本主义经济的发展,制定一部德国自己的民法典被摆上议事日程。但是对于这一问题,德国统治阶级内部及法学界却有着激烈的争论与斗争。一些小的邦国的统治者担心制定统一民法典会削弱本邦的权力和利益,因此反对编纂统一民法典。法学界也形成了分别以蒂堡和萨维尼为代表人物的两个派别。蒂堡是德国自然法学派的领军人物,他积极主张制定一部统一的民法典,认为法典的统一将是德意志民族统一的基础,而且德国编纂统一民法典的时机和条件已经成熟。与之针锋相对的则是以萨维尼为代表的历史法学派。萨维尼认为,法律是民族精神长期发展的体现,而不是人类理性的产物,当前德国并未具备制定统一民法典的条件。在他看来,德国法学家的当前任务是对德国历史上存在的法律渊源进行深入的探索与研究,特别是对影响德国法最大的罗马法进行详细的研究,还原罗马法的面目,只有在充分了解德国法律传统的情况下,才有可能制定符合德国历史与民族和国家的民法典。特别是对于《法国民法典》以自然法和理性主义为指导的模式,萨维尼极力反对。两派的争论使得德国民法典的制定一度暂停。

【拓展阅读4-13】

萨维尼与历史法学派

以萨维尼为代表的历史法学派认为,法律并非人们理性的产物,而是民族精神的体现,它随着一个国家或民族的发展而自我生成和演进。法律的生命力来自民族精神与民族情感,立法者不是创造法律,而是去发现法律,找出民族的共同信念与共同意识,并经由立法形式给予保存与承认。他并非反对德国民法典的制定,而是认为德国民法典的产生时机远未到来,德国民族的精神结晶还未成熟。对于违背历史发展进程而早熟的法律,他警告道:"当极为偏颇而浅薄的知识形态因绝对权威而泥古不化时,则重大危险必然逼近,这一危险之重大,将与制定法典活动的重大规模,及其与觉醒着的民族精神的沟通恰成比例。"①

1871年德国统一之后,帝国宪法将制定民法典作为帝国权限,这从法律上为德国民法典的出台提供了依据。1874年,联邦议会成立11人的编纂委员会,历经13年完成了第一个草案。但该草案却备受批评,认为忽视了德国法的固有传统,没有反映团体本位的精神。社会民主党人也提出抗议,认为草案过于保护资本家利益而损害了劳动者的利益。在这样的情况下,联邦议会于1890年成立了新的法典编纂委员会,经过5年时间制定了第二个草案。在资产阶级及容克贵族的妥协下,《德国民法典》于1896年通过并于当年得到德意志帝国皇帝的批准和公布,于1900年正式施行。

2.《德国民法典》的内容与特点

《德国民法典》以罗马法中的《查士丁尼学说汇纂》为蓝本进行编纂,共分5编,计2385条。这是资产阶级国家制定的规模最大的一部民法典,结构体系与《法国民法典》有较大区别。《德国民法典》第一编为总则,规定了民法的基本要素和原则,包括民事主体、权利能力、行为能力及时效等内容;第二编为债务关系法,包括各种具体的债务关系如买卖、租赁、借贷、雇佣等;第三编为物权法,规定了动产与不动产的所有权,以及所有权的取得及消灭、占有、共有等内容;第四编为亲属法,对婚姻关系、夫妻财产、收养监护等进行规定;第五编为继承法,包括继承人的范围顺序、继承权的取得、遗嘱的订立等。

《德国民法典》的制定具有特殊的意义,标志着资本主义法制的发展迎来了新的阶段,在贯彻施行资产阶级法治原则上与《法国民法典》相比有较大变化。《德国民法典》继续肯定了公民私有财产不受限制的原则,但是因其处于向垄断资本过渡的阶段,为了适应大企业、大公司兴办大型设施、开展大工业生产的需要,维护垄断资产阶级的利益,因此在条文中放弃了《法国民法典》中使用的"神圣""不可侵犯"等文字,而是强调权利的行使不得以损害他人的目的,因正当防卫或消除紧急损害而破坏他人财物的行为不属于违法行为,等等。这些条文都表明《德国民法典》中关于所有权的观念与《法国民法典》时期相比已经有很大不同,反映资产阶级民法思想从个人本位向社会本位的转变。在肯定"契约自由"的原则上,与《法国民法典》注重保护当事人内心本意的规定相比,《德国民法典》只承认当事人意思表示的外部效力。若当事人本来意思与表达意思不一致时,以表示出来的意思为准。这一规定适应了资本主义经济条件下,生产交换日趋频繁的社会现实,对交易的稳定性和效率性进行保障。在民事责任方面,在肯定"过错责任"的基础上,《德国民法典》还规定了无过错责任的适用。法典规定,行为人并无过错但是有违反法律的可能时,也要按照过失情形承担赔偿的责任。这一法律责任原则的创新是一个重大进步,扩大了企业主及政府部门的责任,使得工业化生产导致的事故受害者有获得救济赔偿的渠道。

作为资本主义国家的后起之秀,《德国民法典》在制定时已经处于资本主义工业大生产的时代,形形色色的大企业、大公司在国家的政治经济中有着越来越重要的地位。这些

---

① [德]萨维尼. 论立法与法学的当代使命[M]. 许章润,译. 北京:中国法制出版社,2001:38.

公司、企业、组织的法律地位和权利势必要在法律中体现。因此《德国民法典》创造性地规定了法人制度，承认法人作为民事主体的权利，并依法独立享有民事权利和承担民事义务。法典还对法人的成立、消灭、法人组织的运作等做了详细的规定，是资产阶级民法史中第一部规定法人制度的民法典。

作为资产阶级民法史上的重要法典，《德国民法典》的颁行对统一德国法制发挥了重大作用，成为德国法的基础。时至今日，虽然这部法典经过了多次修改，但是依然对德国法的运行起到关键作用。

【拓展阅读4-14】

《德国民法典》的理论影响

《德国民法典》一经颁布就备受瞩目，其将潘德克顿体系纳入法律体系的做法被学界予以高度评价。但是法典语言与体系的高度抽象性及技术化色彩，使得该法典很难被其他国家所直接继受。因此，《德国民法典》的影响首先体现为体系、概念和理论对其他国家法学理论和法教义学的影响，其次体现为其他国家的法典对其条文的借鉴和移植。《德国民法典》的理论与教义对意大利、奥地利及日本等国的法律理论都有重大推动作用。中国历史上第一部民法典《中华民国民法》就直接继受了《德国民法典》的五编制体例，大量移植其条文与语言。

第三节　大陆法系法治文明的基本特征

很多大陆法系国家的法律都和古罗马法有着密切的关系。今天，大陆法系国家分散在全世界，远远超过古罗马帝国的边界，分布在整个拉丁美洲、非洲大部分地区、远东诸国和印尼等，大陆法系成为当代世界第一大法系。罗马日耳曼法系各国的法律从内容上讲彼此差别很大，尤其是它们的公法，随着各国政治选择的不同或中央集权程度的不同而有很大不同。它们的私法，在某些部门，也体现了极为不同的概念或标志着不同的发展水平。但它们彼此构成同一个法系，因为它们的结构是类似的，并且有很多共同的特征。

一、成文的部门法模式

法律渊源指那些来源不同(制定法与非制定法、立法机关制定与政府制定，等等)，因而具有法的不同效力意义和作用的法的外在表现形式。从表面上看，广义的法律(尤其是成文法律)是大陆法系各国法的首要的、几乎是独一无二的法源，习惯、判例、学说则是大陆法系国家法律的补充形式。在大陆法系的发展中，习惯曾起过极为重要的作用，但这种作用似乎需要在法律上得到承认，在中世纪学说汇编的一些文献中已发现过这种承认，因而习惯可纳入法律的范围。判例在大陆法系中也占有一定的位置，只是所有这些国家的法学家们的现有倾向总是依据法律条文,因此,判例的创造性作用总是或几乎总是隐藏在法律解释的外表后面。学说曾是罗马法的基本法源,到近代以后,随着民主思想与法典编纂的胜利,学说的法律地位才逐渐弱化。而且,由于学术研究方面的系统化努力,法律规范具有非常高的抽象性,人们把法律规范理解为具有一定的普遍性,超然于法院或律师所处理的具体个案之上的行为准则。

此外,大陆法系国家不仅以成文法为主要法律渊源,而且还比较清晰地划分了法律部门。在大陆法系的国家中,法学家习惯将法律规范分成相同的几大类,其中,公法和私法是最基本、最主要的分类。大陆法系国家对公法和私法的划分由来已久,早在古罗马就有法学家进行这样的界定。公法主要是指调整国家与普通公民、组织之间关系,以及国家与国家机关及其组成人员之间关系的法律,包括宪法性法律、行政法、刑法等规范;私法主要是调整普通公民、组织之间关系的法律,以民法为代表。

二、等级化的法律制度体系

大陆法系国家受罗马法制度化成文法的影响,在长期发展中形成了等级化的法律制度体系。大陆法系是成文法系,其法律以成文法即制定法的方式存在,它的法律渊源包括立法机关制定的各种规范性法律文件、行政机关颁布的各种行政法规,以及该国参加的国际条约,但不包括司法判例。在大陆法系国家,制定法内部依照制定机关的不同和法律效力的不同,又可分为若干层级,通常是宪法、法律、行政法规及地方性法规。宪法是大陆法系国家中最重要的法律,亦称母法,是国家的根本法。宪法在法律体系中居于核心地位。它不仅具有最高的法律效力,成为法的渊源的排头兵,而且是其他普通法律的立法基础,直接决定或影响其他法律的内容。一般规范性法律文件是指一定的国家机关在法定职权范围内,依照法定程序制定的具有约束力的、要求人们普遍遵守的宪法以外的法律文件的总称,是大陆法系体系中的重要部分。大陆法系国家在司法制度上,普遍实行等级制审理模式,采取两审或三审制。对于下级法院做出的裁决,上级法院可以通过再审方式予以变更。上级法院受理上诉案件时不仅可以对适用法律进行审查,也可以对案件的事实重新调查认定。

三、职权主义诉讼程序模式

职权主义是大陆法系国家司法诉讼上的一个重要原则,是指对于案件的审理及证据的调查,以法院为主,法官积极参与其中,主导案件的审判与司法活动,不同于英美法系中以辩论制为指导的案件审理模式。职权主义起源于罗马帝国,是西欧中世纪宗教法庭所实行的纠问式程序。具体到表现形式上,职权主义的诉讼程序模式有以下几个方面。

第一,法官自始至终都要参与对案件事实的发现和认定,并要实际指挥和控制整个诉讼过程,诉讼是由法官而不是由当事人主导的。我们可以简单地从德国的诉讼程序中发现两大法系的区别。德国没有采取陪审团制,而实行陪审员与法官共同审理且由法官主导审判的方式,原告提起诉讼以后,被告要做出答辩,双方都应提出有关证据,然后由法官决定庭审的时间及庭审的内容。庭审开始后，通常不是由当事人而是由法官进行案件阐述，法官要就案件的争议点涉及的法律问题及事实问题向当事人做出阐述，听取当事人及其律师的反映，案情阐述完毕后庭审进入证明阶段，称为证据调查过程，这一过程通常被认为是法官为了对案件的争议事实与法律适用做出判断而收集资料形成心证的过程。在传唤证人的过程中，法官可以要求证人对哪些问题做出阐述，而对另一些问题不必提及，法官认为没有争议的问题可不纳入证据调查的范围。法官也可以不考虑当事人的举证而自己聘请证人进行调查，法官有权随时询问当事人和证人。在庭审过程中，法官应当命令当事人对案件的全部重要事实做充分且适当的陈述，有关的陈述不充分时法官应当命令当事人做补充陈述。法庭调查或证明活动结束以后，法官应就案件的情况及争议的情况与当事人进行讨论，努力促成当事人达成和解。

第二，法官在组织、控制诉讼及调查取证等方面享有较大的职权，而当事人的处分权受到了一定的限制。职权主义实际上是实现国家通过其代理人即法官对诉讼的控制。法官不仅可以主动取证，而且可以不考虑当事人的举证和辩论意见，而依据法官自己的取证做出裁判。法官也有权依职权聘请证人。在庭审过程中，为了使事实的调查更为深入、集中，法官不是单纯、被动地听取双方的意见，而要根据自己所确定的庭审方案主动询问一方当事人，从而避免诉讼的迟延和拖拉。尽管在职权主义模式中，律师也发挥着重要作用，但显然没有在当事人主义模式下所发挥的作用那么大。法官完全有权利处理庭审过程中的每一个环节和问题，应该调查什么和不应该调查什么，完全由法官自己掌握。庭审活动通常采取由法官主持会议的方式，法官可以轻松地与双方会谈，尽可能地促进双方的和解。为了促成当事人的和解，法官也可以与一方会谈，指出其可能承担的不利结果，从而促使其接受和解。

第三，法官可以主动依职权收集证据。在职权主义的模式下，当事人可以提出一些证据和线索供法院调查，但法官可以根据需要独立地进行调查，法官而不是律师才是证据的真正的判断者和检查者。庭审结束以后，要由法官对证据做出简要的概括和总结，如果法官认为证据不足，可以要求当事人继续提供证据，法官也可以自己调查取证。专家通常是由法院聘请的，并被称为法官的助手，专家必须是中立的，当然根据德国民事诉讼法第104条，法官可以根据一方当事人的提名而聘请专家，如果一方当事人坚决反对某人作为专家出庭作证，法官也可以聘请另一名专家。

四、专业化法学教育模式

大陆法系国家对法律教育的重视有着悠久的传统，在罗马法时期就普遍存在对法律进行研究和教育的风潮。公元1—2世纪，罗马先后出现了两大法学派，分别是普罗库尔学派和萨宾努斯学派。前者以拉比沃为创始人，其得意门生是普罗库尔，故称普罗库尔学派；后者以卡皮托为创始人，卡皮托的得意门生是萨宾努斯，故该派以萨宾努斯为名。中世纪的意大利博洛尼亚大学，作为罗马法复兴的摇篮，对于罗马法的教学和研习形成了悠久传统。此后，法、德、意大利、西班牙等都在学校专门讲授法律。

大陆法系国家的现代学教育的中心是各大学的法学院系，这种教育在性质上并不是一般的职业教育，而是以专业化知识的传授及人文课程的讲授为主体。在大陆法系国家中，法学教育注重的是理论知识的掌握及法学素养的提升，职业训练会在毕业后的实际工作中得到锻炼。这种法律教育思想同其教育体制密切相关，在大陆法系国家，法律系的学生多为大学本科学生，这和英美法系国家从本科毕业后的学生中培养法律人才有很大差异。

由于成文化、法典化的原因，法律思维重视理性，表现为演绎推理，法律教育具有概念法学的特点，系统、普通、抽象中不免教条和枯燥，这与英美案例教学法有很大的不同，但法制的统一、稳定和共同意识也因之形成。然而，由于成文法的相对滞后和高度抽象有碍对社会变化的调适和个别正义的实现，因此，大陆法系的国家现在大都已注意到吸纳英美法系的某些优点而对缺点加以克服。

此外在大陆法系国家中，法学教育一般是由国家教育行政部门进行管理和监督，对法学教育有着系统性的方案。在教学上，专业化的教育注重向学生传授知识，侧重抽象概念和原理的阐释与分类，对基本概念和基本原则的掌握尤为重视。这种重视抽象概念和原理的教学方式，一是有助于在教学中节约讲授时间和减少讲授内容，原则和概念可以普遍使用；二是有助于培养清晰的洞察力，通过广泛联系的概念和原理，使学生了解各种假设的法律状态，从而运用逻辑进行法律推理和演绎；三是这些概念和原理是法律制定与司法审判实践的重要基础。

【拓展阅读4-15】

大陆法系国家的法律职业

如果说英美法系国家的法律职业是一个十分统一的整体，那么大陆法系国家的法律职业则是一个个分离的个体的集合。这不但反映了两大法系在其他方面的差异，而且进一步促使差异扩大化。例如在美国，律师可以在不同行业、部门之间调换工作，一个美国律师在其一生中往往从事多种法律工作，由私人执业律师转为官方律师，或者在联邦政府机构从事法律工作，或者被任命为法院法官。而大陆法系国家与此不同，法科毕业生往往面临多种职业的选择，或者成为法官、检察官，或者成为律师、公证员等。一旦选择某职业，大多数情况下意味着终身从事该职业。

本章思考题

1. 罗马法为什么会对后世法治文明有重要的影响？
2. 同为大陆法系的重要组成部分，法国法和德国法之间有何异同？
3. 大陆法系法治文明的特点是什么？

第五章

英美法系法治文明

【本章导学】

制度文明的本质在于其秩序扩展的机能，英美法系本身就是日耳曼人征服他国的产物，也因此保持了传统日耳曼法的许多特点，表现在尊重地方的习惯及惯例，从而呈现一种"经验演进主义"的制度特质。在英国历史上，"诺曼征服"导致英国封建制的建立和中央集权的增强。在强大王权的支持下，诺曼王朝通过新建的王室法庭实施"司法治国"，借助"判例造法"和"遵循先例"的方式，逐步统一了英国各地悖立而散乱的法律，并最终基于空间与时间两个维度的久久为功，以有效的建制化方式实现了中央权力运行的跨地方化与去个人化，将民众对英王王权的效忠，转化为对英国抽象国家观念的绝对认同。英美法系的强大生命力体现在它的制度演进能力，令状、陪审、判例等普通法制度正式形成后，以拯救普通法僵化危机为契机，英美法系又衍生出衡平法制度，通过特别救济程序、神圣良心、衡平管辖权矫正普通法过度程序化的形式理性。英国法通过原则性规定与法理改造的方式，在历史上持续不断地进行秩序扩展，其对外输出最大的成就，无疑是建构了英美法系的另外重要一极——美国普通法体系。美国法区别于英国法并具有世界影响力主要体现在它的成文宪法和司法审查制度，从而成功将自身建构为一个新的"法律帝国"，其中法院是法律帝国的首都，法官是帝国的王侯。在全球化时代，我们应有海纳百川的心胸和气度，深入了解英美法系法治文明的历史成就，并同大陆法系和英美法系开展平等的文明对话。

【知识要点】

1. 王室法庭、令状制度、陪审制、判例制度是英美法系的核心制度，尤其是判例制度影响深远。普通法的判例制度建立在遵循先例、区别技术和普通法心智的技艺理性基础之上，"救济"优先于"权利"，重视法律的程序正义甚于重视个案的实体公正。

2. 衡平法的特有原则包括：①衡平法不容许有不法而无救济；②求助于衡平法之人须自身清白；③求助衡平法救济之人必须公正行事；④衡平法"助勤不助懒"；⑤衡平即平等；⑥衡平法关注动机优先于形式；⑦衡平法可以推定出履行义务的意图；⑧衡平法视应做之事为已做之事；⑨衡平法追随普通法；⑩衡平法规则对双方当事人都相同时，先诉者优先，时间在前者优先；⑪衡平法对人行事；⑫衡平法优先；⑬衡平法不帮助无偿取得之人，不完善有瑕疵之赠予；⑭衡平法道法自然，不为无益之事。

3. 美国法对人类法治文明最大的贡献在于提供了历史上第一部成文宪法，而成文宪法的"法治神话"很大程度上是由联邦法院的法官们通过司法审查制度写就。

第一节　英国法的发展历程与对外扩张

抛除所有人文语汇或哲学辞藻的修饰，"文明"最本质的含义就是生物体或共同体将自我"基因"进行复制、繁殖和对外传播的能力。对于一个民族而言，这体现为关于命脉、香火、血嗣这些原始生命力本能的"生育伦理"；[①]对于一个国家而言，就是将本土的制度元素、思想文化和生活方式对外扩张，让其他国家企慕认同进而仿效学习的能力。正是在这个意义上，曾经作为"日不落帝国"的英国和正试图迈向"新罗马帝国"的美国，在通过英美法体系建构"单一世界帝国"[②]过程中所呈现的高超技艺理性和卓越政治远见，就成为我们必须认真对待的法制史经验和思想文化遗产。比较法理论认为，大陆法系的智识基础建立于建构论唯理主义，"建构论的唯理主义基于每个个人都倾向于理性行动和个人生而具有智识与善的假设，认为理性至上"，从而"宣称所有的社会制度都是，而且应当是，审慎思考之设计的产物"。海洋法系的法学家们却运用了一种不同的"进化论理性主义"的普通法心智，"强调理性的限度，反对任何形式的对理性的滥用，认为只有在累积性进化的框架内，个人理性才能得到发展并成功地发挥作用"[③]。正是出于对建构论唯理主义"致命的自负"之警惕，盎格鲁撒克逊民族通过经验演进和制度试错的历史路径，发展出另外一种法治文明模式——英美法系。

中国无疑属于大陆法系国家，但在法律全球化的历史语境下，"法律全球化等于美国化"，"法律全球化意味着中国必须拥有一支有能力在最尖端层面上运用英美法律的精英法律人队伍"[④]。中国在社会主义新时期意欲建构"人类命运共同体"来参与全球治理，进而为国际秩序和国际体系定规则、定方向，就必须在深刻理解英美法系发展历程和对外扩张路径的基础上，扬弃其中的制度幽暗元素，再结合中国法治的本土资源进行创造性转换。即便是从捍卫中国特色社会主义法治道路文明自主性的角度，我们也有必要秉持海纳百川的心胸和气度，深入了解英美法系法治文明的历史成就，从而客观研判其未来命运。从这个意义上说，社会主义法治文明之所以是有生命力的，恰恰在于它能在反思理性和开放精神之间保持一种清明的法理均衡，并同大陆法系和英美法系开展平等的文明对话。

[①] 赵晓力. 要命的地方：<秋菊打官司>再解读[J]. 北大法律评论，2005(6).
[②] 强世功. 超大型政治实体的内在逻辑："帝国"与世界秩序[J]. 文化纵横，2019(4).
[③] [英]哈耶克. 自由秩序原理[M]. 邓正来，译. 北京：生活·读书·新知三联书店，1997：13-15.
[④] 何美欢. 论当代中国的普通法教育[M]. 北京：中国政法大学出版社，2005：1, 25.

一、英国普通法的发展

(一) 制度初兴

英国法与大陆法系国家在法律继受上存在重大区别。大陆法系国家在具体制度上或有差异,法国民法典和德国民法典甚至呈现出截然不同的立法理性与民族精神,但总体而言都是沿袭罗马法再加以本土化调适。英国法却源于盎格鲁撒克逊时代的日耳曼法,其法律本体是蛮族入侵之后对罗马法施加的征服与改造。"罗马不是一天建成",也不是在一天毁灭的。公元2世纪末到3世纪末,罗马帝国发生了史称的"3世纪危机",农业萎缩,商业萧条,城市衰落,财政枯竭,政治混乱。然而,正如孟德斯鸠批评的:"当苏拉要把自由还给罗马时,罗马已经无法接受了,美德在罗马已经所剩无几,而且还在一天天减少。"[①]精英阶层丧失了政治美德,只剩下对权力的欲望和野心,内部为争权夺利常年混战不休。于是趁3世纪危机发生时,"森林之子"日耳曼人持续涌入罗马,帝国境内逐渐遍布蛮族足迹。为结束3世纪危机,罗马帝国皇帝戴克里先尝试建立"四帝共治":提拔帝国大将马克西米安为同朝统治者,并称"奥古斯都";后来两人又分别任命伽列里乌斯和君士坦提乌斯为"恺撒",由四位政治巨头分治罗马东、西部。然而,戴克里先"四帝共治"的策略加重了帝国的财政负担,四位统治者都有自己的宫廷和班底,意味着额外的行政费用支出。但"四帝共治"更深远的影响在于割裂了主权者的政治权威,将帝国一分为二的结果是最终致使帝国永久分裂,东部帝国后来演变为拜占庭帝国。戴克里先在位时,尚能依靠自己的影响力以"人治"控制政局,一旦退位,罗马帝国再度陷入内乱。公元311年,四位"奥古斯都"——东罗马皇帝李锡尼、西罗马皇帝马克森提乌斯、东罗马自立的皇帝马克西米努斯和君士坦丁——展开夺权斗争的"四帝之战",加速了罗马帝国的衰落。

此时,日耳曼人屡屡入侵罗马,而帝国却由于内乱,无力抵御外敌入侵,导致帝国境内许多地方变成日耳曼人定居点。为了减轻蛮族入侵对帝国的影响,罗马统治者试图采用同化策略解决此难题。罗马军团开始吸纳日耳曼人加入,并逐步改革功勋制度,以至于后来日耳曼人在军队中占比甚至过半,许多人升任高级将领。帝国军事政治的主导权日渐落入日耳曼蛮族将领手中,皇帝沦为傀儡,一旦日耳曼人认为皇帝不符合他们的利益与意志,就会决定换人。公元475年,日耳曼人奥列斯特赶走西罗马帝国皇帝尼波斯,扶植自己的儿子罗慕路斯·奥古斯都为西罗马帝国皇帝。次年,罗马雇佣兵领袖日耳曼人奥多亚克杀死奥列斯特,废黜罗慕路斯·奥古斯都,自立为意大利国王,此举标志着西罗马帝国覆亡。[②]

西罗马灭亡,意味着欧洲历史进入了所谓的"黑暗中世纪"。不同种族的入侵者划地

---

① [法]孟德斯鸠. 论法的精神(上卷)[M]. 许明龙,译. 北京:商务印书馆,2016:32.
② [英]爱德华·吉本. 罗马帝国衰亡史(下册)[M]. 黄宜思,黄雨石,译. 北京:商务印书馆,1997:472-488.

而居，欧洲民族国家雏形初现。日耳曼人扬弃了罗马法法学阶梯式的侩省治理，而采用法律多元的方式实施身份政治。在适用法律时遵循属人主义原则，即对日耳曼人适用日耳曼法，对被征服的罗马人适用罗马法，如果日耳曼人与罗马人发生法律关系，则优先适用日耳曼法，两种法律并行不悖，这也使罗马法在欧洲大陆获得了喘息的生存空间。所以后来罗马法在欧洲的复兴，不是至少不完全是因为在意大利重新发现了查士丁尼《国法大全》和博洛尼亚大学注释法学派的贡献，而是出于历史唯物主义的路径依赖。

同样的做法在日耳曼人入侵英国后得到延续。公元5世纪时，以盎格鲁人、撒克逊人和朱特人为主的日耳曼人，从今天的德国北部和丹麦出发，横渡北海，入侵不列颠。由于入侵不列颠岛的盎格鲁人数量最多，不列颠岛遂以盎格鲁人而命名：England 即来自古英语 Engla-land，意为 land of the Angles，其语言为古英语——这就是今天英语的前身。尽管英国法后来多次受到罗马法冲击，但始终保持了传统日耳曼法的许多特点。"尊重地方的习惯及惯例，此为日耳曼人的原则。这个原则，也支配了英国。……很久以后，该项原则仍旧存在于英国"①。从法律属性来看，英国是日耳曼法文化的真正继承者。其中有空间政治的因素，英伦三岛作为欧洲最重要的离岸岛屿，在历史进程中虽不可避免地会受到欧陆法律文化的各种影响，但终因这种地理上的独立性，一直保持自身特色，并借助大航海时代的殖民扩张，将之发展成为最具全球影响力的普通法体系。

法律多元往往意味着高昂的执法成本和制度费用，必须采用便捷的信息技术和高效的行政管理手段方能克服。这一治理要素在中世纪欧洲显然无法达成，这或许是日后欧洲再无统一政权出现及罗马法复兴的法律经济学解释。所以，伏尔泰才嘲讽后来的中世纪日耳曼神圣罗马帝国"既不神圣，也不罗马，更非帝国"②。反倒是入主英国后的日耳曼统治者，在不列颠特定的时空语境下，逐步摸索出一套解决民族和文化冲突的治理策略与统治技艺，并以久久为功的制度韧性克服了法律多元的不利影响。这就是超越法律适用的属人主义，进而发展出一套全体国民一体适用的"普遍法则"，即普通法。普通法在法律精神、原则和技术层面吸收了罗马法和教会法精髓，兼容了成文法与习惯法，并在日后国王权威的加持下，培养出一个娴熟诉讼程序技术和共享普通法心智的法律人共同体。在制度竞争的公共选择中最终淘汰了罗马法和教会法，英国法由此走上了自主发展法律的道路。

(二) 制度成型

普通法的形成不是特定时刻瞬息而就的突破与绽放，可以说是经由时间演化而形成的，是关于自由、竞争和规则的自生自发秩序。这一过程中，推动普通法形塑的重大历史事件之一就是"诺曼征服"。1066年初，英王忏悔者爱德华死后无嗣，引发王位继承问题。诺曼底公爵威廉召集诺曼底、布列塔尼、皮卡迪等地封建主，率兵入侵英国，战胜了爱德华的继承者哈罗德，在伦敦威斯敏斯特教堂加冕为英国国王威廉一世，开启了诺曼王朝

---

① [美]阿瑟·库恩. 英美法原理[M]. 陈朝璧, 译注. 北京：法律出版社，2002：3.
② [法]伏尔泰. 风俗论(中册)[M]. 梁守锵, 译. 北京：商务印书馆，2003：206.

(1066—1154年)对英国的统治。除了强化民族联姻、语言融合,诺曼征服给英国带来的最大变化是封建制的建立和中央集权的加强。威廉一世采取了一系列文攻武卫的政策,武装上持续镇压负隅抵抗的残存贵族;经济上,下令制作全国土地调查情况的汇编《末日审判书》,以了解封臣土地财产权实情,便利征收租税,加强财政管理,确定封臣的封建义务。同时没收了公开反叛的盎格鲁撒克逊贵族土地,将全部耕地的七分之一及大部分森林据为己有后,再将其他土地作为"战利品"分封给追随他的诺曼贵族及军事将领。没有参与反抗的英格兰人可保留原有土地,但必须承认自己的土地得自征服者威廉,尊奉国王为最高领主。由此,国王与领主及自由民之间建立了一种较为清晰的契约关系,威廉事实上成为英格兰最高的土地所有者。"威廉一世及其后继者的最大成就之一,就是建立了一种等级森严、整齐划一和组织结构比较简单的封建制度,国王是最高的封建领主。"①

在强大王权的支持下,诺曼王朝进一步在行政上通过新建的王室法庭实施"司法治国",借助"判例造法"和"遵循先例"逐步统一了英国各地矛盾、散乱、互异的法律。1086年,威廉一世下令把全国财产保有状况登记在《末日审判书》中,为税收制度设置了新的基础。由国王及其顾问组成的御前会议负责全面核查臣属交税情况;到亨利一世(1110—1135年)时期,御前会议逐渐发展成一个最高财政部门即财税法院,负责处理与税务有关的全部法律问题。地产持有者的土地权利直接由国王授予。又由于国家只有确保公共安全才能正常征税,所以国王对一切严重犯罪有专属管辖权,罚金和没收财产成为新的重要财源。通过这种方式,在12世纪和13世纪,王室司法从有关国事的特别管辖权,拓展为具有广泛管辖范围的一般管辖权。结果,从御前会议中逐渐发展起来三种永久性的中央法院——财税法院、普通诉讼法院和王座法院——它们设在威斯敏斯特,由专业法官任职,在国王不参加的情况下,也可以主持审判。1300年,它们的管辖权得以确立,持续到17世纪而未改变。其中普通诉讼法院负责处理私人之间的一般诉讼,并有权监督和审查下级法院,这类法院自1066年起就开始运行,由称作郡长的王室官吏来主持;王座法院主要负责处理特别重要的政治案件。此外,从12世纪开始,国王不断增派"巡回法官"到各地去,代替郡长并以国王名义主持法庭审判。

然而,"亨利一世的政体是王权非常强大但常规的王室管理却非常有限的政体",国王权力"主要通过因事而设的临时措施"和国王的"具体在场"得以体现。在空间上,受到国王时间、精力有限的影响——疏忽、倦怠、懒政——依靠派遣"巡回法官"的地方治理不可避免地呈现出不连贯的"人治"特征。在时间上,国王"身体在场"的治理也使得司法主权受到国王本人的自然生命的限制。一旦国王去世,中央对地方的治理难免因权威缺失而失灵。事实上,亨利一世去世后的史蒂芬乱世恰恰证明了这一点,司法总体上虽在继续,但存在明显的严重的中断。②这说明,要实现英国普通法的普遍治理,必须从上述空

---

① [德]茨威格特 K,克茨 H. 比较法总论[M]. 潘汉典,米健,高鸿钧,等译. 北京:法律出版社,2003:274.
② [英]哈德森. 英国普通法的形成——从诺曼征服到大宪章时期英格兰的法律与社会[M]. 刘四新,译. 北京:商务印书馆,2006:129-130.

间与时间两个维度发力,通过更有效的建制化实现中央权力运行的跨地方化与去个人化①,将民众对英王王权的效忠转化为对英国抽象国家观念的绝对认同。

实现这"惊心动魄一跃"的是安茹王朝的改革,"普通法视为亨利二世及其顾问大臣们的天才杰作……尤其是亨利二世及其才智对普通法形成的重要作用"②。安茹改革以亨利二世(1154—1189年在位)为起点,经历了理查德一世(1189—1199年在位)、约翰(1199—1216年在位)、亨利三世(1216—1272年在位)和爱德华一世(1272—1307年在位)等数代君主。一方面,通过总巡回审与特别委任巡回法庭的创设,促进了国家治理的跨地方化。经历了与领主法院的竞争,王室法庭逐渐获得了全部的刑事管辖权和大部分的民事管辖权,同时法庭的公开审判技术细致入微地展现了王权的"在场",使得中央王室的权力渗透至社会基层,推进了国家权力运行的普遍化。另一方面,运用"新近侵占之诉"与"收回继承之诉"等土地诉讼令状,打击了那些在斯蒂芬执政期间强占封臣土地的不端领主,加强中央集权,同时保护了自由民的土地产权与人身利益。

后来,随着财税法院、普通诉讼法院与王座法院等中央法院的逐渐定型,国王的司法权正式从综合性的御前会议中分离出来,推进了国家治理的去个人化。司法机器的运转在一定程度上超越国王自然身体的限制,保证了司法治国的连续性与稳定性。而专门化的中央法院的运作,又进一步促进了司法职业化。在此基础上累积形成了以法官和律师为中心的、高度专业化且具有自然封闭性的法律职业阶层,以及独特的普通法心智及技艺理性,构成对国王基于自然理性或常识理性个人化治理的制约,以及对"逾越所有的实证法律"王室特权之拒斥。这确保了英王特权"不像欧洲大陆君主制下的主权一样是一种任意行事的普遍权力,而是在法律和宪法精致框架下的权力,并由此而受到限制"。

【拓展阅读5-1】

柯克大法官与国王的对话

1608年的11月10日,星期日上午,柯克大法官和英国的全部法官、理财法院的男爵们在汉普顿法院当面反对詹姆士一世经由大主教灌输的观点,即由于法官只不过是国王的代表,因而国王有资格亲自定案。

柯克表示:"法官们告诉国王,自从威廉征服英国之后,无论在什么样的诉讼中,再没有出现过国王亲自坐堂问案的情形,这涉及王国的执法问题。这些诉讼只能由法院单独做出裁决……"对此,国王回答,他认为法律是基于理性的,他本人和其他人,与法官一

---

① 李猛. 法律与价值[M]. 上海:上海人民出版社,2001:195.
② 欧洲历史上著名的阿基坦的埃莉诺,法国最富有的女公爵,拥有法兰西最富庶的阿基坦公国,领土面积为现代法国的三分之一。法国国王路易六世觊觎其财富,让儿子路易七世迎娶埃莉诺为法国王后,以加强王室的力量,阿基坦遂并入王室领地。后因种种原因,埃莉诺与路易七世离婚,阿基坦土地又从王室领地中剥离,仍归埃莉诺个人所有。离婚不到两个月,埃莉诺又嫁给诺底公爵曼利二世,等亨利二世成为英格兰国王,埃莉诺便成为英格兰王后。埃莉诺与亨利二世的婚姻让两人的领地幅员辽阔,两人联手组建了一个从不列颠横跨比利牛斯山脉的"安茹帝国"。参见唐中华. 阿基坦的埃莉诺:英法两国的传奇王后[J]. 世界文化,2017(11).

样,也都具有理性。但柯克指出国王的观点是荒谬的:"的确,上帝赋予陛下丰富的知识和非凡的天资;但是陛下对英格兰王国的法律并不精通。涉及陛下臣民的生命、继承、动产或不动产的诉讼并不是依自然理性来决断的,而是依技艺理性和法律的判断来决断的;法律乃一门艺术,一个人只有经过长期的学习和实践,才能获得对它的认知。法律是解决臣民诉讼的金质魔杖和尺度,它保障陛下永享安康太平。"国王听了勃然大怒,并说,如此说来,他应当受法律的约束了,这种说法构成了叛国罪。对此,柯克用布雷克顿的话来回答:"国王在万人之上,但是却在上帝和法律之下。"①

(三)普通法的制度构成

1. 王室法庭

王室法庭体系的建立为所有自由民提供了一审司法救济,成为国王强化王权和中央集权、解决地方纠纷的重要途径,并在宪制上重塑了原本由领主或教会主导的地方司法领域。王室法庭体系的建立具有以下几方面意义:①王室法庭尤其是巡回法庭的巡回审判,掌握并收编了地方习惯法,通过有选择地将日耳曼习惯法吸纳为普通法的来源,王室法庭为了解、保存、淘汰并发展地方习惯法提供了程序通道。②王室法庭系统的建立为英国法制统一提供了组织保障。随着中央王室法庭和巡回法庭的组织常设与法官职业化,长期的审判活动积累了大量案例集成,英格兰逐步统一了司法程序和法律发现技术,形成适用全英国的普通法。③王室法庭体系的建立满足了民众对司法救济的现实需求,为中央权力介入地方事务开辟了社会正当性基础。尤其在围绕土地财产的纠纷中,将一些自由民或小领主从封建的地方司法系统中解放出来,通过为他们提供有效救济,国王成为正义的象征,王室法庭变得权威且有力量,能够更有效地推动普通法发展。而随着普通法的正义日益深入人心,反过来又会强化司法主权的政治权威,形成互相补强的制度合力。

2. 令状制度

王室法庭体系的建立仅仅是为司法救济提供了一种组织保障,但按照不告不理的司法原则,要想在王室法庭提起诉讼,还必须获得一种专门的记载国王签名用以启动司法程序的起始令状。起始令状由国王文秘署签发,加盖国王大印,凭借它可以在王室法庭启动诉讼程序,上面指明了诉讼请求的性质、双方当事人的姓名、双方争执的标的,以及其他涉及传讯、陪审团召集等问题的内容。而在司法过程中,还可以向王室法院法官申请颁发加盖法庭印章的司法令状(又叫中间程序令状),用于排除司法过程中的各种障碍。此外,还有一种特权令状又称国家令状,其功能在于针对行政人员或法院工作人员之于当事人的侵害所提供的特别救济。特权令状盖有国王御玺印鉴,最初由大法官以国王名义签发,后来三大中央法院都获得了自行签发的权力。

令状制度的发展经历了一个行政化向司法化嬗变的过程。起始令状最初就是一种行政

---

① [美]爱德华·考文 S. 美国宪法的"高级法"背景[M]. 强世功, 译. 北京:生活·读书·新知三联书店,1997: 34-35. 译文略有改动,关键术语 artificial reason 原译为"人为理性",现根据通译调整。

管理的命令,"启动司法程序的普通法令状的历史起源可以在盎格鲁撒克逊国王的行政令状中找到,后者则是通过强制命令恢复占有或者补偿来对非法侵害进行矫正和救济的,它是在对案件是非曲直进行简单调查后采取的警察式(行政)措施,因而显示了极大的便宜性而很少正规程序的意味"。然而,行政令状虽然看似迅捷且有效率,但"基于一方陈述而签发的令状,势必导致冲突、不公平及他们力图反对的混乱无序"①。比起"两造具备"的司法诉讼,存在程序瑕疵,并非解决纠纷的最优方式。于是,令状制度逐渐由解决实体问题的官方行政命令转变为启动某种诉讼程序的司法文书。

令状制度发展造成了一种此消彼长的制度效果,在扩大王室法庭的管辖权范围的同时,又缩限了地方领主法庭、郡法庭、教会法庭等原有的管辖权。此外,随着社会分工发展,地方上纠纷类型日益增多,还衍生出了新近侵占令状、收回继承地令状、地产性质诉讼令、最终圣职推荐令等多种令状,以及各种相关类型的格式诉讼,这些层出不穷的新型令状的出现进一步扩大了王室法院的管辖权。这充分说明王室法庭解决纠纷的司法能力卓越,也吸引了更多当事人选择在王室法庭打官司,制度竞争推动了普通法秩序拓展。王室法庭体系,以令状为载体的格式诉讼,再加上陪审制和相关证据规则,共同构成了普通法体系。

3. 陪审团制

英美法系国家司法审判采用陪审团制度。陪审团以独立于法官之外的整体名义参与诉讼活动,这一点区别于大陆法系陪审员以个人身份参与以法官为重心的庭审。陪审团一般由 12 人组成,它作为案件事实的调查者、罪行的认定者,运用法律的基础性知识和正直公民的法情感,配合职业法官的技术性知识,共同参与案件的审理,意在用一种"超法"的自然正当权威,将法官从疑难事实认定和道德两难中解放出来,从而实现了一种平衡于"法的统治"和"人民民主"两者之间的共和主义。对于公民,这是一种政治教育;对于司法,这是一种民主正当性的证成。

陪审制的确立和其他普通法制度一样,乃经由时间和实践成就而非人为创制。它存在于传统之中,其起源甚至可以追溯到加洛林王朝作为行政手段的信息调查制度和日耳曼传统上的地方陪审制度,更接近两种制度的融合。后经由亨利二世颁布四项占有诉讼令状,逐步将行政制度引入司法制度。在民事领域,陪审制度只有王室法院在土地纠纷案件中才能使用,且仅限于作为证据制度存在,与神明裁判、司法决斗、共誓涤罪一样,承担着举证和证明案件事实的功能。在刑事领域,1166 年的《克拉灵顿诏令》规定,重大刑事案件审理应由陪审员参与,陪审员由了解案情的 12 名当地居民担任,他们在宣誓后负责认定并裁决案件的事实问题,同时规定须由陪审团对被告人提出案件控罪。这在法制史上被认为是控诉陪审团即大陪审团的雏形。此后,1215 年的《大宪章》全面确定了陪审制度在民事诉讼领域的地位。由此,骑士或者普通自由民组成的陪审团在王室法官面前做出裁判,正

---

① [比] 范·卡内冈 R C. 英国普通法的诞生[M]. 李红海,译. 北京:商务印书馆,2018:167-168.

式成为刑事与民事审判的制度要素。

英国陪审制的发展经历了一个从知情到不知情，从证人到裁判者的变化。陪审团最早由王室法官意欲向其了解案件信息的一些知情人构成，属于辅助法官做出合理裁判的咨询人员或者证人，最后逐步发展为事先对案情并不知情的独立的事实查验者。饶有兴味的是，历史实践证明，由这些不一定具备法律技术性知识的普通人凭借经验、条理和人情来查验、认定有争议的案件事实并非不合理：一来由陪审团在退庭审议的过程中存在商讨、辩论和投票程序，这比神明裁判、司法决斗或共誓涤罪这些诉诸超自然力量的神秘仪式更符合司法精神；二来也符合司法认知的社会科学规律，"陪审团不同于法官，他们没必要做出取悦司法职业控制者的裁决，他们没有这方面的职业性激励因素"[①]。

【拓展阅读5-2】

观阅电影《失控陪审团》

描述英美法系陪审团运作的法律电影有很多，最著名的可能是《十二怒汉》(*12 Angry Men*，西德尼·吕美特导演，1957年)，但这部电影采用的传统的单一男主模式，凸显男主角8号陪审员的智慧、耐心和情怀。我们认为，真正反映陪审团工作的程序细节，还原来自不同背景的陪审团成员是如何在充满矛盾张力的审议过程中斗争、合作、交易并做出最终认定结果的经典电影是加里·弗莱德导演的《失控陪审团》(*Runaway Jury*，2003年)，推荐观看。

4. 判例制度

普通法的演化过程在很大程度上就是判例法传统的积累和扩张过程，其中蕴含了法官的司法智慧。一如前述，王室法庭为了加强国王集权，派出了巡回法庭进行巡回审判。按照日耳曼法原则，巡回法官本应以各地习惯法作为审案的主要依据，但来自伦敦的巡回法官对当地情况并不熟悉，更倾向于按照先例进行同案处理；而后来的巡回法官同样不熟悉各地习惯，对先前法官处理相似案件所确认的习惯和法理非但不予推翻，反而用判决追认先例，进一步强化了先例的有效权威。这种"层累地造成的判决权威"减少了巡回法官对不同地区习惯的信息收集费用和司法审判的决策成本，导致"在英国，王室巡回法官在他们的巡回审判过程中将广泛差异的地方习惯融为一种普通的习惯。……以此方式，法官制定法便与民众的习俗、智慧及其意愿具有最紧密的联系"。不止于此，遵循先例还蕴含了法官的政治智慧："将新的判决纳入以前判决原则之内的义务，便至少在理论上成为普通法得以存在的基本前提。……在普通法逐渐构筑的过程中，法官必须遵守先例的原则使他们得以免受国王发布的专横命令的制约。"[②]就这样，法官成为判例制度的最大获益者。普通法的判例制度建立在一系列具体规则的基础之上。

---

① [美]波斯纳. 法律理论的前沿[M]. 武欣，凌斌，译. 北京：中国政法大学出版社，2002.
② [美]埃尔曼. 比较法律文化[M]. 高鸿钧，译. 北京：清华大学出版社，2002：33-34.

其一，遵循先例。意指在同一审判体系内，对于类似案件，上级法院的判决对下级法院具有拘束力，本院日后的判决受到自己先例的约束。这意味着，遵循先例首先是个权力规则，法院等级与判决约束力成正比。英国上议院(贵族院)作为最高审判机关，所做判决对其他一切法院的民刑事审判都具有约束力。同时基于英国"议会主权"的宪制原则，上议院还可以在"认为适当的时候"推翻自己过去的判例，尽管这项权力并不常用，且需要十分充足的理由。这一立场同样为上诉法院所分享，遵循先例作为自我施加的限制，"我们，也可以废除这种限制。上议院已经这样做了。那么我们为什么不同样地做呢？我们应该恰如其分地像上议院或初级法院的法官那样，自由地摆脱自己的先例。我们与自己先前判决相冲突的情形是罕见的，但是如果该先例显然是错误的，我们就应该纠正它"①。注意，这里法官强调的只是自由地摆脱"自己的"先例，不包括上级法院的先例。同理，一个下级法院有义务遵循其判决所上诉的法院之先例，但下级法院间不受彼此判例约束。

其二，区别技术。遵循先例的基本前提是先例要与当前案件存在相似性，不具备相似性的"先例"自然无须遵循。问题在于，法官或律师如何区分，发生在不同时空语境下的两个案件是否具有相似性呢？这个问题不解决，所谓的遵循先例要么成为法律人之间各说各话的"众声喧哗"，要么就是权力宰制下"大法官说了算"的司法独白。因此，必须存在一套具体可用的区别技术，帮助普通法系的法律人，在法治共识的支撑下大致准确地识别前后两案的关联特征，以正确落实遵循先例的原则。"对含有前例的判决中的事实或法律问题和现在审理案件中的事实或法律问题必须加以比较，了解它们之间有什么同异，这种同异已达到什么程度，等等。这种比较的过程和方法，在普通法系的术语中，称为区别技术"②。区别技术的要义除了要区别事实问题和法律问题，以及重要的事实和不重要的事实，更关键的在于寻找先例中的权威依据即判决理由，并将它与法官的附带意见相区别。因为"只有那些在早期判例中可以被称为该案件的判决理由的陈述，一般来讲，才能在日后的案件中被认为是具有约束力的。当法官裁定一个日后的案件时，他完全可以不考虑那些不具有判决理由性质的主张"③。接下来的问题是，什么是判决理由，该如何寻找判决理由，它与附带意见的区别是什么？

判决理由是"法官基于关键事实、顺着他所采纳的推理路径得出其结论时，所明确或默示表述的、对其最终决定具有决定意义的法律命题"④。寻找判决理由时需要考虑两方面因素：被法官视为关键事实的事实和基于这些关键事实的决定。通过对关键事实进行增减看判决是否会随之变化，同时又因为关键事实可能不止一组，所以一个案件可能会基于两组不同事实而形成两套不同的、相互独立的"判决理由"。其中，基于"假定之事实"所

---

① [德] 茨威格特 K，克茨 H. 比较法总论[M]. 潘汉典，米健，高鸿钧，等译. 北京：法律出版社，2003：381.
② 沈宗灵. 比较法研究[M]. 北京：北京大学出版社，2004：289.
③ [美] 博登海默 E. 法理学：法律哲学与法律方法[M]. 邓正来，译. 北京：中国政法大学出版社，2017：546. 这里只是泛泛描述，事实上普通法学说关于区别技术的运用技巧颇为繁复，卢埃林在他的《普通法传统》一书中就罗列了 64 种技巧，参见[美]卢埃林. 普通法传统[M]. 陈绪纲，等译. 北京：中国政法大学出版社，2002：88-105.
④ 易延友. 中国案例法评论(第一辑)[M]. 北京：法律出版社，2017.

得出的原则是附带意见,"'附带意见'一词应当用来专门指司法意见中对推导出法院裁决没有关键作用的部分。"①当然,必须看到,关于判决理由的判断,存在原创者与解读者、先例法官与后来法官之间的矛盾和紧张,但这恰恰体现了判例法是如何在维持其确定性的同时发展法律的。为此,德沃金给出了"章回小说"的法理论证:普通法传统犹如不同时空下的一群作者们依序共同撰写一部章回小说,除了第一位作者对判例和判决理由享有绝对的原创空间外,其余作者都必须受到小说文本的约束,在总体符合小说先前创作的剧情、结构、主题及角色安排的前提下,再依据当前语境选取自己的观点、立场进行再创作。②

5. 普通法心智

与英美法传统和制度相匹配的是一套其所特有的普通法职业意识形态,这就是波考克在《古典宪法与封建法》一书中最早提出的"普通法心智"。③根据这种普通法心智,普通法及英国的宪制权威源于"古老的超出久远记忆的习惯",是先祖政制的智慧结晶。它区别于人之自然理性,乃普通法法律职业共同体经过长年累月的研习和实践才能掌握的技艺理性,其权威和效力并非出自国王敕令或议会法令,而是来自无数世代不间断地遵从和使用,因而是不可被剥夺的。④普通法心智大致包含以下特征。

其一,普通法心智强调法律人的"专业之治",法治即法律人的治理。法律职业塑造并规训了法律人的"专业视角",他们坚持在法律领域内运用专业知识进行审慎决策。但普通法治理最重要的智识资源来自历史和习惯所形成的判例,具有滞后性,应对政治变革和社会转型的能力偏弱,"普通法本身无法对新兴权利和社会诉求提供快速和动态的保障"⑤。这一能力缺陷在进入全球性风险社会之后会变得更明显。特朗普政府应对新冠疫情不力导致竞选失败,这与其说是总统个人无能或不重视,倒不如说是普通法体制对这种突发的大规模公共卫生事件应对乏力,总统的行政命令动辄被法院判定"违宪"。这种普通法心智曾阻滞过罗斯福总统的"新政",也正在困扰着拜登政府的防疫举措。⑥

其二,普通法心智严格区分法律与政治,强调用法律的经验、原旨、逻辑悬置社会变革和政治决断。在注重法律效果的同时,难免忽视了大陆法系国家更重视的社会效果和政治效果。譬如,引发美国南北内战的"斯科特案"判决,主审的首席大法官坦尼(Roger B. Taney)无视制宪者在美国宪法文本中用"五分之三条款""二十年贸易条款"(第1条第2款第3项、第9款)和"逃亡条款"(第4条第2款第3项)之"曲笔",在暂存奴隶制和兑现

---

① [美]波斯纳. 联邦法院:挑战与改革[M]. 邓海平,译. 北京:中国政法大学出版社,2002:404.
② Ronald Dworkin. Law's Empire[M]. Cambridge: Harvard University Press,1986:230-232.
③ Pocock J G A. The Ancient Constitution and Feudal Law: A Study of English Historical Thought in 17 Centry[M]. Cambridge:Cambridge University Press,1987:30-35.
④ 从布莱克顿、福蒂斯丘、利特尔顿到柯克大法官有关"普通法心智"观念发展的谱系,参见李栋. 试述英格兰法律职业共同体的"普通法心智"观念[J]. 华中科技大学学报(社会科学版),2009(1).
⑤ 范继增. 废除《人权法案》与退出《欧洲人权公约》:英国普通法法理能否有效保障基本权利?. 北大法律评论(第20卷第1辑)[C]. 北京:北京大学出版社,2020.
⑥ Ariane de Vogue, Rachel Janfaza. Federal appeals court issues stay of Biden administration's vaccine mandate for private companies. CNN, November 7, 2021.

《独立宣言》"人人生而平等"建国承诺之间达成的微妙政治平衡,更不顾1820年蓄奴州与自由州围绕北纬36度30分"密苏里分界线"所达成的政治妥协事实。在判决中宣告斯科特不具备美国公民资格,不享有受联邦宪法保障的公民权利,不具备在联邦法院诉讼的资格后(这个程序决定是南北双方包括当时正在竞选总统的林肯都能接受的),竟又运用司法审查权,从宪法原旨(original intention)的角度认定国会无权在联邦领地禁止奴隶制,1820年《密苏里妥协案》因违宪而被认定无效。①这无疑是用普通法心智的"理性自负"揭示了宪法和现实政治小心掩盖的矛盾、冲突与妥协。即便在法律推理上站得住脚,但现实效果却推翻了南部蓄奴州和北方自由州之间"和而不同"的历史默契,使得奴隶制向联邦和各州秩序拓展变得名正言顺,进而关闭了以国会立法解决南方奴隶制问题的代表制方案,强化了南方蓄奴州"根据宪法"捍卫奴隶制的决心,激化了南北双方的矛盾,点燃了后来南北内战的引线,实质是普通法心智"不顾大局"的司法盲动。

其三,普通法主张"救济"优先于"权利",重视法律的程序正义甚于重视个案的实体公正。"为了正义哪管天塌地陷"的法律文化心理导致了一种近乎"偏执"的普通法心智结构,个人的幸福和具体权益被平滑地卷入普通法历史的宏大叙事中,以至于普通法教科书讲到"司法审查第一案"的马伯里诉麦迪逊案,只会关注马歇尔法官的判决理由,"违反宪法的法律是无效的……断定什么是法律显然是司法部门的职权和责任"②,却选择性地忽视了马伯里的治安法官委任状。这种普通法心智还滋长了法律职业不合时宜的"傲慢":明知现代工商信息社会与11世纪英国封建社会存在实质差别,但"普通法的法律人及其受普通法心智主宰的英格兰绅士,却对此视而不见,实在有些匪夷所思。波考克尝试性地指出,这或许是英格兰法律家故步自封的岛国心态,缺乏更宽阔的比较法视野之故"③。

二、英国衡平法的发展

英美法系的法律人并非完全无视普通法重视程序正义忽视个案正义的缺陷,正是出于拯救"普通法僵化"④的危机,衡平法作为一种矫正的机制,有效裨补了普通法的制度缺失。之所以说是"裨补"而非"取代",是因为衡平法本身就与普通法的历史同源,"衡平正义优先的原则最早就是萌芽于中世纪的英国教会法"⑤。而早期大法官既是国王的文秘

---

① "奴隶制和非自愿劳役应永远在法国所割让之领土上予以禁止,那些领土以路易斯安那为名,位于北纬31度30分以北,不包括密苏里境内。在审查此部分伊始,我们遇到的困难在于国会是否经宪法授权通过这一法律;须知,如果权力非经宪法授予,本法院有权宣布其无效,并宣布它不能将自由赋予任何在州法律下以奴隶身份被作为财产而占有之人。" Dred Scott v.Sandford,60 U.S. 393 (1857).
② Marbury v. Madison,5 U. S. 137(1803).
③ 泮伟江."偏执"的普通法心智与英格兰宪政的奥秘——读波考克《古老的宪法与封建法》[J]. 政法论坛,2013(4).
④ 普通法的僵化主要表现为:①由于令状类型、种类的日益固定,形式日益技术化,当事人往往没有合适的令状可供选择,或者往往选择了错误的令状,导致大量案件无法进入法院,造成实质的司法拒绝和有权利却无救济的情况。②普通法在14世纪不再保护土地用益制的委托人和受益人。③普通法的救济手段仅限于损害赔偿,无力制止侵权行为本身;在契约法领域,普通法不承认口头合同,承认在无形暴力下签订的合同的效力。④程序冗繁迟缓、诉讼费用昂贵。参见程汉大,李培锋. 英国法制史[M]. 北京:清华大学出版社,2007:54-57.
⑤ 海静. 试论英国衡平法中的衡平正义优先原则[J]. 西部法学评论,2016(6).

大臣，又是高级教士，"大法官是英王作为基督之子履行其义务的工具"①。教俗两界的特别身份决定了，超越普通法格式令状及其形式正义，对个案进行衡平干预的神圣使命只能由大法官来完成。而且这也符合大法官们的政治利益，他们可以借此夺回"他们作为教会人员曾被剥夺的权利，即有权强制实施那些普通王室法院不提供救济的契约"，所以霍姆斯认为大法官适用衡平法"不是在引入新的准则，而仅仅是在保持古代习俗的某些遗迹，这古代习俗虽已被普通法抛弃，却借教会之手存续下来"②。

14—16世纪是英国从中世纪向近代社会过渡的关键时期。大法官法院在普通法僵化的背景下，从谘议会司法权中剥离出对民事诉讼的衡平管辖权。15世纪中后期，大法官法院逐步从国王的文秘行政机构转变为专门受理衡平案件的司法机构，在审理这些案件的过程中，大法官"作为国王良心的守护者"逐渐形成了一套不同于普通法的实体/程序规则和原则，被称为"大法官法"即"衡平法"，"在衡平法兴起的初期，良心构成了大法官法院管辖权的基本权威"③。宗教改革之后，由于担任大法官的人选逐渐从原来的教士阶层转换成精通普通法的职业法律人，衡平法也开启了世俗化历程，并经历了"从良心到衡平"的嬗变，大法官法院也从体现宗教救赎意愿的良心法院，演变为展示俗世司法正义的衡平法院。

(一) 衡平的法理

衡平的思想肇始自亚里士多德。他认为优良政体"偏好衡平的裁决者而非恪守法律的法官"，并从矫正正义的角度将"衡平"界定为当法律因原则性太强而不能解决具体问题时，对法律进行的一种矫正。"衡平就是公正，但并不是法律上的公正，而是对法律的矫正。其原因在于，全部法律都是普遍的，然而在某种场合下，只说一些普遍的道理，不能称为正确。……矫正法律普遍性所带来的缺点，正是衡平的本性。这是因为法律不能适用于一切事物，对于有些事情，是不能绳之以法的。所以应该规定某些特殊条文，对于不确定的事物，其准则也不确定。"④罗马人将这种衡平的思想付诸法律实践，认为"法律乃善良与衡平之技艺"，并创设了裁判官法，其中外事裁判官根据公平、正义之原则，参考外邦各民族社会生活的习俗和常识，发布"特别告示"作为实施衡平法的早期方式。英国法制史学家梅因认为，罗马人运用自然法思想将市民法和万民法整合为统一的罗马法，其改良法律的主要工具便是衡平法机制。衡平法运用平齐化策略，废除了市民法中许多任意而复杂的歧视规则。而在英国法中，则是通过罗马法影响基督教廷，进而影响普通法与衡平法。罗马人和英格兰人在衡平法观念中都预设了自然状态，认为人类一切善良德行都存在于过去，而衡平法由于旨在追求这些最高标准，必然比实在法更为高明，"它所内蕴的一系列法律原

---

① [英]彼得·斯坦，约翰·香德. 西方社会的法律价值[M]. 王献平，译. 北京：中国法制出版社，2004：143.
② [美]霍姆斯. 早期英格兰衡平法[C]. 霍姆斯法学论文集. 姚远，译. 北京：商务印书馆，2021：23.
③ 海静. 论英国衡平法兴起的理论基础[J]. 社会科学动态，2017(10).
④ [古希腊]亚里士多德. 尼各马可伦理学[M]. 廖申白，译. 北京：商务印书馆 2003：160-161. 译本偏文言，根据英译本和当前学术表述习惯有微调.

则具备与生俱来的优越性令其有资格更替更古老的法律"①。

依据衡平的理念，衡平法逐步形成了一些特有的原则，包括：①衡平法不容许有不法而无救济，即衡平法不受管辖权限制。公民的任何民事权利受到侵害并在普通法无救济或无适当救济时，都应给予衡平法救济。②求助于衡平法之人须自身清白。③求助衡平法救济之人必须公正行事，如果提出诉讼之人本身有违法行为或违反衡平原则者，衡平法院应拒绝受理。④衡平法"助勤不助懒"，原告应及时行使权利。如果请求衡平救济的当事人不及时行使诉权或采取其他法律手段，衡平法庭不予受理。⑤衡平即平等，衡平法公平对待诉讼双方，一视同仁。⑥衡平法关注动机优先于形式，不允许制定法被用作欺诈工具，因而更关注当事人的动机与真实意图。⑦衡平法可以推定出履行义务的意图。⑧衡平法视应做之事为已做之事，即当一个契约明可强制执行之时，衡平法视同允诺者已经做了他允诺要做之事。⑨衡平法追随普通法，即衡平法并不寻求推翻普通法，而是服从、补充、修正普通法为诫命，两者权益相当时，普通法优先。⑩衡平法规则对双方当事人都相同时，先诉者优先，时间在前者优先。⑪衡平法对人行事。普通法只能针对物，衡平法院却可以对人实施强制手段(如监禁、查封)。⑫衡平法优先，即衡平法与普通法救济存在矛盾冲突时，衡平法优先于普通法。⑬衡平法不帮助无偿取得之人，不完善有瑕疵之赠予。⑭衡平法道法自然，不为无益之事。②

(二) 衡平法的制度构成

1. 特别救济程序

严格的形式法则既是普通法法院优于地方法院的力量所在，也是它的弱点。形式的确定性意味着普通法要求一视同仁，相同案件相同对待，这是公正的体现，也是普通法法院吸引当事人的制度优势。这使得代表国王的普通法法院能够以一种非对抗性的管辖权竞争策略，契合公众的利益需求，并在与地方权力竞争的过程中，攫取本属于地方贵族的司法管辖权，最终得以垄断司法裁判的方式加强中央集权。③但这种法律形式主义的要求限制了普通法法院，使其不可能灵活、机动地审理每个案件。一旦产生个案不公正，普通法囿于法律形式主义的程序约束将无法提供具体救济，迫使当事人只能"超越法律"向外寻求正义。而在普通法法院之外，只有神明和国王才有可能纠正普通法法院的错误。至于代表神明的教会，一直是英王既联合又斗争的对象。威廉一世早在1072年登基之初就发布了区分"上帝事务"与"恺撒事务"的著名诏书；亨利二世甚至围绕"教士的司法豁免权"与坎特伯雷大主教发生了冲突；而教会也利用普通法的权力空白发展出"圣殿庇护权"，为罪犯逃脱国王法庭的制裁提供了一条出路。司法豁免权和圣殿庇护权侵犯了国王完整的司法主权，前者造成国王法庭不能对特殊群体实施司法审判，后者使得国王法庭无法在特定地

---

① [英]梅因. 古代法[M]. 郭亮，译. 北京：法律出版社，2016：24-30, 93.
② [英]斯蒂芬·加拉赫. 衡平法与信托法[M]. 冷霞，译. 北京：法律出版社，2020：44-49.
③ 雷槟硕. 英国判例形成对我国指导性案例的镜鉴[J]. 南大法学，2021(4).

区运用司法权。身处这样斗而不破的微妙语境，国王自然不愿意让教会法庭担当普通法僵化的救赎者。

国王作为英格兰"正义的源泉"，担负维护王国的和平与秩序的天职。普通法法院是国王设立的法院，当它处理的案件出现差错，国王理当(通过大法官)个别干预并负责纠正，这也是王权强化之后，民间社会的普遍心理共识。这种通过个别干预来实现的个案救济，被称为特别救济程序。

特别救济程序与普通救济程序的区别在于：①诉讼不必以令状为要件，只要有原告起诉书即可，且起诉书也不拘泥于形式。②起诉请求不受限制，在特定情况下甚至只要有原告的口头申诉即可提起诉讼。大法官接受起诉后，可向被告发出传唤令状。如被告拒不到庭，则可以藐视法庭罪将其收监。③审理案件不采用陪审团审判，也无须证人出庭作证或两造双方进行法庭辩论，由大法官径直书面审理，做最终判决；④大法官以"良心"而非先例作为判决根据，法庭用语也不是普通法法院使用的拉丁语，而是日常英语。由此可见，特别救济程序具有灵活、简洁、实用、俭省的制度美德，通过超越形式正当程序的方式，实现个案实质正义的司法功能。

2. 神圣良心

中世纪盛行"两城论"政治哲学，"人间之城"是堕落的渊薮和罪人的城邦，"上帝之城"才是光明的所在，并构成对"人间之城"的永恒批判。"以上帝之城反对地上之城，就是以内心反对人类的现实生活"①，用好基督徒良心的灵魂秩序审视尘世生活和权力政制。这意味着，普通法作为一种人法或世俗法一经形成，其内在的规定性决定了它必然是残缺和不完美的，必须接受完美神意的指导。而良心，正是神义或上帝旨意在人心中的体现，职是之故，良心成为英国普通法的高级法背景，是自然法"无须用理论和推理来证明的原则，它们是不证自明的"准则②。良心与普通法之间建立了一种指导与被指导的法理关联。

在衡平法语境中，大法官的良心就是自然法，因为"自然法和衡平是一个东西"。如果自然法是上述"无须用理论和推理来证明的原则，它们是不证自明的"，我们就只能凭借"直觉"予以体认。这种直觉即为人之"良知"(synderesis)，乃我们认识自然法的天赋官能，而"良心"(conscience)便是把良知所体认的自然法，适用于特定个体或具体个案中的能力。"正义的直觉无非就是良知，所谓良知就是领悟自然法第一原则的天赋官能。……良知需要良心和智虑的充实与合作才能构成一个具体的判断。"③由此可见，良知作为一种认知能力和行动判断，没有确定性的保障，因而有可能犯错(所谓"好心办坏事")。所以，良知必须以法律和智识为基础，深入研习诸多潜涵价值冲突及伦理困境的疑难案例，再结合长期、反复的专业训练方有可能掌握。而良心与自然法紧密相关，不可能犯错。至于衡平法倾向

---

① 吴飞. 心灵秩序与世界历史：奥古斯丁对西方文明的终结. 北京：生活·读书·新知三联书店，2013：5-23.
② [美]爱德华·考文 S. 美国宪法的"高级法"背景[M]. 强世功，译. 北京：生活·读书·新知三联书店，1997：23-26.
③ 吴经熊. 法律哲学研究[M]. 北京：清华大学出版社，2005：32.

于用"良心"替代"自然法",则是出于盎格鲁撒克逊民族经验演进的路径依赖,认为绝对自然法是过分抽象的东西,试图从中推导出可直接作用于实定法之判准,既不可行也不可欲,还可能带来"理性专政"的危险。唯有传统优于理性,"自然法只有被纳入社会习俗或规制之中,才能被我们认知。其余的部分对我们依然隐而不显"[①]。所以英国人一般不用"自然法"表述,而是用衡平、良心、公正、正义、正当程序来代替自然法。

"17世纪开始,衡平逐渐取代良心成为大法官发展衡平管辖权的首要依据。"[②]这种内在的制度变迁,无疑与大法官从神职人员向专业法律人的身份转变息息相关。大法官作为教士阶层的一员,对"良心"的探求指向当事人的心灵秩序,更为关切"精神上的健康"和"灵魂之善"。但从16世纪末开始,近现代法律已然启动了从主观主义向客观主义的秩序转型,法律关注人的外在行为,道德关切人的内心思想,已为多数法学家所接受。反映在衡平法领域,"此时的良心不再根据大法官个人道德认知进行任意裁断,而具备了客观性特征"[③]。区别于神圣良心,衡平原则更关注实证法的一般规定与特殊情境间的矛盾,而非被告的灵魂涤罪,这在实质上宣告了大法官法院衡平管辖权的世俗化过程。譬如,1615年的"牛津伯爵案"判决中,大法官埃杰顿将大法官的职责界定为"纠正人们的良心,反对欺诈、背信、不法行为、胁迫"及"缓和并平息法律的极端性"两项。[④]前者是建立在良心基础上的管辖权,后者是建立在释缓法律教条极端性意义上的衡平管辖权。

3. 衡平管辖权

与普通法管辖权相比,衡平管辖权是一种例外的管辖权,其意义在于补救普通法僵化的弊端。这种弊端首先表现为普通法的救济方式刻板单一,仅限于损害赔偿金,局限在于:①只针对过去发生的现实侵害予以赔偿;②只针对可以用金钱度量的损失进行赔偿;③以补偿而非惩罚为目的。这限制了普通法对将来可能发生的侵害行为的预防功能,难以保护贫困者和孤弱者建立信托与信任关系,而衡平法包括禁令救济在内的多种特别救济形式,要明显优于普通法的金钱赔偿救济。有鉴于此,大法官虽不能直接干涉司法,但通过规避既有格式令状的"迂回"方式,他们向当事人建议让其向国王的御前会议或谘议会请愿,请求普通法以外的特别救济,从而开辟了一条通向衡平管辖权的实现路径。

衡平管辖权包括专属管辖权、共同管辖权和辅助管辖权。专属管辖权范围内所赋予的权利,一般都是法律上没有确认的(新兴)权利,如信托、赎回权、限制已婚妇女授予财产和数字时代的被遗忘权等。共同管辖权范围内所赋予的权利则是虽为法律所确认,但实践上却存在更为有效的补救措施。譬如土地买卖合同的强制履行或提供补救以替代原告已丧失的普通法上的救济请求权。至于辅助管辖权范围,则是法院以调查事实或文件的特别程

[①] 英国保守主义先驱埃德蒙·伯克的观点,转引自[美]拉塞尔·柯克. 保守主义思想:从伯克到艾略特[M]. 张大军,译. 南京:江苏凤凰文艺出版社,2019:36.

[②] 冷霞. 英国早期衡平法概论——以大法官法院为中心[M]. 北京:商务印书馆,2010:363.

[③] Dennis R. Klinck, The Unexamined 'Conscience' of Contemporary Canadian Equity[J]. Mcgill Law Journal, 2001(46): 577.

[④] Earl of Oxford case (1615) 1 Ch Rep 1; 21 ER 485.

序给当事人以方便，也包括指定一个管理人来保护财产等。为了确保衡平管辖权的实现，大法官法院还创设一系列的特别救济程序，包括但不限于：特别履行，即根据衡平法院的命令做出的，要求被告履行其在契约中应当履行之义务；禁令，意指衡平法院命令某人为或不为某一特定行为的裁定，此救济方式主要运用于侵权法领域，包括禁止性禁令、命令性禁令、中间性禁令和永久性禁令，并在19世纪逐步发展出接管、废止、改正、恢复原状等新的救济方式。

三、英国法的对外输出

随着地理大发现带来的全球殖民扩张，英国成为真正意义上的"日不落帝国"[①]。在"日不落帝国"鼎盛时期，全世界将近5亿人——占当时全球人口近四分之一——都是大英帝国子民，英国在海外拥有59块殖民地，领土面积将近3000万平方千米，占世界陆地总面积的20%。从英伦三岛延伸到冈比亚、纽芬兰、加拿大、新西兰、澳大利亚、马来亚、我国香港地区、新加坡、缅甸、印度、乌干达、肯尼亚、南非、尼日利亚、马耳他及无数岛屿，地球上24个时区均有大英帝国的领土，而英帝国领导下的国际秩序也被称为"不列颠治下的和平"。[②]在此一过程中，英国普通法体系作为"帝国的课业"，也随之成功移植到亚洲、非洲、北美洲、大洋洲的广大国家和地区。据统计，现今世界上有近三分之一的人口生活在英美法系国家或深受英美法系影响的国家或地区；另有统计表明，世界上生活在英美法系国家的人数比生活在大陆法系国家的人数多一倍。[③]

直到今天，英联邦国家依然有50多个成员国，其中16个国家仍旧尊奉英国国王为国家元首，这些英联邦国家，以及历史上曾是英国殖民地但日后独立或恢复行使主权的国家和地区，绝大多数采用的都是普通法制度。此外，一个更吊诡的事实是，随着欧洲一体化的推进，一些发展中国家发现，加入英联邦国家并适用《爱丁堡宣言》中自由贸易的规定，更容易融入欧盟市场，而且如今的英联邦已不再像往日那样具有浓厚的殖民色彩。[④]因此，不但南非、苏丹等退出过英联邦的国家纷纷申请重新加入，一些历史上原本与帝国无关的国家也纷纷提出申请，如1995年加入的莫桑比克(原为葡萄牙殖民地)、2009年加入的卢旺达(原为比利时国王私人领地)，都与英国殖民历史毫无瓜葛。如今，随着国力的日减，

[①] 历史上存在两个"日不落帝国"，第一帝国一般形容16世纪的西班牙，其国王卡洛斯一世(即神圣罗马帝国皇帝卡尔五世)宣称："在我的领土上，太阳永不落下。"1588年，英国击败西班牙的"无敌舰队"，再到1815年在滑铁卢击败拿破仑，彻底打赢第二次百年战争后，维多利亚时代的大英帝国开始步入了全盛时期，而"上帝不信任黑暗中的英国人"则成为"日不落帝国"最著名的"帝国理由"。

[②] Jan Morris. Pax Britannica: The Climax of an Empire[M]. London: Mariner Books Press，2002.

[③] 必须强调的是，这一统计结果在很大程度上受到美国法，特别是美国大律师事务所和美国法律教育扩张的加权影响。但考虑到美国法律文化继受的是英属北美殖民地的普通法影响，我们仍然可以在"家族相似"的意义上，将普通法的全球辐射力理解为英国法的对外输出。参见何美欢. 论当代中国的普通法教育[M]. 北京：中国政法大学出版社，2005：2-39.

[④] 譬如，体现殖民色彩的"英联邦"(British Commonwealth of Nations)这一特定名称，其实在1946年就已改名为更为中性化的"联邦国家"(Commonwealth of Nations)。但帝国传统仍有巨大惯性，这个国际组织对外还是以"英联邦"的旧名自居。

特别是"脱欧"以后，英联邦对这些非前英属殖民地加盟的限制日趋严格，许多申请国(如前法国殖民地马达加斯加、刚果民主共和国、阿尔及利亚，原英国保护国也门和阿曼，原意大利殖民地索马里，原葡萄牙殖民地安哥拉、东帝汶，原苏联加盟共和国格鲁吉亚，原埃塞俄比亚领土厄立特里亚等)长期被拒之门外。拒绝的一个重要理由就是，这些新欲加入的国家大多实行大陆法系制度，难以与英联邦普遍施行普通法体系兼容。

历史上，英国法的对外输出，主要是通过原则性规定和法理改造的方式。

其一，对于现实占取或割让给英国的土地，如果当地已存在自己的法律，英王有权对之修改，但在国王未修改前可以暂时适用当地法(非基督教国家或与法律及基督教法相抵触的地区除外)。譬如在英国治理香港期间，就是由英皇颁布的《英皇制诰》和《皇室训令》这两部宪法性文件修改了原有法律的宪制基础①，但同时又保留了部分与英国法不抵触的清朝习惯法，如纳妾②和丁权制度。

其二，对于由英国臣民发现并殖民的土地，如果条件和状况可以适用英国法的，即时生效。因为根据普通法精神，全体英国臣民生来就具有适用国王法律的权利，无论身到何处，他们都应携法同行。这无疑指向了伊丽莎白女王出于国家理由，给"皇家海盗"们颁发"私掠许可证"和给资本家企业主签发"特许状"，"合法"劫掠其他国家商船财富和开辟殖民地的罪恶历史。

其三，由英国臣民发现并殖民的土地，如果遇到土著居民反对并抵抗的，则运用政治军事征服加法理改造的模式。例如，在征服北美殖民地领土的过程中，英国人将天主教契约神学的"发现学说"改造成新教自然法的"占有学说"，再由洛克对"劳动原则"的阐述，将美洲土地重塑为私有财产与国家领土的双重属性，从而完成了"欧洲的文明人对印第安人之类的原始部落进行帝国主义领土扩张的正当性论证"③。而英国法对外输出的最大成就无疑是建构了英美法系的另外重要一极——美国普通法体系。后者以一种青出于蓝而胜于蓝的态势挑战了英国法的神话，并续写了英美法系新的历史光谱。

第二节　美国法的发展历程与特色

美国法律发展史的特色在于，用一种革命的逻辑整合了英国普通法的保守特征和经验演进传统，并构成一种独特的制度张力。这种内在的、微妙的制度张力一方面使得美国法在全球殖民历史结束，英国作为普通法母国已然丧失扩张能力之后，仍然能够以一种"周虽旧邦，其命维新"的姿态不断更新、扩展，最终形成了一个覆盖全球的"法律帝国"，其中"法院是法律帝国的首都，法官是帝国的王侯"④。另一方面，强烈的扩张欲望和进取

---

① 陈弘毅.香港特别行政区的法治轨迹[M].北京：中国民主法制出版社，2010：107.
② 1971年，香港废除《大清律例》，并于次年颁布《婚姻改革条例》，结束了香港男性合法纳妾的历史。
③ 强世功：立法者的法理学[M].北京：生活·读书·新知三联书店，2007：285-306.
④ [美]德沃金.法律帝国[M].李常青，等译.北京：中国大百科全书出版社，1996：361.

导向也使得美国法呈现出霸权主义面相,背离了法律的公平、正义,并构成"司法霸凌主义"的法治病理。①

一、美国法前史:殖民地时代

英国对北美殖民地的经营始于英女王伊丽莎白一世时代(1558—1603年),强占并经营北美殖民地的历史,同时也是建构帝国霸权的过程。16—17世纪,英国、法国、西班牙、荷兰四个国家瓜分了北美殖民地,其中最早从事北美殖民活动的国家是西班牙。英国在1588年打败西班牙"无敌舰队"成为海上霸主后,正式开始殖民北美。这期间也遭遇到其他新兴资本主义国家的挑战,17世纪"海上马车夫"荷兰就在北美建立了新阿姆斯特丹,即后来的纽约。英国则通过发动英荷战争彻底击败荷兰,赢获全部荷属北美殖民地。经过列强间的激烈争夺,截至1733年,英国战胜其他殖民者,在北美大西洋沿岸共建立了13个殖民地,分别是特拉华、宾夕法尼亚、新泽西、佐治亚、康涅狄格、马萨诸塞湾、马里兰、南卡罗来纳、新罕布什尔、弗吉尼亚、纽约、北卡罗来纳和罗德岛。

英属北美殖民地的开辟本质上是一种转移国内阶级矛盾的统治术和资本拓殖的"罪己性排泄"。"羊吃人"的圈地运动导致大量农民失去土地而涌入城市,引发各式社会问题,向殖民地输出失去土地的农民、乞丐和罪犯,有利于改善英国本土的社会治安;同时由于英国圣公会严苛的国教制度,也迫使追求宗教信仰自由和美好生活的所谓"异教徒"们不得不逃往北美殖民地,以逃避战争或宗教迫害。"他们之远渡重洋来到新大陆,决非为了改善境遇或发财;他们之离开舒适的家园,是出于满足纯正的求知需要;他们甘愿尝尽流亡生活的种种苦难,去使一种理想获致胜利。"②这种纯洁理想,结合清教徒于惊涛骇浪中冒死前往新大陆的"自然状态"历险,加以《五月花号公约》政治文件的权威背书,使得美国被阐释为一个甚至是唯一按照社会契约原理建构的国家。然而,这可能是另一种浪漫的误会。

【拓展阅读5-3】

《五月花号公约》的内容(节选)

"以上帝的名义,阿门。吾等(41人名字罗列其后),敬畏的陛下詹姆士王的忠实臣民们……谨在上帝面前,彼此庄严地订立本盟约,结成公民团体,即政府,以便更好地建立秩序,维护和平……并随时按照最适宜于殖民地普遍福利之观点,制定正义平等之法律、条例、法令、宪法,并选派官吏实施之。对此,吾等暂当信守不渝。"③

---

① 强世功. 全球法律帝国与司法霸凌主义——读《美国陷阱》[J]. 求是, 2019(12).
② [法]托克维尔. 论美国的民主(上)[M]. 董果良, 译. 北京:商务印书馆, 2009:35.
③ [美]爱德华·考文 S. 美国宪法的"高级法"背景[M]. 强世功, 译. 北京:生活·读书·新知三联书店, 1997:65-66.

真实的情况是，英国作为一个彻头彻尾的"重商主义"国家，商人，而不是理想主义者，更非囚犯，才是帝国利益的天然同盟军。早在1607年5月12日，也就是五月花号抵达普利茅斯港之前，就有帝国商人陆续从遥远的英伦本土渡海登陆了北美弗吉尼亚海岸，他们在此建立了第一个居民点和永久性殖民地。在弗吉尼亚开辟第一个北美殖民地的群体中，有两个重要的英国商业组织发挥了不可替代的作用，一个是弗吉尼亚公司，另一个是英国中殿律师会馆。正是这些谙熟普通法的商人，在这片苍茫的土地上，采用了最俭省的治理方式——把英国运行成熟的政治法律制度大致不变地移植到北美殖民地，建立起正式的政府形式，同时援引英国议会政治原型，训练出了一批最优秀的"法律人-政治家"。这也使得在日后的长期岁月里，弗吉尼亚在事实上担当了北美殖民地的"领导者"角色，在诸多重要历史事件中发挥了举足轻重的作用。1776年制定的《弗吉尼亚宪法》，是美国也是历史上第一部正式公布的州"宪法"，在宪政史上具有极其重要的历史地位；而弗吉尼亚的法律人-政治家在美国独立战争和建国之初，更是发挥了不可替代的作用。美国"建国一代"第一任、三任、四任、五任总统(分别是华盛顿、杰斐逊、麦迪逊、门罗)均来自弗吉尼亚，开创了美国政治史上赫赫有名的"弗吉尼亚王朝"。①创建者法律出身的专业背景，使得"这新大陆的13块殖民地，它们都不约而同且大同小异地移植了英国的体制。这种体制的特点大致是'英王的权力在缩小、议会的权力在扩大、司法的权力在独立'"，以至于到"18世纪，殖民地法似乎又摇摆回溯到英国的模式。即使在独立革命之后，美国法似乎在某种程度上是相当英国化的。这不是一个真正的悖论。"②殖民地体制与英国政制的天然亲缘性，令各地产生了强烈的法律知识需求，1772年布莱克斯通的《英国法释义》在费城甫一出版就卖得"洛阳纸贵"，学习英国法律俨然成为新大陆正派公民的基本教养。

二、决裂：美国法传统的兴起

(一) 美国独立的缘起

在北美殖民地形成之初，英国采取了一种"有益的忽视"的管治策略，试图通过相对宽松的政策换取殖民地政治经济上的效忠；同时，为了镇压土著印第安人的反抗，防范周边西班牙殖民地和法国殖民地的入侵，英王派驻了大量军队，军费由英国本土拨付，兼顾保护殖民地的物质生产和商业竞争。客观上缓和了英国与殖民地之间的矛盾，同时这种富含政治技巧的怀柔策略真真切切地培养了一批"头在英国，身体在美国，脖子应该扭断"

---

① 第二任总统亚当斯(1797—1801年任职)来自马萨诸塞州，就是他将马歇尔由国务卿任命为首席大法官，开创了美国司法审查的宪政传统。"历史由约翰·亚当斯来任命首席大法官，而不是一个月后由杰斐逊任命，亚当斯又把这个职务交给了一位联邦党人和一位宽松释法者，由他来启动美国宪法的运作。……落在马歇尔肩上的也许是有史以来一位法官可能填补的最伟大的位置。当我想到他的伟大、正义以及智慧时，我确实完全相信，如果要用一个人物来代表美国的法律，那么无论是怀疑者还是崇拜者，他们都会同样毫无争议地赞同只能是一个人，这就是约翰·马歇尔。"参见[美]霍姆斯. 约翰·马歇尔[M]. 苏力，译. 北京：北京大学出版社，2011：302.

② [美]劳伦斯·弗里德曼. 美国法律史[M]. 周大伟，译. 北京：北京大学出版社，2021：7-29.

的"托利党人"(Tories)或"效忠派"(Loyalists),一直到独立战争前期,这个群体在当时北美洲英属殖民地的白人中仍有大约五分之一的比例。1776年11月底,"效忠派"甚至在华尔街组织了一场针对《独立宣言》而起草的《依附宣言》请愿活动。但总体而言,英国和北美殖民地之间在早期确实维持了一段相安无事的和平岁月。

局势变化发生在1763年,这一年,英国最终赢得了与法国"七年战争"(1756—1763年)的胜利。1763年2月10日,英、法两国签订《巴黎条约》,法国将其在北美、西印度群岛、非洲和印度的大片属地割归英国。可战争本身消耗了英国积聚的大量物质财富,同时接管新殖民地又需要派驻大批行政管理人员和军队,这笔费用只能由英国人自己解决。然而,英国政府之前为筹措战争费用而发行的公债本息已达1.3亿英镑。为了应对战争遗留的巨额债务,英国议会针对北美殖民地制定了《糖税法》和《印花税法》,首次对殖民地的商业交易克以征税。之后还颁布了越加严苛的《汤森法案》,宣布对殖民地茶叶征税,希望通过增加税收的方式补贴政府财政收入。最终,骤然施加的诸多剥削超过了北美移民的忍受极限,1773年发生了著名的"波士顿倾茶事件"。作为对波士顿茶党的报复,英国政府决定镇压反叛的马萨诸塞州,并于1774年春,由议会通过了一系列法令强制关闭波士顿港,直到被毁坏的茶叶得到赔偿。同时议会还用一个由英国人任命的委员会取代了殖民地的民选委员会,授予英国军事总督托马斯·盖奇将军绝对权力,取缔未经批准的城镇会议。这直接激怒了殖民地的反叛者们,他们开始秘密囤积枪支、火药,反抗征税的斗争渐渐演化成了美国独立战争。

【拓展阅读5-4】

波士顿倾茶事件中倒的究竟是什么茶

波士顿倾茶事件的起因竟是抵制中国茶。彼时,英属东印度公司是北美殖民地唯一的茶叶销售机构,所销售的绝大多数茶叶采购自中国广州,运回英国后再通过北美的中间销售商分销到各殖民地。北美殖民地本地商人出于竞争而抵制该公司,妖魔化了中国茶叶,谎称茶叶能摄走灵魂,组织众人销毁茶叶,并将其正当化为在东印度公司代表的君主暴政来临之前为寻求自身经济、政治、权利的自由而进行的一种对抗手段。1773年12月16日,波士顿倾茶事件中销毁的茶叶总计340箱92 000磅。其中,大部分是中国福建武夷山产的正山小种红茶。史家认为,从"一个相对狭隘的角度"来看,美国独立革命的兴起,"实际上是一批茶叶分销商和茶叶走私贩子的商业造反"①。

事实上,独立战争不仅仅是一场"武器的批判",除了兵戎相见的现实战场,殖民地和英国同时还运用"批判的武器"在思想战场掀起了一场"法理斗争",这涉及英国与殖民地之间的立法权力争夺,以及英国传统的自然法思想的影响。

---

① 王元崇. 中美相遇:大国外交与晚清兴衰(1784—1911)[M]. 北京:文汇出版社,2021:87-98.

(二) 立法权之争

英国议会拥有对英帝国整体事物立法的权力，包括本土与英属殖民地之间的关系，以及各英属殖民地与殖民地之间的关系。然而，英国议会是否有权对殖民地的内部事务进行立法呢？这表面上是一个关涉立法权力边界的正当程序问题，但在英国"议会主权"的语境下，就变成了"主权者是谁"和"主权是否可以分割"的政治问题。

为此，殖民地一方提出了"无代表不纳税"的主张，认为"没有代表的征税就是暴政"。英国议会中没有殖民地人民选举的代表，却要向美洲人征税，这就意味着未经殖民地人民允许或他们代表的同意而夺走他们的财产。同时，殖民地还提出，英国议会虽然有制定涉及殖民地对外事务征税，即外部税的立法权，但是对于在殖民地内部发行报纸、制作法律文本等活动加征印花税等，属于殖民地内部事务的税收活动，对于内部税，英国议会无权干涉。①当然，所谓的"无代表不纳税"其实是一种法律修辞。殖民地的政治精英们很清楚，即便英国议会同意接纳殖民地推选的议员，但由于当时殖民地人口较少，按照比例代表制，议会中英国本土的议员占据绝对优势，立法过程根本无法保障殖民地一方的利益。最终通过的对殖民地征税的立法，反而会因为民主参与的程序加权，使得殖民地一方的抗税运动失去正当性，这显然是长期接受普通法教育熏陶的北美政治精英们所难以接受的。于是，他们在强调"无代表权不得征税"的同时，又指出由于两地地理空间相距遥远，殖民地客观上不可能向英国本土推选议员，因此殖民地议会才是有权立法在殖民地征税的唯一机关。申言之，殖民地精英把民主话语下的比例代表制问题，巧妙地替换成了空间政治下的地域代表制问题。

在北美殖民政治的语境中，比例代表制和地域代表制的争议，关系到"主权者是谁"的政治本质。比例代表制认为，既然代表产生自选举的人，那么主权者当然包括人民，人民在英国的法律表现就是议会，因此英国议会与英王共同构成了英国的主权者，殖民地在效忠国王的同时必须也对英国议会效忠。而地域代表制认为，殖民地与英国本土远隔大西洋，两块土地之所以产生政治联结，是因为国王是维系民族统一的主权纽带和国家统一的人格化象征。殖民地居民绝大多数由英国移民到北美洲，他们承认自己是英国人，认同英国就是他们的祖国，国王则是这个国家的象征和主权者，效忠国王就是效忠英国。

这一根本立场上的对立，将主权问题的实质指向了"主权是否可以分割"的政治哲学本源。主权概念的问题意识起源于中世纪教会和国家之间的神俗冲突，为了确立国家的法权地位，博丹在《国家论六书》中将国家的本质界定为主权存在，而"主权是国家/共同体所有的绝对且永久的权力"，具有最高性、永久性、统一性，而统一性则是指主权"不可分割且不可转让"。②英国经历了光荣革命之后，建立了"王在议会中"(King in Parliament)的统一主权结构，将帝国形塑成一个不可分割的"政治共同体"。同意由殖民地议会自我立

---

① 王乐理，张生堰. 北美革命时期关于征税权的辩论——兼及柏克的政治思想[J]. 天津大学学报(社会科学版), 2012(5).

② [法]让·博丹. 主权论[M]. 李卫海, 钱俊文, 译. 北京：北京大学出版社, 2008：7-9.

法决定其内部事务,意味着将国家主权从国王和议会手中分割出去,这一点对帝国而言显然是不可接受的。

但殖民地的政治精英们不会有这种顾虑,作为深受普通法教育因而服膺于普通法技艺理性的优秀学生,他们更信奉柯克大法官倡导的,并在中世纪成为前沿政治思潮的"国王的两个身体"理论:臣民的忠诚只能归属于国王一人,要考虑的是这种忠诚归属的方式。须知,国王的身体集两种职能于一身——他的自然躯体通过王室血脉传下来,这个身体经由全能的上帝所创造,会屈服于死亡、羸弱和老病;另一个身体则是政治的,只为主权政策所限定,在这一职能上,国王是永生的、看不见的,不屈从于死亡、衰弱、年幼或老迈。一旦知道国王的身体身兼数种职能,就必须考虑,臣民的忠诚应归属于哪种职能。是效忠于作为自然人的国王的肉身,还是效忠于作为政治职能的,代表他的王室和王国的国王?这种"国家主权可分"的全新思维,为殖民地的法理斗争提供了理论根据。殖民地的政治精英可以理直气壮地主张,殖民地居民拥有和英国本土居民同等的自由与权利。因为北美殖民地是英国国王颁发特许状授权地理大发现的结果,殖民地居民和英国人一样"同等地"效忠于英王和他的普通法,但这与英国议会及议会立法无关。他们在政治上彼此都是独立、自主、不受干涉的主体,北美居民和英国本土公民拥有相同的"普通法上的权利"。这种"国家主权可分"的法理辩论,持续影响了日后美国独立革命的历史进程。以《合众国宪法》取代《邦联条例》,将分散的邦联整合成统一联邦制国家,同时尽可能地保留各州的政治自由,这些制度创新无疑都与这一政治原则的精妙运用密切相关。

(三) 自然法观念的影响

"革命不是叛乱、造反、骚动或者阴谋,革命是政治的开端,是政治原则的重建。"[①]美国独立运动之所以也称北美革命,就在于它重建了现代自然法的政治原则。前文有述,英国人固执于经验主义的传统,对抽象的自然法观念保持警惕甚或拒斥,即便不得已要诉诸自然法理念时,也更倾向于用"神圣良心""正当程序""公道""正义"以替之。然而,北美殖民地却高度重视自然法的思想遗产,并通过"革命"和"建国"激活了自然法在普通法领域的制度活力与适用路径,可以说"殖民地人民追求自由和权利的过程,也是一条将自然法对实在法的影响制度化的道路"[②]。而促动古典自然法从自然正当裂变为现代自然权利论,将自然法从一种保守的客观的法,改造成激进的主观性权利的重要理论推手,正是在北美革命中享有盛誉的洛克及后来的潘恩。

洛克(1632—1704)在他生活的年代当然不可能预见爆发北美革命,但北美殖民地的自然领土主权以及生活在那的印第安人的命运,的确构成了洛克政治哲学思考的重要背景。同时,洛克作为光荣革命核心观念的倡导者,他用来为光荣革命辩护的思想公认为是英国现代政治包括美国革命的思想源头,他的《政府论》和《人类理解论》成为美国革命的教

---

① [美]阿伦特. 论革命[M]. 陈周旺,译. 南京:译林出版社,2007:5.
② 彭勃. 英美法概论:法律文化与法律传统[M]. 北京:北京大学出版社,2011:204.

科书。独立战争之前，洛克的思想已经传入北美大陆并被那里的政治家广泛接受，而《独立宣言》与《政府论》下篇的密切关系更是显而易见，以至于后来有人批评杰斐逊写《独立宣言》完全抄袭了洛克。洛克认为人民的自由和平等地位来源于自然状态和自然法，而《独立宣言》中则宣称"一个民族必须在世界列国中确认由自然法和神圣律法所赋予的独立和平等地位"[①]。洛克认为人的"生命、自由和财产权利"是造物主赋予人们不可让渡的自然权利，而《独立宣言》开篇就申明我们认为以下真理不言自明：人人生而平等，造物者赋予他们某些不可剥夺的权利，其中包括"生命、自由和追求幸福的权利"。洛克还认为政府权力出自被统治者的同意与授权，即社会契约，而《独立宣言》中确认"为了保障这些权利，人们组建自己的政府，政府的正当权利来自被统治者的同意"。洛克认为如果政府背弃人民信托滥用权力，人民就有权反抗暴政并更换政府，《独立宣言》对此阐明，"任何形式的政府，只要危害上述目的，人民就有权利并应该改变或废除它，建立新的政府"。

如果说洛克的理论影响还主要集中在殖民地政治精英群体内部，那么潘恩的《常识》则几乎以人手一册的方式，真正将自然法理念与民主主义思想散播于殖民地民众的心灵。潘恩以一个"面朝世界的启蒙哲人"眼界将北美独立视为一场世界性革命的开端，是"太阳底下最有价值的事业"，并鼓舞殖民地人民以世界主义的眼光理解美国的独立事业："北美独立不是地方性的，它具备普适性的特征，对全人类都有莫大意义"[②]。在《常识》中，潘恩提出：①根据自然法学说，人生而平等，享有平等的权利。"所有的人都处于同一地位，因此，所有的人生来是平等的，并具有平等的天赋权利……这是一切真理中最伟大的真理，而发扬这个真理是具有最高的利益的"。②理性政府来自社会契约，产生于人们的邪恶，成立政府的目的是制止人们的恶行，以保证个人的自由和安全。因此，好政府必须服务于社会的共同利益和人类的权利。"许多个人以他自己的自主权利互相订立一种契约以产生政府；这是政府有权利由此产生的唯一方式，也是政府有权利赖以存在的唯一原则。……社会是由我们的欲望所产生的，政府是由我们的邪恶所产生的。……前者使我们一体同心，从而积极地增进我们的幸福，后者制止我们的恶行，从而消极地增进我们的幸福。"③批判封建君主制和君主立宪制，反对英国殖民统治，主张用武力争取美国独立，建立保障"人权和自由"的共和政体。④重视宪法与法律，认为"在专制政府中国王便是法律，同样地，在自由国家中法律便应该成为国王"。潘恩尤其看重实效宪法，反对语义宪法："宪法不仅是一个名义上的东西，而且是实际上的东西。它的存在不是理想的而是现实的；如果不能

---

① 原文是 the separate and equal station to which the Laws of Nature and of Nature's God entitle them，通行译本翻译为"在世界各国之间，接受自然法则和自然界的造物主的旨意赋予的独立和平等的地位"，不确。原文中 Nature's God 和 Nature 共同作为 Laws of 的宾语，而不是一个单独的主语。有译本意识到这个问题，将其翻译为自然法和"上帝法"，但在北美独立的辩论语境中，殖民地移民很多是为了逃避英国国教的迫害动身前往新大陆，宗教信仰自由由此成为殖民地的基础共识，强调有神论并不必然指向"上帝法"。本书在此试译为自然法和"神圣律法"，这也可以与自然法作为"神义自然法"的谱系连接。于是 the Laws of Nature and of Nature's God 共同指向了整合自然法本身，前者是作为自然权利论的现代自然法，后者是作为神义论的古典自然法，说明《独立宣言》高度重视自然法在北美革命中的政治功能。

② 恰恰是这种"带有启蒙精神的世界主义"站位，导致潘恩在美国独立之后被美国人斥为异端，他与华盛顿总统的交恶，导致昔日的"常识先生"随即被贴上"酗酒的无神论者""恶毒和无耻的恶棍""党派内讧的清道夫"等污名化标签。参见邢承吉. 被边缘化的"常识先生"：跨国视野下的潘恩与美国革命[J]. 历史研究，2019(4).

以具体的方式产生宪法,就无宪法之可言。"而政府和宪法关系的实质在于人民主权:"宪法是一样先于政府的东西,而政府只是宪法的产物。一国的宪法不是其政府的决议,而是建立其政府的人民的决议。……宪法对政府的关系犹如政府后来制定的各项法律对法院的关系。法院并不制定法律,也不能更改法律,它只能按已制定的法律办事;政府也以同样方式受宪法的约束。"①

正是建立在自然法革命理念之上,美国《独立宣言》用一种激进的政治哲学宣告与英国和国王正式决裂:"在有关人类事务的发展过程中,当一个民族必须解除其和另一个与之有关的民族之间的政治联结,必须在世界列国中确认由自然法和神圣律法所赋予的独立和平等地位时,出于对人类舆论的尊重,必须把他们不得不独立的原因予以宣布。"自1776年以来,《独立宣言》中所确认的自然法原则就一直在全世界广为传颂。日后美国的政治精英或改革家们,不论是出于什么动机,针对民族国家政治生活中几乎所有的重大事务——废除奴隶制、南北内战、新政、民权运动甚或女权主义——都要反复运用"人人生而平等""正当权力是由被统治者同意所授予的"作为法律修辞进行政治动员。由诸多历史事件所联结的漫长岁月中,这些用自然法所包装的"大词"多次在美国心灵深处响荡,不知不觉却又自然而然地融入共同体的公共政治生活中,成为一个民族的"核心语汇",对美国宪制发展产生了持续、深远的影响。

三、法律帝国与美国宪制

不存在本质主义上的美国法律或美国法律文化,美国法和美国法律文化在不同历史时期经历了不同的转型与演变。譬如建国初期,美国还没有政党制度。在建国一代看来,搞政党其实是政客意图"蛊惑人心""结党营私",所以建国之初自然也不存在"联邦党",《联邦党人文集》更恰当的译名应当是《联邦主义者文集》或直译为《联邦论》。②至于今天作为美国宪制核心的总统,在早期也没有那么重要,所谓"帝王总统"的权威地位,很大程度上是在富兰克林·罗斯福之后才慢慢建立的。这甚至与总统个人的领袖魅力关系不大,而是随着现代抽象社会的形成、劳动分工的细密化导致生活方式的专业化和复杂化,行政机构和行政权因此变得空前庞大且积极有为,推动了传统"立法法治国"(大陆法系)与"司法法治国"(英美法系)共同朝"行政法治国"转向相关。在这种制度转型过程中,即便同为英美法系国家,与英国法相比,美国法呈现出更多与众不同的一面。所以,美国出版的法制史或法理学教科书大多不会以"制度体系"为中心去阐述美国法及其特征,而更多的是以"历史演化"为线索,介绍相同的法律制度在不同的历史背景下,发挥了哪些不同的社会政治功能。③接下来,即对美国法区别于英国法的两个特征进行介绍。

---

① [美]托马斯·潘恩. 常识[M]. 马清槐,译. 北京:商务印书馆,2015:54.
② [美]亚历山大·汉密尔顿,詹姆斯·麦迪逊,约翰·杰伊. 联邦论[M]. 尹宣,译. 南京:译林出版社,2010.
③ 阿克曼宪政史著作《我们人民》四部曲就是按照"建国—重建—新政—民权革命"的历史转型逻辑,以阐释总统、国会和法院三者在不同时代语境下的宪制角色与制度功能嬗变。参见[美]阿克曼. 我们人民:转型[M]. 田雷,译. 北京:中国政法大学出版社,2017.

(一)成文宪法

美国法对人类法治文明最大的贡献无疑是提供了历史上第一部成文宪法,这对整个世界的宪法观念和宪法制度产生了革命性影响。以至于很多的改革家将"立宪"与"国家富强"简单地画上等号,似乎只要制定一部"宪法",国家就能摆脱积贫积弱的困境。在学习美国宪法文化和宪法制度的过程中,既有像英国法学家那样,"对知识和真理怀着敬仰和谦逊,竭力涤除可能的傲慢和偏见",从而创造了"不成文宪法"新传统的历史正剧;也有像近代日本这样通过"明治维新"脱亚入欧最终走向军国主义道路的历史悲剧。还有满清王朝"预备仿行立宪"这样的历史闹剧。至于像利比亚和海地那样,把国家名称修改后几乎全文"照抄"美国宪法的,自然成为法制史上的荒诞剧。

美国成文宪法的独树一帜,既有制度上的"幸存者偏差",也有人类"倒果为因"的心理谬识——不是美国宪法造就了美国的强大,相反,是今天美国成为世界头号强国的事实,成就了美国宪法的世界声誉。作为镶嵌在"意义之网"上的灵长类生物,人类下意识地尝试为重大历史现象建构出某种——哪怕是虚假的——因果关联。重要的不在于"虚假",关键是要令人"相信",法治因此成为一种"劝人相信"的事业,这就是法律信仰。但不论怎样,第二次世界大战后几乎所有国家都采用美国的成文宪法模式。"后来,美国宪法就成为灵感和思想的渊源,供学者们研究和赞扬,供政论家们援引,供革命者、国家缔造者和政治家采纳或改编使用。即使在那些几乎见不到其踪影的地方,这部宪法也常常存在着,即使只是为了反对它,人们也必须考虑它的存在。"①

美国"成文宪法"的全球影响力,不在于它设计了一套似是而非的"三权分立"制度,②也不在于作为宪法修正案而存在《权利法案》为实现人权保障做出了何等历史贡献——《权利法案》制定后很长一段时期,美国黑人都无法获得法案保护。美国宪法的实质影响在于,它把一个国家选择走什么法治道路的问题,成功建构成为一个西方现代性引发的全球政治事务,于是"制定成文宪法不仅仅是国内政治的要求,很大程度属于国际政治的一部分"③。从而在西方发达国家与第三世界发展中国家之间形成了"中心"与"边缘"政治支配关系,迫使身处第三世界的发展中国家不得不按照西方的标准,制定自己的成文宪法。否则这些国家不仅不足以完成有效的国家建构和现代化任务,而且难以获得西方国家所主宰的国际社会(比如联合国等国际组织)的承认。此外,这还可能逼迫发展中国家不得已要背离本国的礼法、习俗、本土资源和历史文化传统,盲目移植西方国家的"成文宪法",从而背弃了法律的真理:真正的法律要么是民族精神的体现,要么是天理/人情/国法之间的和谐融贯

---

① [美]亨金. 宪政与权利:美国宪法的域外影响[M]. 郑戈,译. 北京:生活·读书·新知三联书店,1996:2.
② 这里刻意使用了"似是而非"这个限定语,美国宪法设计的政治体制究竟是不是"三权分立"一直争论不休:第一,美国宪法文本中没有"三权分立"的表述,但如前所述,美国人基于"国家主权可分"的观念,确实在宪法中将政治统治权划分为立法、司法、行政三权,且相互制约与平衡;第二,三权分立思想不是美国人原创,古希腊已有思想雏形,而法国人孟德斯鸠才是集大成者;第三,今天美国宪制实践已然突破了三权之间的制约与平衡,争议只在是"大法官说了算"的司法主权还是行政法治国模式下的"总统/行政主权"。此处存而不论。
③ 强世功. 中国宪法中的不成文宪法——理解中国宪法的新视角[J]. 开放时代,2009(12).

的理性定位,并潜移默化培养了一种"成文宪法"拜物教。

(二)司法审查

如果说美国的成文宪法建构或成功虚构了一种"法治神话",那么这个神话很大程度上,是由联邦法院的法官们通过"司法审查"制度写就的。司法审查是指由法院来审查国会制定的法律是否符合宪法,以及行政机关的行为是否符合宪法及法律。这种制度的理论依据是,宪法是根本大法,具有最高的法律效力,是立法和执法的基础和根据,法律和法令从形式到内容,都不得同宪法条文相抵触。司法机关,主要是最高法院或联邦法院,被认定为宪法的保障机关,司法审判中遇到法律或法令与宪法的条款或原则相抵触的问题,它们就可以宣告该下位法因违宪而无效。

主流的法律理论教科书大多将美国司法审查制度的形成,归功于马歇尔大法官和他审理的马伯里诉麦迪逊案,"由于其作为一名大法官所取得的巨大成就和个人的人格力量,他从此改变了人们对美利坚合众国最高法院在美国宪政民主中地位的看法。事实上,'马歇尔法院'这一名称,无论是被其同时代的人用来指称最高法院,还是被后来的宪法史学家所引用,都强调了马歇尔本人对最高法院其他法官和宪法性法律的历程所产生的重大影响"[①]。然而,马伯里诉麦迪逊案不是司法审查的起源,只是司法审查历史上一个里程碑式案件。早在制宪会议前,美国各州就已偶尔运用了司法审查程序,制宪会议文件中也有代表们关于司法审查的共识记录,尽管尚存争论。[②] 而马歇尔之所以能够在马伯里诉麦迪逊案中对法院的司法审查权予以一锤定音,一方面与他身为前国务卿和现任联邦最高法院首席大法官的权威地位有关,另一方面则来自马歇尔高明的法律技艺和政治智慧。

马伯里诉麦迪逊案发生在 1801 年,那是美国建国后党派政治初起,党派斗争正酣之时。[③]1800 年底,杰斐逊赢得选举人团的多数选票,击败了华盛顿提名的接班人,也就是上一任总统亚当斯,成为新任美国总统。联邦党人失去了总统席位,在国会选举中也未占优势,为保存党派力量,只得退守联邦司法系统。在政府交接之前,亚当斯利用总统职权做了一连串的撤退部署:任命国务卿马歇尔为联邦最高法院首席大法官,并将联邦党人仓促安插到联邦和州的各级法院系统。在亚当斯总统任期的最后一天,他正式签署了 42 名哥伦比亚和亚历山大地区法官的委任书,并盖发了国玺,这些委任状将由马歇尔颁发给法官本人。但受限于当时的交通和通信条件,有几位治安法官的委任状未能及时送出,其中一位就是马伯里。作为新任总统兼共和党领袖,杰斐逊对亚当斯卸任前滥用职权任命"午夜

---

① [美]塞谬尔 R. 奥肯. 论大法官约翰·马歇尔在美国宪政史上的作用[J]. 赵富强,杨海坤,译. 苏州大学学报(哲学社会科学版), 001(Z1).

② [美]爱德华 S. 考文. 司法审查的起源[M]. 徐爽, 编译. 北京: 北京大学出版社, 2015: 7-13.

③ 美国建国之初,华盛顿希望建立一个没有党派纷争的"贤人政府",遂任命了与他政见相左的杰斐逊为国务部长。但很快,围绕"加强还是反对联邦政府的集权"以及如何评价法国大革命,杰斐逊和汉密尔顿产生抵牾。当时,华盛顿威信如日中天,杰斐逊几乎是唯一敢与华盛顿分庭抗礼的人。于是,支持杰斐逊的人逐渐集结,自称共和党人;支持汉密尔顿的人则被称为联邦党人。可以说,杰斐逊开创了美国政党政治先河。参见马凌. 美国建国初期政党报刊的形成——杰斐逊与汉密尔顿之争的另一个侧面[J]. 哈尔滨工业大学学报(社会科学版), 2002(4).

法官"的做法本就恼火，于是命令新任国务卿麦迪逊扣押尚未发出的法官委任状。而未接到委任状的马伯里等人则向联邦最高法院起诉，要求最高法院按1789年的《司法法》规定发布执行令状，强制新任国务卿麦迪逊发还他们的委任状。

针对马伯里的诉求，已是联邦最高法院首席大法官的马歇尔对该案做出裁决：首先必须弄清马伯里的权利是否受到伤害？回答是肯定的，马伯里有权获得委任状，因为委任状的签发符合法律程序，扣押委任状属于侵权行为。权利受到侵犯，那么马伯里等人就有权获得法律救济，法律也应当对他们给予救济。但是，法律应当如何实施救济呢？是否应当由最高法院向国务卿发出原告请求的强制令呢？对此，马歇尔做出了否定回答：马伯里诉求中所依据的1789年《司法法》第13条违反了美国宪法关于联邦最高法院初审管辖权的明确规定。①马歇尔认为，马伯里的法律请求显然属于宪法所指的"其他案件"，也就是说，最高法院对该案只有上诉管辖权，没有初审管辖权，由最高法院直接下达强制令，命令国务卿送达委任状给马伯里，等于行使了初审管辖权，构成违宪因而是无效的。对此，马歇尔形成判决理由："至为明显且不容置疑的一个结论是：宪法取缔一切与之相抵触的法律，而判断何者符合宪法，当然属于司法部门的职权。因此最高法院不能根据违宪无效的法律强制麦迪逊发放马伯里等人的委任状。最高法院对案件的判决，使它获得了宪法没有明确赋予的司法审查权和解释宪法的权力。"②

马歇尔在马伯里诉麦迪逊案中取得了一举数得的效果：首先，在判决中直接抨击了杰斐逊政府(扣押马伯里委任状)的行为是对有限政府和法治原则的破坏，但毕竟还是否定了马伯利的实体请求(获得委任状)，这让杰斐逊政府有"输了面子，赢了里子"的自我安慰，也因此更容易接受判决，这就避免了司法权和行政权因"党争"而摊牌掀桌的宪制危机。其次，判决虽否定了国会的立法，但否定的并不是杰斐逊控制的本届国会颁布的法律。判决本身也没有对行政机关(杰斐逊)或立法机关(杰斐逊领导的共和党)的活动构成额外限制，反而困住了司法的手脚(司法授权瑕疵)。再次，判决尽管主张了司法审查的权利，创立了审查国会立法的先例，但这种主张不是一般化的，并没有剥夺其他部门的审查和解释立法的权力。就这一判决本身来说，是缩限而不是扩大了最高法院的管辖权范围。这些意味着，该案判决在政治上更容易为总统所在的行政部门和由共和党人控制的立法部门接受。他们一旦接受了这个判决，就意味着接受了一个普通法上的先例，即联邦最高法院有权解释宪法并判断国会立法和执行机关的法令是否合宪。就这样，马歇尔把一个极为重要的，然而《宪法》上并无明文规定的权力抢到了手，并大大提高了联邦最高法院的威信，从而实现了"伟大的篡权"。今天看来，不论司法审查制度在形成之初充满了多少算计和狡诈，但它的最大意义在于，联邦最高法院通过行使对国会及总统立法的合宪性审查，将政治危机、社会争议转化为司法问题，政治问题法律化；然后又通过司法判例的方式把解决方案还原为政治原则，从而在法律与政治之间开辟了一条"法政"之道。有选择地用这种"法政"之

---

① 美国宪法第三条规定："在一切有关大使、公使、领事以及州为当事一方的案件中，最高法院有最初审理权。对于前述一切其他案件，最高法院有关于法律和事实的上诉管辖权。"

② Marbury v. Madison，5 U. S. 137(1803).

道的精髓，来反馈社会主义中国"政法"治理的经验与心得，正是我们进行中西法治文明对比的目的所在。

本章思考题

1. 对比第四章大陆法系的相关内容，试比较英美法系和大陆法系的异同？
2. 同样属于英美法系国家，为什么在国际法和国际政治领域更多听到的是对美国法律霸权的批判？
3. 第二次世界大战以后的远东军事审判和纽伦堡审判为什么适用的是英美法系庭审制度？

第六章

中国特色社会主义法治文明的形成

【本章导学】

现代中国已经走上了法治之路，这个过程中，中国共产党经过漫长探索逐渐形成了科学的治国方略与理论体系。中国的法治建设与社会主义法治文明的形成并非一蹴而就，而是经历了长期的探索，可以分为不同阶段。总结中国特色社会主义法治建设的经验有利于提高对中国道路的认同和理解，并树立信心。虽然中国的法治建设还有很长的路要走，还面临诸多障碍和不确定因素，但法治之路必将坚定地走下去，社会主义法治文明也将更加成熟并且对世界产生新的影响。

【知识要点】

1. 中华法治文明的发展路径在中华人民共和国成立后又一次发生了转折。
2. 社会主义法治建设经历了不同的阶段才取得了现在的成就。
3. 改革开放后，中国发展成就进一步证明了走法治之路的正确性。

第一节 中国法治建设的起点

1949年10月1日，中华人民共和国成立，这是一个伟大事件，此后新中国开始探索自身的发展道路。在法治建设方面，首先废除了国民政府的六法全书，然后开始建设社会主义法律制度体系及法律运行机制。这一重大举措，使得中华法治文明在清末发生巨大转变之后，再次发生转变。

一、清朝灭亡后中华法治文明的变化

前文已经对以中华法系为代表的中国古代法治文明进行了介绍。中国古代法律秩序由简单逐步变得复杂，形成了独特的"以刑为主""诸法合体""礼法不分"的中华法治文明。1840年，西方列强的肆意掠夺致使中华民族陷入半殖民地的悲惨境地。近代中国在与西方的抗衡中处于劣势是显而易见的，这种落后不仅仅表现在技术和器物层面，而且更明

显地体现在制度文明和思想观念上。在"落后就要挨打"的局面下,清政府在最后阶段选择学习外国的技术,但是历史证明很不成功,中日甲午战争的惨败使得中华民族面临空前严重的民族危机,也大大加深了中国社会半殖民地化的程度,清政府必须寻求新的变革。实际上,19世纪中期以后,中国面临西方文明的挑战,变法图强势在必行,西方势力的介入也为中国社会制度与观念的更新提供了契机。清朝的最后十多年间,清政府进行了内容丰富的改革,努力实施新政,经济方面的措施包括建立近现代化的教育体系、确立"工商立国"的方针,开放商埠,鼓励商人走出国门参加博览会等;法律方面,修改了刑律,增加了民法、诉讼法,按照现代法治观念建立各级审判机构,着手推行行政与司法的分离,创设警察;政治体制方面,实施"预备立宪",创设国家和地方的准议会机构,筹建责任内阁等。[①]这些变革涉及了制度文明与思想观念的深层改变。中国在危机中开启了由传统向近代的转型,在法律领域的重要体现就是清末的变法修律,由此导致的后果是,中国古代法律制度及法律文化传统在清末出现巨大转折、断裂,产生了法治文明的传统与现代之分。但是,由于皇权统治的根本性限制,清政府自身内部没有形成足够强大的改革力量,未能避免灭亡的命运。

1911年,辛亥革命爆发,在中国延续两千年的君主专制政治模式成为历史。自此,西方法治文明向中国社会深入传播并在实践中加以推行具备了更大的可能性。当然,实际的发展过程也颇为坎坷,本书前文已经介绍了民国时期法制建设的基本成就。就清末的法律改革来说,从1900年到1911年清政府灭亡,不过十来年时间,在中国两千多年的法治文明时光隧道中,仅仅是短暂的一瞬间,但就法治文明的转向来说,这十来年的变化却是空前的,中华传统帝国时代的法治文明发展最终发生了转向。概括来说,近代西方的法律,尤其是欧洲大陆的法律,大致上都有一个抽象的理论体系作为观念背景,然后讲求立法技术,制定严格的法律构成要件,并以实在法作为裁判及保障人权的标准,其价值在当时也普遍受到世人的重视,而这些是中国传统法律文化所相对欠缺的。在清末的十多年中,清政府主动进行了法制改革,学习西方法律制度和观念,抛弃传统的礼法模式。晚清的中国社会在西方法学观念和制度的影响下,法律的实质内容也逐渐由家族、伦理、义务本位走向个人、自由、权利本位,以注重精细、分科的部门法体系代替原来的"诸法合体",以新法中的"人格尊严"代替旧律中的"家族伦理",以新法中的"法治观念"取代传统律例的"礼教立法"[②]。

但是,自辛亥革命结束到新中国成立以前,由于外部帝国主义列强侵略不断和各个阶段的政府腐败无能,中西法治文明的冲突和融合在很大程度上还是停留于思想讨论层面,并没有真正落实到实践中。西方列强利用中国的内讧攫取中华民族的各种权益,大大延宕了中华民族近代化转型过程。尤其是1931年以后,日本对中国的侵略,以及持续十多年的抗日战争更是给中国造成惨痛损失。当时,在深重的国家和民族危机面前,一批批有识之

---

① 推荐阅读:李刚. 大清帝国最后十年:清末新政始末[M]. 北京:当代中国出版社,2008.
② 黄源盛. 中国法史导论[M]. 台北:犁斋社有限公司,2016:405-406.

士前仆后继地追逐西方法治文明,但由于整个国家都处于殖民地和半殖民地状况下,政府推动的法治实践根本无从入手。

有学者从中国法律现代化这一视角出发,认为从鸦片战争到20世纪中后期,中国的法律现代化经历了中华法系改良、全盘西化、全盘苏化等三条道路。[①]第一条道路是中华法系的改良。1842—1901年,这半个多世纪的时间,中国的官方上层并没有真正认识到中国古代的法律制度已与世界发展趋势完全脱节。虽然龚自珍、魏源、冯桂芬、郑应、康有为、梁启超等几代先进知识分子不断呼吁对中国政治法制进行全面改革,但是政治高层基本上无动于衷。直到中日甲午海战,中国败于日本之手,这才"朝野震惊","变法"呼声才被朝廷一部分高层人物听进去了。不过,当时清政府的掌权者只是同意在不改变中国根本政治体制、伦常、法律的前提下进行一些与西方列强接近的改良或补充。也就是说,这半个多世纪,中国走的是传统改良路线,希望通过中华法系的自身改良实现中国法律的近代化。第二条道路是全盘西化。从1905年左右开始的清末修律变法到1949年国民党政府垮台,这一时期的中国法律近代化过程,实际贯穿了全盘西化的原则。虽然官方文告屡屡声称要"保存国粹""弘扬中华文化",从来不敢公然主张全盘西化,但实际上总是亦步亦趋地模仿西方法制,对弘扬传统虚应故事。这种全盘西化的表现就是,到中华人民共和国成立之前,南京国民政府在法制建设方面确实做了很多努力,构建了近代中国基本的法律制度体系,也就是六法全书体系。第三条道路则被称为全盘苏化。自1921年7月建党至1949年9月中华人民共和国成立,在中国共产党的领导之下,新民主主义法制建设经历了一个从无到有的发展过程。这一阶段是中国共产党带领全国人民逐渐夺取政权的阶段,中国共产党的主要任务是推翻旧中国的旧法统,建设人人平等的新法制体系。在此进程中,苏联的立法经验对当时中国法制建设的影响时间最长,程度也最深。中国共产党学习苏联法制建设经验的这种努力也影响了中华人民共和国成立后的法制建设。从中华人民共和国成立到改革开放之前,中国的宪法、婚姻法、刑法、诉讼法、继承法及司法制度等多个方面,模仿苏联几乎是通例。

这三条法制现代化道路的总结,在很大程度上展现了近代历史上中国传统法治文明在发展过程中所面临的道路抉择。清政府移植西方法律制度、民国时期法制建设的继续西化及学习苏联的立法经验,都对中国传统法治文明产生巨大影响并使中国传统法治文明发生转向。20世纪70年代末,中国开始改革开放,在推动建设社会主义市场经济发展的同时,加快制定并完善各方面的法律制度,结合实践不断总结经验。20世纪90年代末,"依法治国,建设社会主义法治国家"被写进了中国宪法。时至今日,中国坚持全面推进依法治国,走向中国特色社会主义法治道路,目标是建设中国特色社会主义法治体系、建设社会主义法治国家。

---

① 范忠信. 中国法律现代化的三条道路[J]. 法学,2002(10).

二、中国共产党在革命根据地的法制建设经验

(一) 江西革命根据地时期的法制建设

进行武装割据,建立革命根据地,是中国共产党领导的人民民主革命的特点之一。在江西革命根据地时期,中国共产党领导的革命政权已经开始进行法制体系建设,并培养初步的法治理念,这一阶段的制度和理念成果为新中国成立后社会主义法制体系的创建奠定了基础。早在1921年7月,即在中国共产党成立之初,我们党就明确提出了反帝反封建的革命纲领。1927年中国共产党走向武装夺取政权的道路之后,伴随农村革命根据地的不断开辟,中国共产党持续注重在红色革命根据地加强法律制度体系建设,使得新民主主义法律体系的构建得到了初步发展。1928年12月,井冈山革命根据地颁布了党历史上第一部土地法规《井冈山土地法》,规定了没收土地、分配土地和山林,以及征收土地税的原则与办法,集中体现了党代表最广大人民利益的本质特征。1931年11月,中华苏维埃共和国在江西瑞金成立,会议宣告工农民主共和国成立,并颁布《中华苏维埃共和国宪法大纲》,这是第一部人民民主性质的根本大法,充分体现了人民性和民主性的法制特征,确立了各种国家机构和地方政权组织。这部宪法大纲在1934年1月又进行了修改。随后,苏维埃政权以《中华苏维埃共和国宪法大纲》为基本法相继制定了包括苏维埃政权组织法、土地法、劳动法、婚姻法、惩治反革命条例、司法组织条例等在内的多项法律法规,初步形成了中国工农民主革命的法律体系。此外,这一时期还制定了其他具体的法律制度,主要立法包括1931年11月制定的《中华苏维埃共和国土地法》、1931年的《中华苏维埃共和国劳动法》(1933年修订)、1932年4月的《中华苏维埃共和国婚姻法》、1934年的《中华苏维埃共和国中央苏维埃组织法》等。司法制度和程序方面的立法包括《中华苏维埃共和国裁判部暂行组织及裁判条例》《中华苏维埃共和国司法程序》等,建立了包括法庭、军事裁判所、劳动法庭等机构在内的司法机关。

这一时期也被称为中国共产党领导的土地革命时期,相关立法的核心问题涉及土地、婚姻、刑事制度、司法制度等。当然,由于法制建设经验的缺乏,在立法上还存在照抄苏联立法经验的痕迹,甚至还存在一些错误,但整体立法的基本精神和基本内容是符合广大人民群众的意志和利益的,特别是《中华苏维埃共和国宪法大纲》作为中国共产党领导人民制定的第一部新民主主义性质的宪法文件,具有重要的历史意义。

(二) 抗日革命根据地时期的法制建设

1935年12月,中国共产党在陕北瓦窑堡召开中央政治局会议,通过了《关于目前政治形势与党的任务的决议》,提出了建立抗日民族统一战线的方针。到了第二次国共合作时期,抗日革命根据地政府在承认国民政府的前提下,国共两党联合抗战。虽然这一时期中国大部分地区以国民政府的法制建设为主,中国共产党独立的法制建设与实践相对并不十分突出,但在各抗日革命根据地,中国共产党领导的法律制度建设和法治实践经验也取得

了很多成就。1937年8月，中共中央发表《抗日救国十大纲领》，系统、全面地表达了中国共产党在抗日战争时期的基本政治主张，成为早期各抗日根据地制定施政纲领的基本指导方针。在这一时期，各抗日根据地结合自身实际情况，相继制定和颁布了各自的施政纲领，如《陕甘宁边区施政纲领》《晋察冀边区目前施政纲领》《山东省暂时施政纲领》等。其中具有代表性的纲领文件是1941年陕甘宁边区第二届参议会通过，并于1942年1月公布施行的《陕甘宁边区施政纲领》，体现了新民主主义政权与法律制度体系建设的基本原则，受到了抗日人民群众和其他爱国人士的拥护。

此外，抗日革命根据地时期，各根据地在人权保障、司法审判制度方面也取得了不少成就。在人权保障方面，抗日根据地制定了不少人权保障方面的文件，如《冀鲁豫边区保障人民权利暂行条例》《陕甘宁边区保障人权财权条例》等，为后来中华人民共和国人权保障立法积累了经验。此外，抗日根据地也注重司法制度建设，代表性文件包括1943年的《陕甘宁边区军民诉讼暂行条例》、1944年的《晋察冀边区关于改进司法制度的决定》等。各根据地所施行的主要诉讼制度包括调解、人民陪审、公开审判、巡回审判、回避、辩护、上诉、复核等。中华人民共和国成立后，这些制度直接为中华人民共和国的司法体制所接纳。[1]抗日根据地在审判活动中也注重实现法制平等和司法公正，比如在黄克功案中，明确提出了法律面前不分高低贵贱、不论功劳大小有无，一律平等的原则[2]。在司法原则上，根据地的司法机关坚持群众路线，创制了许多好的司法原则和做法，比如倡导镇压与宽大相结合，反对威吓报复；坚持法律面前人人平等，反对任何人有法外特权；注重调查研究，强调实事求是。在具体审判方式上，马锡五审判方式具有独特的代表性。马锡五审判方式是抗日战争时期在陕甘宁边区实行的一套便利人民群众的审判制度，由陕甘宁边区陇东分区专员兼边区高等法院分庭庭长马锡五首创。该审判方式注重深入群众进行调查研究，审判程序简单、方便，审判与调解相结合，采用座谈式而非坐堂式审判。这种审判方式既坚持原则，又方便群众，维护了群众的根本利益，在人民司法审判史上产生了重要的影响，既体现了群众路线，也发扬了情、理、法兼顾的中国传统司法观念。1945年4月24日，在抗日战争胜利前夕，毛泽东在中国共产党第七次全国代表大会的报告(即《论联合政府》)中提出了构建联合政府的主张，并且需要制定一个共同纲领。毛泽东的报告表达了中国共产党对时局的看法，提出了团结建国的愿望和蓝图。

中国共产党领导的抗日革命根据地的法制建设具有一些共同的特征：首先，都以坚持全面抗战、保卫中国、驱逐日本侵略者为根本目标。这是当时中华民族的首要任务。其次，都注重团结各种力量，努力巩固和扩大抗日民族统一战线。再次，强调民主路线，如实行平等、无记名投票的选举制度，强调男女平等、民族平等。尽管抗日战争时期各根据地施政纲领发布的时间不同，内容形式也有所差异，但都坚持维护抗日民族统一战线、争取抗战胜利这一根本目标，成为凝聚根据地各方力量的战斗纲领。总体而言，中国共产党在抗

---

[1] 韩延龙. 中华人民共和国法制通史(1949—1995)(上)[M]. 北京：中共中央党校出版社，1998：13-16.
[2] 刘全娥. 黄克功案的法律意义[J]. 法律史评论，2014(7)：241-252.

日革命根据地时期的法律体系构建及司法实践经验对后来中华人民共和国的立法及司法审判工作具有重要借鉴意义。

(三) 解放战争时期的法制建设

抗日战争结束后，对外反抗侵略的矛盾让位于内部矛盾，当时存在国内战争一触即发的危险。中国共产党从大局出发，呼吁召开政治协商会议，共商国是，以避免内战，争取通过和平方式实现团结合作，医治战争创伤，建设民主国家。1945年8月28日，以毛泽东为首的中共代表团到达重庆，与国民党进行谈判。重庆谈判前后历时43天。1945年10月10日，双方签订了《国共双方代表会谈纪要》，即"双十协定"，决定召开政治协商会议。1946年1月，政治协商会议(即"旧政协")召开，但形成的相关文件并未发挥实质作用。1946年6月，解放战争开始。国民政府的腐败无能引起人民极端不满，中国共产党领导的解放战争在1949年取得根本性胜利，同年10月1日，中华人民共和国成立。

解放战争时期，随着革命胜利的不断取得，中国共产党领导革命根据地的立法机关继续加强相关法律制度建设。1946年4月，陕甘宁边区第三届参议会制定了《陕甘宁边区宪法原则》，确定了人民代表合议制度为人民民主政权的基本政治制度，强调施行普遍、平等、直接的选举制度；各级政府由代表会议选举产生，对代表会议负责；施行民族区域自治制度。解放战争后期，1948年8月，华北临时人民代表大会通过了《华北人民政府施政方针》，确定了各项民主政治制度与经济制度，规定了人民的民主权利。1949年2月，中共中央发布了《关于废除国民党的六法全书与确定解放区司法原则的指示》，废除了国民党的基本法律制度体系，也阐明了未来新中国法制建设的基本观念。

中国新民主主义革命不是像西方有些国家那样，依靠城市暴动推翻旧政权建立新政权，也不是像辛亥革命那样，在武昌进行武装起义，推翻清政府，更不是通过政变或者选举等其他方式取得政权。新中国是在中国共产党领导下，发动并组织群众，经过长达22年的武装割据，建立革命根据地和革命政权，从小到大，由农村包围城市，最后夺取全国性的胜利。长期革命根据地政权建设的要求是革命斗争性，相对而言，由于没有全面稳定下来，法制建设的经验比较少。但是，新中国成立前百年来各种政治势力在宪法及其他法律改革问题上的斗争非常复杂，留给后人的经验和启示无疑也极为深刻。虽然从形式上看，中国共产党领导的革命根据地的法律制度体系文件并不完备，但是，它们是人民自己的法律制度文件，是我国社会主义法制建设的最初尝试和雏形。

第二节 中华人民共和国成立后至改革开放前的法治建设

中华人民共和国成立后，在新的社会主义制度下，如何运用法律来治理国家，新中国的领导者走过了一段不寻常的路。以毛泽东为核心的中国第一代中央领导集体，在新中国成立之后，积极建立人民民主专政的国家政权，开创了新中国法律制度体系建设事业的新路，并且推动了国家司法机关的建立，为社会主义法治的发展奠定了初步基础。但是中国的第一代中央领导集体并没有能够沿着这个开端顺利进行法治建设，法治建设遭到了严重的阻碍。以邓小平为核心的第二代中央领导集体在原来的基础上进一步地发展社会主义法制，到党的第三代中央领导集体，依法治国被正式列为治国纲领，写进宪法。21世纪以后，我国的法治建设更进一步发展。本节主要介绍改革开放之前新中国法治建设情况。

一、法治建设的起步阶段

1949—1956年是我国社会主义法治起步阶段，这个阶段我国制定了不少法律制度，国家法制建设起步，法律实施体系也得以初步构建。

中华人民共和国成立前夕，为扫除妨碍人民民主法制建设的制度障碍，中国共产党就提出了废除国民党政权的法制体系，并确立建立人民民主法制的方针与原则。1948年4月30日，中共中央发布纪念"五一"劳动节口号，号召全国各界迅速召开政治协商会议，讨论并实现召集人民代表大会，成立民主联合政府。中共的号召得到各民主党派、各人民团体、无党派民主人士和海外华侨的热烈响应。1949年9月21日，中国人民政治协商会议(即"新政协"，"新政协"并非国民政府"旧政协"的延续，而是人民民主的统一战线)第一届全体会议开幕，会议通过了我国的临时宪法——《中国人民政治协商会议共同纲领》(以下简称《共同纲领》)，还讨论通过了《中国人民政治协商会议组织法》和《中华人民共和国中央人民政府组织法》，以及首都、纪年、国歌、国旗四个议案，组建中华人民共和国中央人民政府。《共同纲领》明确规定中华人民共和国的国家性质是人民民主专政的共和国，人民享有广泛的民主权利和自由，国家机关的名称前面都加上"人民"字样，与以前的时代相比，这是一项伟大的创举。

第一届全国人大召开之前，前述三个文件构成了新中国成立初期的根本法。新中国成立后，中央人民政府依据《共同纲领》建立了中央各国家机关和地方各级人民政府，并在全国范围内推动法制建设。[①]1954年9月，第一届全国人民代表大会召开，通过了《中华人民共和国宪法》(即1954年宪法，或称"五四宪法")，这部宪法是在1949年颁布的起临时宪法作用的《中国人民政治协商会议共同纲领》的基础上修改、制定的，是中华人民共和国的第一部宪法，也是中国几千年历史长河中的第一部社会主义类型的人民宪法。1954年宪法共4章106条，贯穿民主原则和社会主义原则，确认中国是工人阶级领导的、以工农联盟为基础的人民民主国家，国家的"一切权力属于人民"，人民行使权力的机关是全国和地方各级人民代表大会；全国和地方各级人民代表大会及其他国家机关一律实行民主集中制；规定实行人民民主、实现各民族一律平等。1954年宪法被认为内容丰富、重视公

---

① 中华人民共和国成立初期的中央人民政府是一个"大政府"，也是一个过渡性的临时政府，集立法、行政、审判和检察于一体。

民权利保障。1954年宪法的制定，在中国这块广阔的土地上，建立并逐步发展了崭新的社会主义经济制度和民主政治制度，在我国宪法史及整个法制史上都占有重要地位。中华人民共和国后来的宪法虽然和1954年宪法有差别，但是国家的根本制度是从1954年宪法那里延续下来的。在国际层面上，20世纪50年代以后世界上的某些新兴国家，其宪法很明显地受到了我国1954年宪法的影响，甚至在个别细微的具体环节上都有所表现。[①]

1956年9月，中国共产党召开第八次全国代表大会，决定开始系统地制定比较完备的法律，此后，我国又有一批重要的法律和法令先后出台。据统计，1949年9月—1954年8月，中国人民政治协商会议、中央人民政府委员会、政务院和政务院各部委共颁布了重要法规文件506件；1954年9月—1957年底，全国人民代表大会及其常务委员会、国务院和国务院各部委共颁布法规434件。这一时期的主要立法，除了宪法，还包括1949年的《中央人民政府组织法》，1950年的《婚姻法》《土地改革法》，1951年的《中华人民共和国人民法院暂行组织条例》，以及1954年后制定的《中华人民共和国全国人民代表大会组织法》《中华人民共和国国务院组织法》《中华人民共和国地方各级人民代表大会和地方各级人民委员会组织法》《中华人民共和国人民法院组织法》和《中华人民共和国人民检察院组织法》等法律。这些法律涉及国家的政治、经济、文化、生活的各个领域，确立了国家的国体、政体等基本政治制度，确立了宪法和法律至上的原则，确认和保障公民的民主权利和各种自由权利，初步奠定了社会主义法制的基本格局，对我国当时的革命和建设所取得的举世瞩目的成就，曾经起过重要的保障作用。

在司法体制方面，随着1949年《最高人民法院试行组织条例》和1951年《人民法院暂行组织条例》的颁布，中国各地开始从上至下组建法院体系。1954年第一届全国人大之后，第一部《人民法院组织法》也颁布，法院的组织体制正式确定下来，公开审判、辩护与回避制度、上诉制度等原来在革命根据地时期积累的司法经验也都被继承下来。与法院相对应，1949年《中央人民政府最高人民检察署试行组织条例》颁布，对新中国检察机关的职权范围、领导体制、最高检察署的设置等做了具体规定。1954年《人民检察院组织法》颁布，检察院成为固定名称，检察机关的公诉职能、侦查监督与审判监督职能等得以明确规定。

这一时期以毛泽东为核心的第一代中央领导集体对加强社会主义民主法制建设做了有益的探索。面对中华人民共和国成立初期的困难，中央领导集体把党和国家的工作重心转移到经济建设上来，并据此加强民主法制建设，服务于推动经济社会发展，可以说这是正确的选择，使中国的社会主义法律制度建设有了一个良好的开端。

二、社会主义法制建设受到冲击阶段

由于新中国脱胎于长达两千多年的专制社会，民主意识和民主传统淡薄，加上经济与政治体制上权力高度集中的弊端，当时的中央领导集体还没有充分认识民主与法制建设的重要意义。1957年之后，社会主义法律制度建设步伐放慢，在极"左"思潮影响下，造成

---

① 许崇德. 中华人民共和国宪法史[M]. 福州：福建人民出版社，2003：277.

权大于法、办事依人不依法、依言不依法的局面，宪法的尊严及作用都受到影响。我国民主法制建设的进程进入停滞、削弱和走下坡路的阶段。立法方面，立法工作严重受阻，立法规划没有实施，与社会生活紧密相关的基本法律，如民法、刑法、诉讼法都没有制定出来。法律实施方面，初步正规化的司法体制不断削弱，司法组织机构被一系列不正常的合并、精简所取代。到"文化大革命"时期，社会主义法律制度及实践都受到严重冲击，国家的法制建设停止，公安、检察、法院系统瘫痪，宪法和法律被废弃，公民的民主权利、人身自由乃至生存权利都受到严重践踏。最终，给我国社会主义事业和人民的生命财产带来了深重灾难。

"文化大革命"结束后，饱尝社会主义民主法制建设遭到破坏之苦的人民群众强烈呼唤加强社会主义民主法制建设，广大干部和人民群众从中得到的惨痛教训是，没有健全的社会主义法制，人民所拥有的宪法所规定的民主权利就得不到可靠的保障。法制建设跟不上，不利于人民积极性和创造性的发挥，也不利于社会主义建设事业的发展。中华人民共和国成立后至改革开放前法制建设的经验和教训对我们国家的法制发展有重要影响。只有认真实行民主集中制、发扬民主、依法办事，社会主义建设事业才能兴旺发达，社会主义法治才能施行，这是一条基本的历史经验。

第三节 改革开放后中国的法治建设

1978年，中国共产党召开十一届三中全会，正式确立了改革开放的基本国策。这次会议认真地纠正了以前一些错误，实现了中华人民共和国成立以来中国共产党历史上具有深远意义的伟大转折。四十多年来，中国的经济、社会发生了重大变化，这与中国改革开放后重视法治建设密切相关。伴随着中国推行改革开放政策，社会市场经济体制逐步建立起来，社会主义法治体系也在不断进步中稳步发展。本节承接上一节的内容，从宏观视角对新中国法治建设历程进行总结。

一、改革开放与加强法治建设的关联性

其一，要进行改革开放，就必须配套建立完整的法律制度体系，实现社会有序运转。1976年，"文化大革命"结束，国家从动乱局面中走出来，原本已经基本瘫痪的社会主义法制建设又有了希望。1978年底，中国共产党十一届三中全会召开，确立改革开放的基本国策，法制建设局面彻底改变。从当时的国际背景来看，新中国成立至"文化大革命"结束这近三十年的时间中，西方国家弥补了第二次世界大战带来的创伤，经济恢复、政治稳定、社会发展，以信息技术为龙头的新科技革命风起云涌，中国被远远地抛在了发达国家乃至一些新兴国家的后面。要改变这种处境，唯有改革开放，发展商品经济，建设社会主义市场经济。而要发展市场经济，要与世界接轨，必须构建完善的法律制度平台，如此才能保障社会秩序的稳定，保证商品交易的顺利进行，保证与其他国家或其他经济主体的依

法贸易。因此，法制建设成为经济发展的必需保障。在1978年解放思想的滚滚大潮中，发展法制成为党和国家领导层及社会其他各界人士的广泛共识。此后，在党和国家的重大文件及领导人的重要讲话中频繁出现"法治"命题及其相关内涵的表述，如《1980年国务院政府工作报告》中提出了"以法治国"，1985年11月中共中央和国务院转发的《关于向全体公民普及法律常识的五年规划》文件中提出了"依法治国"。

其二，改革开放需要强化政府行为的规范性，必须构建严密的行政法律体系来规范并约束政府行为。政府行政权力具有扩张性，没有法律加以约束容易出现权力滥用。社会既需要政府提供各种服务，也要限制政府权力的滥用，加强法治建设是限制政府权力的根本路径。改革开放后，中国在政府法治方面的建设不断取得成就。20世纪80年代以后，社会观念上开始强调转变政府职能，努力建立有限政府，尤其是顺应市场经济发展的需要，政府不再想当然地被假想为一个全能的"大管家"，其职能逐渐被理解为集中于经济调节、市场监管、社会管理和公共服务等主要方面。在行动上，通过相关行政法规的实施，规范了政府行为，逐步推进依法行政。

其三，法治是市场经济得以顺利、快速发展的保障。法治总是与商品经济、市场经济相关，而与自给自足的自然经济和以国家垄断为内容的产品经济、计划经济无缘。自然经济条件下，每个经济组织(主要是家庭)既是生产者又是消费者，社会不同主体之间不是以劳动分工和专业化作为关系基础。在这种社会中，人们对各种社会关系的调整，主要依靠血缘伦理、宗法规范、传统习惯、道德律令等，因此自然经济不太需要非常复杂的法律制度。在产品经济或计划经济模式下，政治和经济融为一体，经济成为政治的附庸，生产者没有独立的经营权，消费者没有消费自由，法律在经济、社会中的作用微弱。在市场经济条件下，市场运转所需要的契约关系和契约观念是法治出现的决定性因素。市场经济要求主体的活动能够自由，身份能够平等，这都需要法律对各种权利加以保障。建立和维护市场秩序的主导模式，不可能是道德规范或者宗教规范，只能是普遍适用于全体社会成员的明确的法律规范。所以，法治是市场经济的价值取向和必然要求。回顾历史，近代资本主义商品经济和市场经济的发展使社会对法律规则的需要急增，从而推动了资本主义民法、商法的形成和发展，实现了经济领域的法治。资本主义商品经济和市场经济的发展还导致了经济和政治的分离，这需要有效的机制确保经济主体的利益，于是，在社会的政治领域也实现了法治。

其四，改革开放后的中国不断走向民主政治，也需要强化法治建设。从世界各国来看，民主政体是法治国家的根本政治基础，其核心要求是权力的合理分工和有效制约。法治支撑的民主政治是一种程序性政治，各政治主体必须按照法律既定的规则和程序来参与政治，这样才能创造一种公平竞争、和平共处和稳定合作的局面。而且，法治的标志在于法律是否由人民制定，是否切实体现和维护人民的利益和意志，法治社会必须能够通过法律保障公民的政治权利，实现民主政治的有序、稳定运行。总之，民主政治的这些要求决定了必须通过法治来支撑，维护民主政治必然要求法治建设。

二、改革开放后法治建设的阶段化推进

(一) 20世纪70年代末至90年代初

1978年12月,中国共产党十一届三中全会重新确立了实事求是的思想路线,确认了民主法制的重要地位和作用,提出了发展社会主义民主,健全社会主义法制,使民主制度化、法律化的任务,并提出"有法可依,有法必依,执法必严,违法必究"的法制建设方针。邓小平在十一届三中全会前召开的中央工作会议上的讲话中明确提出:"为了保障人民民主,必须加强法制。必须使民主制度化、法律化,使这种制度和法律不因领导人的改变而改变,不因领导人的看法和注意力的改变而改变。"[①]十一届三中全会以后,中国共产党根据我国改革开放和社会主义现代化建设的需要,进一步提出要加强社会主义法制建设。1981年5月,中国共产党第十一届中央委员会第六次全体会议一致通过《关于建国以来的若干历史问题的决议》,这是一个重要的历史文献,标志着中国共产党总结新中国成立后正反两个方面的经验和教训,确立了正确的社会主义现代化建设道路。1982年,全国人民代表大会制定了新的宪法(即1982年宪法),标志着我国社会主义法制建设进入了一个新的阶段,立法、执法、普法和法律监督等各方面工作全面展开,一个以宪法为基础的社会主义法律体系框架初步形成,对推动现代化建设、深化改革开放和发展多种所有制经济提供了良好的社会法律环境。在民主法制逐步走向完备的过程中,各级司法机关得到加强和发展,法律职业群体人员迅速壮大。随着改革开放的推进,法律的作用从政治领域进一步扩展到经济体制改革方面,我国政府强调建立比较完备的经济法规体系,运用经济手段和法律手段控制和调节经济运行,逐步做到各项经济活动都有法可依。

这一时期,以邓小平为核心的第二代中央领导集体拨乱反正,把过去"以阶级斗争为纲"的错误指导思想扭转到"以经济建设为中心"的正确轨道上来,在发展和完善我国社会主义民主法制建设理论,确立民主法制建设的重要战略地位和发扬社会主义民主的基本原则,明确社会主义民主法制建设的基本方针和实现途径等方面,都做出了开拓性的重大贡献,推动了新时期社会主义法治的发展。这一时期,中国在经济上的改革开放处于一种试探性阶段,相应的法治建设也处于摸索阶段,这一阶段其实是国家建设路径从革命模式转向法制建设的阶段,也是社会主义法治建设的初步探索阶段,法治观念还没有普及。

这一时期的法律制度建设主要包括1982年《中华人民共和国宪法》的颁布,以及《中华人民共和国刑法》《中华人民共和国刑事诉讼法》《中华人民共和国人民法院组织法》《中华人民共和国人民检察院组织法》《中华人民共和国民法通则》《中华人民共和国环境保护法》《中华人民共和国行政诉讼法》等的颁布,中国的法律制度建设进入快速发展时期。其中,1982年宪法抛弃了此前的"革命观念",回归1954年宪法的"建设精神",确立四项基本原则和以经济建设为重心的基本方略,为此后很长时期,乃至一直延续至今的中国经

---

① 邓小平文选(第二卷)[M]. 北京:人民出版社,1993:278.

济、社会发展指明了正确方向，也奠定了中国四十多年法治建设的基本路线。

【拓展阅读 6-1】

中华人民共和国历史上的四部宪法

中华人民共和国成立后，全国人民代表大会一共制定过四部宪法，分别是 1954 年宪法、1975 年宪法、1978 年宪法和 1982 年宪法。1975 年宪法由第四届全国人民代表大会第一次会议通过，其中大量删减了宪法必须明确规定的内容，起不到国家生活准则的国家根本大法的作用。1978 年宪法由第五届全国人民代表大会第一次会议通过，对 1975 年宪法文本做了修改。受当时历史条件的限制，其中存在一些不正确的政治理论观念和不适应客观实际情况的条文规定。这两部宪法由于内容粗疏，缺乏正确的法治观念，并没有真正发挥作用。目前中国实施的 1982 年宪法(也称"八二宪法")由第五届全国人民代表大会第五次会议通过。1982 年宪法继承和发展了 1954 年宪法的基本原则，总结了中国社会主义发展的经验，并吸收了国际经验，是一部有中国特色、适应中国社会主义现代化建设需要的根本大法。这部宪法分别在 1988 年、1993 年、1999 年、2004 年和 2018 年进行了 5 次修正。2014 年 11 月 1 日，十二届全国人大常委会第 11 次会议做出《关于设定国家宪法日的决定》，以法律的形式将每年的 12 月 4 日设定为"国家宪法日"，这项决定对国家和全社会充分利用国家宪法日积极、主动和有效地进行宪法宣传活动具有非常重要的价值。

（二）20 世纪 90 年代初至 21 世纪初

1992 年初，邓小平发表了著名的南方谈话，解决了改革开放之后围绕计划与市场的争议，为中国确立了市场经济体制的改革目标。邓小平同志指出："计划多一点还是市场多一点，不是社会主义与资本主义的本质区别。计划经济不等于社会主义，资本主义也有计划；市场经济不等于资本主义，社会主义也有市场。计划和市场都是经济手段。"[①] 1992 年底，党的十四大通过关于实行社会主义市场经济体制的决议后，学术界热议市场经济与法制、法治的关系，最后形成"市场经济就是法治经济"的统一结论。于是，法治、依法治国的思想观念获得确认并推动中国经济社会的发展。20 世纪 90 年代初，国家发展路线的重大调整使中国市场经济立法步伐开始明显加快，相关的市场经济法律法规顺利出台，初步建立起与市场经济相适应的法律体系，社会主义法治建设进入正常发展的轨道。与国家发展战略相对应，1993 年的宪法修订中，"市场经济"一词写入宪法，计划经济淡出。为了市场经济发展的需要，国家要"加强经济立法，完善宏观调控"。1997 年，党的十五大报告中提出了"依法治国，建设社会主义法治国家"的口号。1999 年的宪法修订中，将"依法治国"理念写入宪法，市场经济是法治经济的看法已深入人心。"依法治国，建设社会主义法治国家"作为治国方略载入宪法，既是对既有"法制原则"的提升，又恰逢其时地为确

---

① 邓小平文选(第三卷)[M]. 北京：人民出版社，1995：372.

立"后革命时期"的法治国家正统性引入世界潮流。①法律也不再被简单地看作国家统治的工具,而被看作规范国家权力、发展经济、实现良好治理,最终推动社会良性发展的综合体系。

这一阶段,中国法治建设的基本任务是不断建立和完善市场经济法律体系,既为市场经济的培育和发展提供了法律条件,也为公私财产权的保护和公平的市场竞争秩序的建立提供了较为有效和全面的制度保障,推动了市场经济的发展。这十多年,中国在市场经济立法方面快速发展,出台了几十部涉及经济发展的法律,主要成就包括《中华人民共和国公司法》《中华人民共和国商业银行法》《中华人民共和国证券法》《中华人民共和国反不正当竞争法》《中华人民共和国消费者权益保护法》《中华人民共和国产品质量法》《中华人民共和国广告法》等。这一阶段法律制度建设的基本特点是,从中央到地方的立法,都以适应改革开放、经济发展和法治建设的需要为目标,法律体系建设与保证和促进经济建设及国家经济体制改革的顺利进行联系起来。所以,这一阶段所制定的法律法规中,前期重点放在有关经济、行政管理等方面,到后期,有关社会、法治、民生保障的法律增多,如2000年《中华人民共和国立法法》的制定就为我国法制体系建设提供了制度保障。2001年,中国加入世界贸易组织,对经济体制、政府职能和法治建设提出了新的要求,引起法治进程的深刻变化。在这之后,中国在经济治理领域更深入地向法治经济转变,经济立法开始直面经济领域的深层次矛盾、社会利益分配的冲突问题。而为了满足加入世界贸易组织的需要,满足世界贸易组织机制需要的法律法规也被制定出来,或者对原有的法律、法规进行了修订,比如《中华人民共和国信托法》被制定出来,《中华人民共和国商业银行法》等被修订。通过一系列卓有成效的市场经济法制建设活动,中国的法治建设成功地实现了从计划经济向市场经济的平稳过渡,推动了中国经济的持续、快速、健康发展。

(三) 21世纪初至2011年

在市场经济充分发展和依法治国方略的大背景下,我国又于2004年对宪法进行了大幅度的修订,此次修订中最有影响力的经济制度上的变动是私有财产的所有权得到清晰确认,并且人权也被写入了中国宪法。2004年修订后的宪法规定:"公民的合法的私有财产不受侵犯"和"国家依照法律规定保护公民的私有财产权和继承权,国家为了公共利益的需要,可以依照法律规定对公民的私有财产实行征收或者征用并给予补偿。"这次修宪增加了直接保护公民权利的条款,并且在宪法上正式承认了人权概念的正当性和合法性,为人权主体的普遍性和人权范围的广泛性奠定了基础,确立了国家尊重和保障人权的法律责任。这是既我国加入国际人权公约之后在人权保障方面最重要的举措,因此具有重要的法治意义。在现代社会中,公民财产权是进行市场交换活动的基础,宪法对私有财产权的保护是市场进一步完善的需要,也是进行物权保障、税收改革、分配模式修正的基础,对于约束

---

① 中国法治30年课题组. 中国法治30年:回顾与展望[M]. 厦门:厦门大学出版社,2009:32-33.

政府权力具有重要意义。

此阶段的主要特点是，法治建设在已有成就的基础上更全面、更细致、更深入地推进，虽然没有突出的、标志性的事件，但每一次法律变革都进一步体现了社会发展的需要和法治的进步。2004年以后，由于国家法律体系逐步形成，立法机关制定的基本法律相对比较少，除了制定了一些比较重要的法律，主要是对已有法律进行修改。2004年之后比较重要的新法律包括：2005年的《中华人民共和国妇女权益保障法》《中华人民共和国公务员法》；2006年的《中华人民共和国治安管理处罚法》《中华人民共和国企业破产法》；2007年的《中华人民共和国物权法》《中华人民共和国反垄断法》《中华人民共和国劳动合同法》《中华人民共和国反洗钱法》；2009年的《中华人民共和国侵权责任法》《中华人民共和国食品安全法》，等等。此外，2004年以后，国家立法机关还对许多法律进行修订，这一阶段法律制度体系建设主要是一种修补性的进步，使已有的部门法体系更加完善。2011年3月，全国人大常务委员会宣布有中国特色的社会主义法律体系建设工作基本完成，我国基本形成了门类齐全的法律体系。

(四) 2012年至今

2012年11月，中国共产党第十八次全国代表大会召开，制定了坚持走中国特色社会主义政治发展道路和推进政治体制改革前进方向，其中，重要内容之一是全面推进依法治国。2014年10月，中国共产党第十八届中央委员会第四次全体会议召开，这次会议审议通过了《中共中央关于全面推进依法治国若干重大问题的决定》，确定了中国全面推进依法治国的总目标是建设中国特色社会主义法治体系，建设社会主义法治国家，具体任务主要包括：完善以宪法为核心的中国特色社会主义法律体系，加强宪法实施；深入推进依法行政，加快建设法治政府；保证公正司法，提高司法公信力；增强全民法治观念，推进法治社会建设；加强法治工作队伍建设；加强和改进党对全面推进依法治国的领导。这一阶段不仅提出了基本目标，相关的配套机制也在跟进，包括法治政府的建设、司法改革的推进等。2022年，中国共产党第二十次全国代表大会提出，"坚持全面依法治国，推进法治中国建设"。全面推进依法治国目标的提出表明我国在法治建设方面已经走向了具体化的法治中国建设道路，努力建设中国特色社会主义法治体系。法治中国建设是一个全方位的工程，包括法治国家、法治政府、法治社会三个层面；而从法律运行的角度，又具体化为立法、执法、司法和守法四个步骤。社会主义法治体系不同于社会主义法律体系，它意味着法律不仅要制定出来，还要遵守和落实。"法治体系的形成是一个国家法治现代化的主要标志，建设中国特色社会主义法治体系，就是要大力推进中国法治现代化。"①

社会主义法治体系建设的前提是需要有比较完善的社会主义法律体系，完备、良好的法律制度体系是法治中国的基本前提。中国特色社会主义法律体系已经于2011年建成，但法律体系的建设是一个动态的发展过程，总会有滞后性和疏漏，因此还必须不断完善。近

---

① 张文显. 建设中国特色社会主义法治体系[J]. 法学研究, 2014(6).

年来，我国在社会主义法律体系已经建设完成的基础上，对社会主义法律制度体系不断进行修订、补充。2020 年，《中华人民共和国民法典》颁布，这是我国在民事立法领域的重大成就。近几年国家大面积的法律修订表明，一方面，社会主义法治建设必须具有完备的社会主义法律体系作为基础；另一方面，我国社会主义法律体系虽然已经建成，但仍有很多不完备之处，需要及时加以修订，适应社会形势的发展需要。在这个阶段，随着法治建设的全面推进，法治政府问题也越来越受重视。法治政府建设是全面依法治国的重点任务和主体工程，是推进国家治理体系和治理能力现代化的重要支撑。

第四节 当代中国法治建设的主要成就

改革开放之后，中国加快社会主义现代化建设，并在生产迅速发展的条件下不断改善人民生活。这个过程中，中国的法治建设也进入"快车道"，各种法律制度不断被制定出来，法律体系不断完善，司法体制改革持续进行，法学教育、法律职业发展等工作也都有序推进，法治建设取得巨大成就。

一、建成中国特色社会主义法治体系

改革开放初期，中国的法律制度体系及运作机制都还比较薄弱。现在，不仅制定了非常完善细密的法律制度体系，也形成了动态、科学的法治运行体系。社会主义法治体系建成，并且逐步完善。2017 年，中国共产党第十九次全国代表大会的报告中提出："中国特色社会主义进入新时代，我国社会主要矛盾已经转化为人民日益增长的美好生活需要和不平衡不充分的发展之间的矛盾。"解决这种矛盾需要贯彻新发展理念，构建新发展格局，推动高质量发展，从而不断满足人民对民主、法治、公平、正义、安全、环境等方面日益增长的要求，提高人民生活品质。提高发展的水平对法治建设提出了新的更高要求，即要建立完善、合理、高效的社会主义法治体系。2022 年 10 月，中国共产党第二十次全国代表大会的报告中同样强调："我们要坚持走中国特色社会主义法治道路，建设中国特色社会主义法治体系、建设社会主义法治国家，围绕保障和促进社会公平正义，坚持依法治国、依法执政、依法行政共同推进，坚持法治国家、法治政府、法治社会一体建设，全面推进科学立法、严格执法、公正司法、全民守法，全面推进国家各方面工作法治化。"中国特色社会主义法治体系包括立法、执法、司法、法律监督等多方面内容，本书将在下一章对此进行专门介绍。

二、司法体制建设逐步完善并走向现代化

20 世纪 70 年代末，中国的司法机构开始恢复、完善。1988 年以后，司法的改革工作初步启动。在改革开放的前十余年中，我国司法工作的一个重要内容是拨乱反正。在这十

多年里，中国司法制度首先迅速恢复并初步发展，有关司法活动领域的立法也逐步进行。1979年的《中华人民共和国刑事诉讼法》《中华人民共和国人民法院组织法》和《中华人民共和国人民检察院组织法》的颁布，使得司法活动基本实现有法可依，标志着我国司法建设向前跨出稳健的一步。1982年，《中华人民共和国民事诉讼法(试行)》为民事活动提供了基本法律依据。此外，司法行政机关、公安部门的权限划分、法院审判体系等制度的构建，使得司法工作结束了虚无、混乱状况，走入正轨。1990年生效的《中华人民共和国行政诉讼法》和1991年《中华人民共和国民事诉讼法》正式颁布，使得我国诉讼活动基本程序的构建完成。此后，在基本程序法律的规范下，实事求是的司法工作理念逐步确立，司法实践坚持对事实的调查和认定，不轻信口供，重事实证据，反对逼供信。

1992年，建设社会主义市场经济体制的改革目标确立以后，中国转向全面建立市场经济体制，到20世纪90年代末，市场已经成为资源配置的基本手段，经济运行中市场的主导地位基本形成。"转变中的社会对国家治理方式和治理结构提出了新的要求。对作为连接'纸上的法'与'行动中的法'之桥梁、作为将规则落实到实际行动之中介的司法，也提出了严峻挑战。"[①]司法改革的呼声开始出现。1995年的《中华人民共和国法官法》《中华人民共和国检察官法》对于推进我国司法机构建设功不可没。2002年开始实行的统一司法考试对于提高司法机关审判、检察人员的业务素质起到决定性作用；2018年统一法律职业资格考试推行，法律职业共同体的准入门槛进一步统一并强化要求。

在司法体制建设成就方面，我国已经形成了体系完整的法院系统，包括最高人民法院和地方各级法院(高级人民法院、中级人民法院和基层人民法院)，以及军事法院等专门人民法院。随着诉讼法律制度的完善，法院的职能和地位也被不断强化，推动了公正、独立审判原则的执行。此外，司法实践中引入多元纠纷解决机制(ADR)、在线开庭机制等，降低成本、缩短期限、强化司法责任的考核。与之相应，检察机关也在改革中不断加强监督职能，对提高司法权威、保障人权起到重要作用。

三、人权保障事业蓬勃发展

人权与法治建设具有紧密的联系，改革开放以后，法治建设的起步也推动我国人权事业的逐步发展。我国的1954年宪法对公民的基本权利规定得非常丰富，只是1954年宪法没有得到很好实施，人权也曾一度被认为是西方资产阶级思想的体现。1982年宪法吸取了此前的教训，非常重视对公民基本权利的保障。1982年宪法在第二章专门规定了公民的基本权利和义务，为此后关于公民基本权利的立法活动奠定了框架基础。随着我国法律体系的逐步完善，公民的基本人权保障也受到越来越多的重视，已经制定的刑事、民事、行政、经济管理类法律法规大多数都为保障公民权利服务。1991年11月1日，中国政府发布了第一份人权问题白皮书，系统阐述了中国在人权问题上的基本立场和观点，总结了中国政府和人民为促进人权发展所做的巨大努力和所取得的历史性成就。此外，我国还制定了许

---

① 吴志攀，刘俊. 中国法制建设研究[M]. 北京：中国人民大学出版社，2009：68.

多专门针对特定人群权利保障问题的法律，主要有《中华人民共和国残疾人保障法》《中华人民共和国妇女权益保障法》《中华人民共和国未成年人保护法》，这些是保障妇女、老年人、残疾人、未成年人等群体的基本法律。

1997年后，中国共产党十五大与十六大相继提出"尊重和保障人权"，表明这一阶段我国人民的人权意识得到了很大的发展，越来越为执政党所重视。1997年10月27日，中国签署加入《经济、社会和文化权利国际公约》。1998年10月，中国签署加入《公民权利与政治权利国际公约》。2001年2月28日，第九届全国人大常委会第二十次会议批准实施《经济、社会和文化权利国际公约》。加入国际人权公约既推进了我国人权保障法的完善，如宪法中对人权保障的明确，又推动了我国人权保障实践的进步，后来相关法律的制定、特定人群保障法的修订都与此密切相关。2004年宪法修订后，明确写入尊重和保障人权。"以人为本与科学发展作为构建社会主义和谐社会的两大基本原则表明，人权与发展是良性互动与协调发展、彼此依存与相互促进，二者是通向和谐社会的两个历史巨轮，缺一不可，共同推动人类社会的文明与进步。"[①]

在人权保障实践方面，司法体制改革和诉讼制度的完善充分发挥了司法实践在保障人权方面的作用。经过长期不懈的探索，我国基本形成了一套包括诉讼、仲裁、调解、信访、行政复议等方式的完整的救济机制，为受损人权提供救济。在具体的司法制度改革上也体现依法尊重保障人权的目标，比如2006年最高人民法院发布《最高人民法院关于统一行使死刑案件核准权有关问题的决定》，明确从2007年1月1日起，死刑除依法由最高人民法院判决的，应当报请最高人民法院核准，这是对最严厉的刑罚——死刑所做的最重大改革，对国家民主与法治发展进步具有重要推动作用。此后的死刑复核均由最高人民法院执行，死刑判决的比例一直维持在较低水平。此外，自2008年开始，我国还持续发布国家人权行动计划。2008年发布的第一个《国家人权行动计划(2009—2010年)》着重保障公民三大方面的基本权利：①保障公民的生存权和发展权。生存权和发展权是中国政府首要保障的人权。②保障公民的知情权、参与权、表达权、监督权。2008年《政府信息公开条例》开始实施，这是政治性权利保障的一个重大发展。③保障公民的经济、社会和文化权利。此后，我国又发布并实施《国家人权行动计划(2012—2015年)》《国家人权行动计划(2021—2025年)》。随着经济水平的提高，社会保障制度的完善，中国的人权保障水平不断提升。2020年初，全球新冠疫情暴发，中国采取了合理、科学的防控措施，经过三年的努力，疫情得到良好控制，社会生活一直保持稳定、正常的局面，可以说是新中国人权保障历史上非常值得肯定的成就。

四、现代法学教育模式得以确立并取得飞速发展

法治建设需要法律人才加以支持，所以需要不断提高法学教育水平。新中国的法学教育在中华人民共和国成立之初曾经有过发展，但由于各方面因素的影响，后来逐渐受到破

---

① 龚向和. 和谐社会构建中的人权与发展[J]. 法学杂志，2008(2).

坏，中国的法学教育和研究工作一度停滞。改革开放以后，1978—1993年是我国法学教育恢复和发展的重要阶段，现代法学教育得以回归。[①]法学教育发展的同时，政法干部队伍的建设也在加快。为了满足政法队伍建设的需要，20世纪80年代，教育部及高校多次开办各种法学教育培训。随着法学教育的发展，律师队伍逐步壮大，中华人民共和国成立后被忽视的法律职业也开始慢慢发展起来。80年代，律师作为国家公务员在各级司法行政部门组织的法律顾问处工作，由国家支付工资。90年代中期，随着市场经济蓬勃发展，不断扩展的法律服务市场推动了律师制度的改革，律师行业走向市场化。1996年，我国制定了《中华人民共和国律师法》(以下简称《律师法》)，确立了合伙制律师事务所制度，律师行业不断壮大。根据《律师法》对律师的定位，律师是为社会提供法律服务的专业人员，律师要获得职业资格，必须与国家公务员身份脱离关系。2001年《律师法》修改之后，实行统一司法考试制度，律师从业人员的素质不断提高，规模也不断扩大。

这一阶段我国的法学教育业飞速发展，不仅新增了许多法律院校，原有的院校也在不断扩展。1990年末，随着我国高等教育的产业化改革及高校扩招，法律院校的在校学生数量急剧增长。截至1997年，我国已有333所院校设置法律专业，在校人数达到89 362人。[②] 21世纪20年代初，中国有600多所法律院校(不含港澳台)，法学教育的学位项目也不断设立，包括了大专、本科、法学硕士、法律硕士、博士等。当然，虽然这一阶段法学教育快速发展起来，但是我国的法学教育盲目扩张的弊病也逐渐显露出来。实际教育中，教学内容、方法、课程设置、学制安排、培养目标等都存在与社会发展需要相脱节的地方，法学教育未能充分满足法治发展的要求。其中，最突出的问题是教学内容与社会实践相脱节，21世纪以后，法学本科毕业生的就业率逐步下降，这其中既有社会发展本身的原因，也有教育设置上的原因。1997年，我国设立第一届教育部高等学校法学学科教育指导委员会，着手对法学专业人才培养模式进行调整，法学教育的目标从专才教育转变为复合型人才的培养，法学教育转型通才教育。但我国的法学教育在学生能力，尤其是职业能力的培养上仍存在许多不足。

经过40多年的努力，我国的法律专业教育获得了长足的发展，高等法学教育从"精英教育"快速进入"大众化教育"阶段，为国家的经济发展和社会的进步提供了大量的人才，很大程度上缓解了社会对法律人才的紧迫需求。与此同时，法学教育基础设施和师资力量显著增强，法学专业课程设置日益系统化，培养方法不断改进，不同层级、类型的法学学位定位逐渐清晰、衔接日益合理，法学教学活动与科研、司法考试、法律实践、职业发展等联系更为紧密，案例教学、讨论式教学、诊所式教学和模拟法庭等多种教学方式得到逐步推广。法律教育目前仍处在一个理性调整的阶段，如何定位法学教育的目标、如何衔接社会需要与教育实践之间的差距，都是值得各界人士认真思考的问题。

---

① 蔡定剑，王晨光. 中国走向法治30年[M]. 北京：社会科学文献出版社，2008：161.
② 霍宪丹. 中国法学教育的发展与转型(1978—1998)[M]. 北京：法律出版社，2004：330.

五、政府法治的逐步推进并不断完善

20世纪90年代以后，随着社会市场经济的建立，市场成为经济发展的主动力，政府的主要职能是为经济社会发展保驾护航。顺应市场经济的要求，政府更加注重依法行政，并通过机构改革等方式调整政府管理手段，政府法治提上日程。政府法治推进主要体现在行政法治建设中，出台了一系列的行政法律法规，除了较早的《中华人民共和国行政诉讼法》，这一阶段有关政府法治的主要法律包括《中华人民共和国国家赔偿法》(1994年)、《中华人民共和国行政处罚法》(1996年)、《中华人民共和国行政监察法》(1997年，2018年《中华人民共和国监察法》颁布后被废除)、《中华人民共和国行政复议法》(1999年)、《中华人民共和国立法法》(2000年)，此外还包括2005年国务院出台的《信访条例》(2022年废止)等行政法规、规章等，一套相对完整的基本行政法制体系初步建立。

中国在政府法治方面的建设取得初步成就，政府职能在观念上开始转变，努力建立有限政府，尤其是顺应市场经济发展的需要，政府不再被假想为一个全能的"大管家"，其职能逐渐集中于经济调节、市场监管、社会管理和公共服务等主要方面。在行动上，相关行政法规的实施规范了政府行为，逐步推进依法行政。通过实施《中华人民共和国立法法》《行政法规制定程序条例》《规章制定程序条例》等规范了行政立法行为。而国家赔偿制度的建立，对于我国走向责任政府是非常重要的举措。在司法实务中，法院也积极地推动了法治政府、责任政府的建立与发展。2015年国务院印发了《法治政府建设实施纲要(2015—2020年)》，法治政府建设的总体目标是，到2020年基本建成职能科学、权责法定、执法严明、公开公正、廉洁高效、守法诚信的法治政府。法治政府建设实施纲要使得我国法治政府建设的路径更加明晰。2021年8月，中国又印发《法治政府建设实施纲要(2021—2025年)》，法治政府建设推进机制基本形成，依法行政制度体系日益健全，重大行政决策程序制度初步建立，行政决策公信力持续提升，行政权力制约和监督全面加强，依法行政能力明显提高。

第五节 中国特色社会主义法治文明的建设经验

一、坚持中国共产党的领导和政府对法治建设的推动

2014年中国共产党十八届四中全会通过的《中共中央关于全面推进依法治国若干重大问题的决定》明确指出："党的领导是中国特色社会主义最本质的特征，是社会主义法治最根本的保证。"这个重大论断是对中华人民共和国成立以来特别是改革开放以来法治建设基本经验的高度概括，抓住了中国特色社会主义法治建设的核心和关键。加强中国共产党的领导，是执政的客观要求，更是我国多年法治建设的现实经验总结。在中国这样地域广阔、社会人文环境复杂、经济发展差异巨大的环境下，要推进法治建设，必须有强有力的领导

核心,否则必然导致混乱和冲突。因此,必须始终坚持党在社会主义法治建设中总揽全局、协调各方的领导核心地位,牢牢把握党的领导、人民当家作主、依法治国有机统一的正确方向,切实做到党领导人民制定宪法和法律、党领导人民执行宪法和法律、党必须在宪法和法律范围内活动,把党的领导贯彻到依法治国的全过程和各方面。

在坚持中国共产党法治建设领导的前提下,中国的法治建设路径也非常独特。中国采取了政府推进型的法治建设路径。纵观中国近四十多年的法治化进程,可以发现每一次重要的进步和改变,主要都是国家或政府在推动。由于我国国情复杂、公民民主素质不统一,还无法全面、自发推动社会民主法治的进程,因此,更多地依赖执政者决策的推动作用。相对于自然演进型法治道路而言,政府推进型法治道路是指一国的法治化运动是在国家上层领导者的推进下启动和进行的,政府是法治化运动的主要动力,法治目标主要是在政府的目标指导下设计、形成的,法治化进程及其目标任务主要是借助和利用政府所掌握的本土政治资源完成的。①与自然演进型法治道路相比,政府推进型法治道路具有鲜明的特点:①法治化动力由政府启动和推进。法治化运动的启动和主要动力,在最初和相当长一段时间内主要不是来自社会或民间,而是来自国家上层建筑,国家和政府是法治化运动的主要领导者和推动者。②法治建设目标明确。法治目标不是自发随意的,而是非常明确和确定的。③法治进程的预设性,即法治的进程和时间表是预设的、人为的。这种路径要求有一个坚强的领导核心来带领不同群体按照预设的法治目标而努力。④法治建设时间有急促性。在法治化的时间上,不是自然演进,而是急速推进,尽可能快地实现法治目标。⑤法治方法的强制性。在推进法治的进程中,往往会采取强制性的措施。②

从人类社会历史发展的进程来看,尤其是对于急于实现经济现代化的发展中国家来说,政府推进型法治道路具有许多优点:首先,政府推进型法治道路模式可以大大缩短一个社会的法治化的时间进程,而自然演进型法治道路模式则须较长时间的社会发展过程;其次,政府推进可以大大降低一个社会法治化的摸索成本;再次,这一道路模式对于经济、文化落后的国家来说,可以充分发挥其后发优势,学习、借鉴先进国家的法治经验;最后,政府推进型法治道路模式对于经济、文化落后的国家来说,可以在法治化过程中最大限度地发挥政府对社会法治化进程及整个社会的控制能力,减少政治冲突,保持社会稳定。

从20世纪80年代以来的各种法治事件来看,总体上中国的建设都是以政府积极推动为主,比如国家对各种法律制度的积极制定,形成依法治国的方略,将"依法治国"写入宪法,都是在政府积极推动下进行。相反,有些法律问题,如果政府不积极推动,则很难取得明显的进步。当然,政府推进型法治道路也有很多缺陷,政府推进的法治道路也并非实现法治的绝对可靠的捷径,因为秩序产生法律,而非法律产生秩序。政府推进型法治道路的根本缺陷是政府权力过大,权力容易被滥用,而且缺乏约束。面对实际,我们必须根据现实情况进行改革,培育市场经济及其规则,加强政府与社会的互动,为法治提供生长

---

① 蒋立山. 中国法治化道路初探(上)[J]. 中外法学,1998(3).
② 郭学德. 试论中国的"政府推进型"法治道路[J]. 中共中央党校学报,2001(2).

的沃土，否则仅凭政府之力推进的法治将只是美丽的海市蜃楼。

二、法治建设坚持以人民为中心

我国宪法规定，中国是人民民主专政的社会主义国家，人民是国家权力的来源，是国家的主人，法治视野下人民的民生问题必然是国家的基本问题。中国在法治建设过程中，一直注重坚持以人为本，始终把最广大人民的根本利益作为一切工作的出发点和落脚点。在现代社会中，民生和民主、民权相互倚重，而民生之本也由原来的生产、生活资料，上升为生活形态、文化模式、市民精神等既有物质需求也有精神特征的整体样态。改革开放以来，我国居民物质、文化生活水平的不断提高就是关注民生的基本体现，国家经济、社会的进步和发展最终都是为了满足人民群众日益增长的物质文化需要。从法治角度看，关注民生的直接体现是对人权的重视。改革开放以来，我国制定了各种法律，如《中华人民共和国宪法》《中华人民共和国选举法》《中华人民共和国劳动法》《中华人民共和国民法典》等，以提高我国人权保障水平，并通过经济的迅速发展为各项基本权利的实现提供物质基础。当前，中国社会的主要矛盾是"人民日益增长的美好生活需要和不平衡不充分的发展之间的矛盾"，法治建设要努力服务于这一矛盾的化解。为了实现均衡、平衡和正义，必须依靠更加优良、细致的法律制度，未来进一步深化法治建设仍是我国社会治理水平提高的根本措施。建设中国特色社会主义法治体系必须有相应的经济基础，否则法治建设纯粹是纸上谈兵，而发展经济最终是为了服务人民，实现人民美好生活的权利。

中国 40 多年的法治实践证明，社会主义市场经济的高速发展及人民生活水平的不断提升，是我国法治建设取得巨大成就的根本保证。我国在法治建设过程中，随着国家财力的增加，政府不断加强经济社会的薄弱环节，改善民生，有效应对各种风险和自然灾害的冲击。2020 年新冠疫情全球肆虐，中国政府坚持以人民为中心，积极防控，取得了良好的效果。法治建设坚持以人民为中心，使得国家有能力进行各方面的制度建设，而且相应的制度有了得以实施的物质基础，反过来又提升公民对法治的信任和信心，整个社会的权利保障水平不断提高，形成一个良性的循环。

三、法治建设注重立体化与动态化的推进

中华人民共和国成立前后的一段时间内，当时的一些领导人和法学家也曾经有过关于法治的阐述。1956 年中国共产党第八次全国代表大会上，董必武同志在发言中提出了"有法可依，有法必依，以依法办事为中心"的法制原则。然而，由于政治运动等原因，中华人民共和国成立后近三十年的时间里，我国的法治理论研究与法治实践探索都存在很多薄弱之处。直到改革开放之后，我国才又重新开始探索法治建设的道路。不过，开始提出的是"法制"建设而不是"法治"建设。1978 年，邓小平提出"为了保障人民民主，必须加强法制"。改革开放初期，中央有针对性地提出了"有法可依、有法必依、执法必严、违法必究"的十六字法制建设指导方针，为恢复中国特色社会主义法律秩序发挥了重要作用。

改革开放初期提出的加强法制的目标也带来了很好的实际效果，使得我国的法律制度体系逐步重建并不断完善。

但是，法制毕竟不同于法治，法制是对静态法律制度体系的强调，而法治则是动态的、立体的。20世纪90年代的理论探讨及实践探索最终使我国将建设目标定位为"建设社会主义法治国家"，随着1999年对宪法的修订，动态的"法治"观念最终深入人心，代替静态的、制度化的"法制"观念。2012年党的十八大以后，习近平总书记根据新的现实和情况变化，进一步发展、丰富和完善中国特色社会主义法治建设指导方针，提出了"科学立法、严格执法、公正司法、全民守法"十六字方针，并形成中国特色社会主义法治理论。从"法制"到"法治"的转变是我国法治建设不断摸索的体现。法治不同于法制之处就在于它蕴含社会治理目标的追求，而这也决定了法治必须符合社会的伦理道德并得到它们的支持。

【拓展阅读6-2】

习近平法治思想

2020年11月16—17日，中共中央召开中央全面依法治国工作会议，这是我国社会主义法治建设进程中具有里程碑意义的重要会议。这次会议正式、明确地提出了"习近平法治思想"，并将习近平法治思想确定为深入推进全面依法治国、建设法治中国的指导思想和根本遵循。习近平法治思想的核心要点包括十一个方面：①坚持党对全面依法治国的领导；②坚持以人民为中心；③坚持中国特色社会主义法治道路；④坚持依宪治国、依宪执政；⑤坚持在法治轨道上推进国家治理体系和治理能力现代化；⑥坚持建设中国特色社会主义法治体系；⑦坚持依法治国、依法执政、依法行政共同推进，法治国家、法治政府、法治社会一体建设；⑧坚持全面推进科学立法、严格执法、公正司法、全民守法；⑨坚持统筹推进国内法治和涉外法治；⑩坚持建设德才兼备的高素质法治工作队伍；⑪坚持抓住领导干部这个"关键少数"。

四、注重吸收其他国家或地区的历史经验

在法治建设过程中，学习和借鉴其他国家的法治经验是非常常见的做法，我国自清末就开始广泛学习和借鉴西方法律制度。我国历史上法家的"法治"理论纯粹是为君主专制服务的，与西方形成的现代法治理论有巨大差别。我国当前现代法治思想的构建中，传统中国这种服务于绝对的君主专制的"法治"理论，无法为国内的法学研究提供理论资源。中国改革开放后法治建设过程中，从具体法律制度到法学理论研究，都有对其他国家或地区法治经验的学习和借鉴。不得不承认，与现代民主制度密切相关的法治理论及实践确实肇始于西方，西方社会在法治建设方面也已经取得了巨大的成就。现代法治观念经过中世纪西欧各国教权与王权之争的洗礼，资产阶级革命前夕又形成了与分权紧密相关的制度设计，在西方国家可以说已经走向成熟。这种与民主、分权不可分割的法治理念与制度，自

资产阶级政权巩固以来一直在世界上占据支配性的地位。我国作为后起的发展中国家,对于西方成熟的法治理念和制度,当然需要进行移植和借鉴。而且,我国改革开放以后,采用市场经济模式,市场经济是法治经济,为了发展经济,必须向西方学习先进的法治经验。在全球化浪潮席卷各国的今天,任何一个国家都不能将自己孤立起来,法律制度移植和法学理论学习不仅可行,而且非常必要。

就学习与借鉴的表现来看,改革开放之后,中国不仅加快了法律移植的速度,而且法律移植的范围也越来越广泛:不仅移植大陆法系,还引入了不少英美法系的特色法律,在一定程度上顺应了国际潮流,也符合中国发展市场经济的实际需要。此外,我国的法治建设不仅注重学习和借鉴法律制度,在法学理论研究上,同样注重引进和吸收,现在中国大学的法律课堂中,西方的实证主义、法律经济分析、系统论等各种理论都被引入了教学之中。

五、注重公民法律知识的普及和法律意识的培养

改革开放之初,我国由于社会总体教育水平比较低,法律知识普及程度更低,所以迫切需要实施普法教育活动,提高国民法律素养。正确、及时、有效地进行法治宣传教育是时代的要求,也是提高国民素质、最终顺利推进依法治国基本方略实施、建设社会主义法治国家的一项基础性工作。"当代中国的普法活动,是在特定社会历史条件下执政党和国家有意识、有组织、有计划发起并直接领导和推动的大规模、群众性普及法律常识的活动。"[①]中国自20世纪80年代中期启动普法活动以来,至今已经走过近四十年历程,2021年,我国开启第八个"法制宣传教育的五年规划"活动,普法已经成为全社会共同参与的行动。这些普法活动取得了重要的成就,最核心的成就表现为公民法律知识和法律意识水平的提高。

普及法律知识的宣传教育活动,使广大人民群众获得了全面了解法律的机会,有效地提高了全民族的法律意识水平。总体来说,通过近四十年的普法教育活动,我国的宪法和其他基本法律中的相关规定得到广泛宣传,公民的法律意识明显增强,法律素质不断提高,全社会法治化管理水平有了明显提升。普法也在相当程度上减少了法盲违法的现象,为法治建设提供了坚实的思想基础。普法对于公民权利意识的提高、守法观念的形成、社会秩序的维护、社会稳定的保持,以及社会和谐发展的意义,不容低估。

本章思考题

1. 中国法治道路为什么要坚持中国共产党的领导?
2. 中国的法治道路和西方其他国家历史上的法治发展路径有什么不同?
3. 中国法治建设成就有哪些?

[①] 张明新. 对当代中国普法活动的认识与评价[J]. 江海学刊,2010(4).

第七章

中国特色社会主义法治体系

【本章导学】

中国坚持走中国特色社会主义法治道路,建设中国特色社会主义法治体系,建设社会主义法治国家。中国的法治体系是一个动态的立体体系,包括科学立法、严格执法、公正司法、全民守法等全方位要求,坚持依法治国、依法执政、依法行政共同推进,坚持法治国家、法治政府、法治社会一体建设。本章对当代中国动态的法治体系进行介绍,主要包括立法和法律体系、社会主义法律的实施。通过本章的学习,可以对中国现有的法律制度体系及法律实施机制有基本了解,进而理解中国特色社会主义法治文明的主要内容。

【知识要点】

1. 立法是一个广义概念,既包括制定法律也包括废除、修改法律。
2. 中国的法律渊源包括法律、行政法规、地方性法规、部门规章等多种形式。
3. 执法通常指行政机关的执法活动,具有主动性、强制性等特征,基本要求是依法行政。
4. 司法活动要求合法、中立、公正、司法权独立行使。
5. 为了保障法律顺利实施,还需要构建完善的法律监督体系。
6. 科学立法、严格执法、公正司法、全民守法是社会主义法治体系运行的核心原则。

第一节 立法和法律体系

当代中国特色社会主义法治文明充分体现于中国特色社会主义法治体系中,而这个体系是一个动态的立体体系,包括科学立法、严格执法、公正司法、全民守法等全方位要求,内容非常丰富。要了解中国的社会主义法治体系,就要先了解中国有哪些法律,而这又需要对立法问题有基本的认识。因此,本节从立法的含义开始,介绍中国不同机关的立法权限,这些机关的立法权限也表明了中国可能具有各种不同的法律渊源。进一步来说,不同的法律渊源进行组合,形成了各个法律部门,我国的各个法律部门所构建的整体,形成了中国特色社会主义法律体系。

一、立法与法律渊源的含义

立法又称为法的制定、法的创制等,是指有关国家机关在法定权限和范围内,依照法定程序,制定、修改、解释、废止和补充规范性文件的活动。立法的定义表明,法律具有国家意志性,是以国家名义创制的,并在国家主权范围内以国家强制力保证法律的实施。我们讲法律是"由国家立法机构制定、认可或解释的",其实就是说法律是"由国家制定、认可或解释的"。从这个概念可以看出,法学领域的"立法"一词与日常语言中"立法"一词的用法不同,立法其实涉及多方面内容,不仅仅制定新的法律才叫立法。

在这一概念中,有关国家机关指的是法定的立法机关和经立法机关授权而行使立法权的机关。国家的立法机关有多种名称,有的叫"国会",有的称为"议会""议院",在中国为"全国人民代表大会及其常务委员会",这些机构代表着国家,也在表现着国家。需要注意的是,在中国,如果该有关国家机关仅指全国人大及其常委会的时候,这时的立法就称为狭义的立法。如果该有关机关不仅指全国人大及其常委会,还包括经全国人大常委会授权而拥有行政法规、地方性法规等制定权的机关时,立法就属于广义的立法。这种划分与中国的立法体制有很大关系。

与立法密切相关的一个词是法律渊源。法律渊源又称法源或法的渊源,它来自罗马法的 fonts juris,意指法的源泉,也就是法的来源。我国台湾地区的法学家韩忠谟认为,"从法律研究和实用的立场来说,所谓法之渊源,就是研究或适用法律者所由汲取法律之源泉,正如水之有源然。"[①]因此,从广义来说,法律渊源就是法的来源,换句话说就是公众从哪里能找到他们需要的法律。基于对"来源"的不同理解,中外学者对"法的渊源"的理解也不同,主要有法的历史渊源、法的本质渊源、法的思想理论渊源、法的效力渊源、法的形式渊源等。对于现代社会的人来说,如果需要找法律,那就要看国家颁布的文件,也就是从哪些形式的国家文件中找到法律。因此在目前的法学界,基本上还是在法的形式渊源的意义上使用"法律渊源"或"法的渊源"这一术语,法律的不同来源也表明了不同立法所呈现的不同形式。作为法学研究中的专门术语,法的渊源在法学领域,尤其是在立法学研究中,是指由不同国家机关制定或认可的,具有不同法律效力和法律地位的各种规范性法律文件的总称,又被称为"法的外在表现形式"或"法的形式"。[②]

---

① 韩忠谟. 法学绪论[M]. 北京:中国政法大学出版社,2002:26.
② 当然,对于法律渊源的理解立场有立法和司法的划分,通常所说的法的形式渊源更多站在立法的角度看待法律的表现形式。如果站在司法立场看待法律渊源问题,则强调法官作为判案依据的材料的来源,这些材料并不局限于立法渊源。

二、中国的立法主体与权限

【拓展阅读 7-1】

《中华人民共和国立法法》(2023 年修订)节录

第十条 全国人民代表大会和全国人民代表大会常务委员会根据宪法规定行使国家立法权。

全国人民代表大会制定和修改刑事、民事、国家机构的和其他的基本法律。

全国人民代表大会常务委员会制定和修改除应当由全国人民代表大会制定的法律以外的其他法律；在全国人民代表大会闭会期间，对全国人民代表大会制定的法律进行部分补充和修改，但是不得同该法律的基本原则相抵触。

全国人民代表大会可以授权全国人民代表大会常务委员会制定相关法律。

第七十二条 国务院根据宪法和法律，制定行政法规。

行政法规可以就下列事项作出规定：

(一) 为执行法律的规定需要制定行政法规的事项；

(二) 宪法第八十九条规定的国务院行政管理职权的事项。

应当由全国人民代表大会及其常务委员会制定法律的事项，国务院根据全国人民代表大会及其常务委员会的授权决定先制定的行政法规，经过实践检验，制定法律的条件成熟时，国务院应当及时提请全国人民代表大会及其常务委员会制定法律。

第八十条 省、自治区、直辖市的人民代表大会及其常务委员会根据本行政区域的具体情况和实际需要，在不同宪法、法律、行政法规相抵触的前提下，可以制定地方性法规。

阅读上述中国《立法法》的部分内容，可以看出这些法律条文反映的是不同的国家机关之间立法权限的划分，前文还提到立法的广义和狭义划分，这些就是立法体制问题。所谓立法体制，是指关于法的创制权限的划分制度，涉及哪些国家机关，具有什么性、多大范围的立法权限，以及这些不同立法机关之间是什么关系。它主要包括两方面的内容：一是关于中央和地方立法权限的范围，二是中央各拥有立法权的机关在创制法律活动中的权限划分。

由于国情不同，各国的立法体制也不尽相同，大致可以分为三类：一是一级立法体制，即立法权由中央统一行使，地方没有立法权。这种一般都是单一制国家。二是两级立法体制，即立法权由中央和地方共同行使，这种一般都是联邦制国家，往往通过宪法确定联邦和州(即联邦的成员)在立法权限上的划分。三是一元两级立法体制，即立法权掌握在中央，但是中央允许地方有一定的立法权。一个国家采取何种立法体制，受该国国体、政体、国家结构形式、历史文化传统及民族分布情况等各种因素影响。

中国现行的立法体制是一种一元、两级、多层次的立法体制，属于单一制但又有很强的特殊性，统一而又分层次。从立法权限划分的角度看，它是中央统一领导和一定程度分权的，多级并存、多类结合的立法权限划分模式。所谓一元，是指我国宪法规定，国家立法权只能由全国人大及其常委会行使，全国范围内只存在一个统一的立法体制。所谓两级，是指我国宪法规定，我国立法体制又分为中央立法和地方立法两个立法等级，地方立法权来源于中央通过法律的直接授权。所谓多层次，是指我国宪法规定，不论是中央立法还是地方各级立法，都可以各自分成若干个层次和类别。

全国人大及其常委会行使国家立法权，地方人民代表大会及其常委会行使地方立法权。在中央国家机关中，全国人大行使最高立法权，全国人大可以授权国务院部分立法权，国务院拥有行政立法权。根据我国宪法、立法法和有关法律的规定，我国现行的立法权限划分如下。

(1) 最高权力机构即全国人大及其常委会行使国家立法权。全国人大可以修改宪法，修改、制定基本法律，全国人大常委会可以修改全国人大制定的基本法律。

(2) 最高行政机关即国务院根据宪法和法律规定行使行政立法权。国务院可以制定行政法，发布决定、命令。

(3) 其他设区的市的人大可以根据本市的具体情况和实际需要，在宪法、法律、行政法规和本省、自治区的地方性法规相抵触的前提下，根据《中华人民共和国立法法》的授权，制定地方性法规。

(4) 民族自治地方，即自治区、自治州、自治县的人大有权依照当地民族的政治、经济、文化的特点，制定自治条例和单行条例。自治区的自治条例和单行条例报全国人大常委会批准后生效，自治州、自治县的自治条例和单行条例报省、自治区、直辖市的人大常委会批准后生效。

(5) 国务院各部门可以根据法律和国务院的行政法规，在本部门的权限内发布部门规章。省、自治区、直辖市人民政府及其他设区市的人民政府，可以根据法律、行政法规和本省、自治区的地方性法规，制定政府规章。

(6) 国家监察委员会有权制定监察法规。根据2019年10月全国人大常委会第十四次会议通过的《全国人民代表大会常务委员会关于国家监察委员会制定监察法规的决定》，国家监察委员会根据宪法和法律制定监察法规。

(7) 特别行政区的立法权限。根据"一国两制"基本方针，香港和澳门特别行政区享有高度自治的立法权，根据各自基本法的规定并依照法定程序制度修改和废除在特别行政区适用的法律，报全国人大常委会备案。香港和澳门特别行政区除外交、国防及其他属于中央政府管理范围的事务不能立法，有权对特别行政区高度自治范围内的相关事务立法。

三、当代中国的正式法律渊源

中国古代法治文明以《唐律疏议》为代表，形成了很强的成文法传统，近代法律变革主要以大陆法系为依照，解放后又移植了苏联的法律制度，而大陆法系和苏联的法律制度同样也具有很强的法典化倾向，所以，我国法的渊源基本上是以制定法为主的，这一情形延续至今。当然，中国目前施行特别行政区制度，香港与澳门、内地的法律正式渊源存在一定的差别。在中国法的正式渊源中,宪法效力最高,其他制定法的效力则在宪法之下,依次排列形成一个类似于金字塔的效力序列。

(一) 宪法

宪法是国家的根本大法,在法的渊源中居于核心地位。宪法规定了当代中国的最根本的政治、经济和社会制度,规定了国家的根本任务、公民的基本权利和基本义务、国家机关的组织结构和活动原则等国家和社会生活中最基本、最重要的问题。宪法是其他各种法律、法规的"母法",其他法律、法规的规定是宪法这一根本法的具体化,是宪法的"子法"。我国现行宪法是 1982 年 11 月 23 日由第五届全国人大第五次会议审议通过,并于同年 12 月 4 日施行的。本书前面已经提及,在 1982 年《宪法》之前,我国先后于 1954 年、1975 年、1978 年制定过三部《宪法》。在此之后,为适应社会主义市场经济建设和法制建设的需要,我国又先后于 1988 年、1993 年、1999 年、2004 年、2018 年出台了五个宪法修正案。宪法的修改相对其他法律来说更加严格,必须由全国人民代表大会全体代表的 2/3 以上多数通过才可以。作为正式的法律渊源,宪法当然具有法的效力,并且能够成为法官处理案件的依据。不过,由于宪法的概括性、原则性和无惩罚性特征。因此,在实践中我国法院很少直接诉诸宪法审理案件。我国也出现过引用宪法审理案件的情形,理论界对此争议很大,实践经验还不成熟,各级法院形成的惯例是不引用宪法作为裁判说理或判决的依据。

作为国家根本大法的宪法具有三大特点:第一,从内容上看,宪法规定的是国家的根本制度、公民的基本权利和义务,以及国家生活的基本原则,而普通法只调整某一方面的社会关系与基本问题。第二,宪法的效力层次和位阶最高,其他法律法规不能与其相抵触,否则,便失去法律效力。第三,在制定、修改和通过程序上,宪法要求更为严格。有的国家,宪法需要专门的国家机构来制定,如制宪委员会;有的国家制定宪法需要经过全民公决或取得立法机关 2/3 或 3/4 的同意票才能通过。按照我国《宪法》第六十四条的规定,宪法的修改需要全国人民代表大会以全体代表的三分之二以上的多数通过。

【拓展阅读 7-2】

《中华人民共和国宪法》序言(2018 年修正)

中国是世界上历史最悠久的国家之一。中国各族人民共同创造了光辉灿烂的文化,具有光荣的革命传统。

一八四〇年以后,封建的中国逐渐变成半殖民地、半封建的国家。中国人民为国家独立、民族解放和民主自由进行了前仆后继的英勇奋斗。

二十世纪,中国发生了翻天覆地的伟大历史变革。

一九一一年孙中山先生领导的辛亥革命,废除了封建帝制,创立了中华民国。但是,中国人民反对帝国主义和封建主义的历史任务还没有完成。

一九四九年,以毛泽东主席为领袖的中国共产党领导中国各族人民,在经历了长期的艰难曲折的武装斗争和其他形式的斗争以后，终于推翻了帝国主义、封建主义和官僚资本主义的统治，取得了新民主主义革命的伟大胜利，建立了中华人民共和国。从此，中国人民掌握了国家的权力，成为国家的主人。

中华人民共和国成立以后，我国社会逐步实现了由新民主主义到社会主义的过渡。生产资料私有制的社会主义改造已经完成，人剥削人的制度已经消灭，社会主义制度已经确立。工人阶级领导的、以工农联盟为基础的人民民主专政，实质上即无产阶级专政，得到巩固和发展。中国人民和中国人民解放军战胜了帝国主义、霸权主义的侵略、破坏和武装挑衅，维护了国家的独立和安全，增强了国防。经济建设取得了重大的成就，独立的、比较完整的社会主义工业体系已经基本形成，农业生产显著提高。教育、科学、文化等事业有了很大的发展，社会主义思想教育取得了明显的成效。广大人民的生活有了较大的改善。

中国新民主主义革命的胜利和社会主义事业的成就，是中国共产党领导中国各族人民，在马克思列宁主义、毛泽东思想的指引下，坚持真理，修正错误，战胜许多艰难险阻而取得的。我国将长期处于社会主义初级阶段。国家的根本任务是，沿着中国特色社会主义道路，集中力量进行社会主义现代化建设。中国各族人民将继续在中国共产党领导下，在马克思列宁主义、毛泽东思想、邓小平理论、"三个代表"重要思想、科学发展观、习近平新时代中国特色社会主义思想指引下，坚持人民民主专政，坚持社会主义道路，坚持改革开放，不断完善社会主义的各项制度，发展社会主义市场经济，发展社会主义民主，健全社会主义法治，贯彻新发展理念，自力更生，艰苦奋斗，逐步实现工业、农业、国防和科学技术的现代化，推动物质文明、政治文明、精神文明、社会文明、生态文明协调发展，把我国建设成为富强民主文明和谐美丽的社会主义现代化强国，实现中华民族伟大复兴。

在我国，剥削阶级作为阶级已经消灭，但是阶级斗争还将在一定范围内长期存在。中国人民对敌视和破坏我国社会主义制度的国内外的敌对势力和敌对分子，必须进行斗争。

台湾是中华人民共和国的神圣领土的一部分。完成统一祖国的大业是包括台湾同胞在内的全中国人民的神圣职责。

社会主义的建设事业必须依靠工人、农民和知识分子，团结一切可以团结的力量。在长期的革命、建设、改革过程中，已经结成由中国共产党领导的，有各民主党派和各人民团体参加的，包括全体社会主义劳动者、社会主义事业的建设者、拥护社会主义的爱国者、拥护祖国统一和致力于中华民族伟大复兴的爱国者的广泛的爱国统一战线，这个统一战线将继续巩固和发展。中国人民政治协商会议是有广泛代表性的统一战线组织，过去发挥了重要的历史作用，今后在国家政治生活、社会生活和对外友好活动中，在进行社会主义现代化建设、维护国家的统一和团结的斗争中，将进一步发挥它的重要作用。中国共产党领导的多党合作和政治协商制度将长期存在和发展。

中华人民共和国是全国各族人民共同缔造的统一的多民族国家。平等团结互助和谐的社会主义民族关系已经确立，并将继续加强。在维护民族团结的斗争中，要反对大民族主义，主要是大汉族主义，也要反对地方民族主义。国家尽一切努力，促进全国各民族的共同繁荣。

中国革命、建设、改革的成就是同世界人民的支持分不开的。中国的前途是同世界的前途紧密地联系在一起的。中国坚持独立自主的对外政策,坚持互相尊重主权和领土完整、互不侵犯、互不干涉内政、平等互利、和平共处的五项原则,坚持和平发展道路,坚持互利共赢开放战略,发展同各国的外交关系和经济、文化交流,推动构建人类命运共同体;坚持反对帝国主义、霸权主义、殖民主义,加强同世界各国人民的团结,支持被压迫民族和发展中国家争取和维护民族独立、发展民族经济的正义斗争,为维护世界和平和促进人类进步事业而努力。

本宪法以法律的形式确认了中国各族人民奋斗的成果,规定了国家的根本制度和根本任务,是国家的根本法,具有最高的法律效力。全国各族人民、一切国家机关和武装力量、各政党和各社会团体、各企业事业组织,都必须以宪法为根本的活动准则,并且负有维护宪法尊严、保证宪法实施的职责。

(二) 法律

此处所说的法律,是中国立法体系中狭义的法律,指由全国人民代表大会及其常务委员会制定的规范性法律文件。根据《中华人民共和国宪法》和《中华人民共和国立法法》的规定,法律可以分为基本法律和基本法律以外的法律(非基本法律)。基本法律由全国人民代表大会制定和修改,内容涉及国家和社会生活某一方面的最基本的问题,如刑法、民法、诉讼法,以及有关国家机构的和其他的法律;基本法律以外的法律由全国人民代表大会常务委员会制定和修改,内容涉及应当由全国人民代表大会制定的法律以外的其他法律,主要是关于国家和社会生活某一方面具体问题的关系的法律,如调整整个民事关系的《中华人民共和国民法典》是由全国人大制定的,是一种基本法律,而作为民事关系中一部分的具体的知识产权制度,如《中华人民共和国著作权法》《中华人民共和国专利法》《中华人民共和国商标法》,则是由全国人民代表大会常务委员会制定的。当然这种划分不是绝对的,有些重要的非基本法律也是由全国人大制定。

(三) 法规

在中国的法律体系中,比法律效力层级更低一级的是法规。作为正式法律渊源的法规主要包括三类。

其一是行政法规。在当代中国的法律渊源中,行政法规也是一种主要的法的渊源,它是指最高行政机关也就是国务院根据宪法和法律制定的一种规范性文件,其法律地位和法律效力仅次于宪法和法律。按照宪法规定,国务院作为最高国家行政机关,为了履行其最高行政管理职责,也发布一些带有规范性内容和性质的决定和命令,这些就是行政法规。在我国,国务院不是西方国家中与议会平行的中央政府,而是作为最高国家权力机关——全国人民代表大会的执行机关而存在。这决定了国务院的立法活动应从属于全国人大及其常委会的立法活动,行政法规的效力可以及于全国。根据2017年修订后《行政法规制定程序条例》第 5 条的规定，我国行政法规的名称为"条例""规定""办法"。

其二，地方性法规。地方性法规是指地方国家权力机关及其常设机关即地方人民代表大会及其常务委员会，为保证宪法、法律和行政法规的遵守和执行，结合本行政区内的具体情况和实际需要，依照法律规定的权限，通过和发布的规范性法律文件。这里最为重要的一点是，并不是所有地方人民代表大会及其常务委员会都享有制定地方性法规的权力，根据《中华人民共和国立法法》的规定，我国设区的市才有权制定地方性法规。

其三，监察法规。前文已经说过，根据 2019 年 10 月全国人大常委会第十四次会议通过的《全国人民代表大会常务委员会关于国家监察委员会制定监察法规的决定》，国家监察委员会可以根据宪法和法律，制定监察法规。监察法规的权限包括：为执行法律的规定需要制定监察法规的事项；为履行领导地方监察委员会工作的职责而需要制定监察法规的事项。

(四) 规章

在中国法律中，规章包括两类：一类是部门规章。《中华人民共和国宪法》和《中华人民共和国立法法》规定，国务院所属各部、各委员会，有权根据法律和国务院的行政法规、决定、命令，在本部门的权限内制定规章，称为"部门规章"，它们的法律地位和法律效力低于宪法、法律和行政法规。另一类是地方政府规章，指地方国家行政机关即地方人民政府为保证宪法、法律、行政法规及本行政区的地方性法规的遵守和执行，结合本行政区内的具体情况和实际需要，依照法律规定的权限，通过和发布的规范性法律文件。

(五) 自治条例和单行条例

民族区域自治制度是我国的一项基本制度，其在立法领域就体现为赋予民族自治地方一定的立法权限。《中华人民共和国宪法》规定，民族自治地方的人民代表大会有权依照当地民族的政治、经济、文化特点制定自治条例和单行条例。其中，自治条例主要对本自治区实行的区域自治的基本组织原则、机构设置、自治机关的职权、工作制度及其他比较重大的问题做出规定。单行条例主要是根据宪法规定和本自治区的实际情况，对于国家法律、法规做出变通或者补充的规定，或者是对本自治区某一具体事项做出规定。

(六) 特别行政区的各种法律

根据《香港特别行政区基本法》和《澳门特别行政区基本法》的规定，香港、澳门分别设立了立法会，作为特别行政区的立法机关行使立法权。特别行政区的制定法包括两部分内容。一部分是香港、澳门的原有法律，除与基本法相抵触或者经特别行政区立法机关做出修改的，均予保留。据此，特别行政区成立以前在香港施行的条例、附属立法和在澳门施行的法律、法令、行政法规等规范性法律文件构成特别行政区制定法的一部分。另一部分是在特别行政区成立以后，由特别行政区立法会所制定的法律构成特别行政区制定法的另一部分。

补充一点关于判例的看法。由于我国内地的法律制度主要仿效的是大陆法系和苏联的法律制度，因此，判例在一般情况下并不是我国法的正式渊源，甚至在很长一段时间内连判例的非正式渊源作用都予以否认。但是，我国也存在判例作为法的正式渊源的情况，这就是在香港特别行政区实施的判例法。《香港特别行政区基本法》第 8 条规定："香港原有法律，即普通法、衡平法、条例、附属立法和习惯法，除同本法相抵触或经香港特别行政区的立法机关作出修改者外，予以保留。"其中，普通法、衡平法都是判例法。

(七) 国际条约与国际惯例

这里所讲的国际条约是指我国同外国缔结的双边和多边条约、协定和其他具有条约、协定性质的文件。国际条约虽然是国际法而不是国内法，但根据"条约必须遵守"的国际准则，我国缔结和加入的国际条约同国内法一样具有适用于我国的法律效力，因此，也属于我国法的渊源之一。根据 1990 年全国人大常委会通过的《中华人民共和国缔结条约程序法》的规定，国务院同外国缔结条约和协定，全国人大常委会决定同外国缔结的条约和重要协定的批准和废除，中华人民共和国主席根据全国人大常委会的决定，批准和废除同外国缔结的条约和重要协定。国际惯例是指根据国际法院等各种国际裁决机构的判例所体现或确认出来的国际法规则，以及国际交往中形成的共同遵守的不成文习惯。国际惯例是国际条约的重要补充，同样是法的正式渊源，对于某些国际惯例，中国同样遵守。

四、中国特色社会主义法律体系的部门法框架

中国特色社会主义法律体系的构建是中华人民共和国成立以来，特别是改革开放以来中国共产党带领全党全国各族人民为之奋斗的重要目标。2011 年，有中国特色的社会主义法律体系已经基本建成。近年来，中国一直在不断完善社会主义法律体系，国家和社会生活各方面总体上实现了有法可依，为依法治国、建设社会主义法治国家提供基本遵循。2022 年，中国共产党第二十次全国代表大会再次强调，完善以宪法为核心的中国特色社会主义法律体系。

中国特色社会主义法律体系按照调整对象和调整方法的不同，可以分为宪法及其相关法、民商法等不同法律部门或部门法。这些法律部门是法律体系的基本组成要素，各个不同的法律部门的有机组合，便成为一个国家的法律体系。法律部门的划分，对立法、司法、法学教育、法学理论研究都具有重要的作用。法律部门这个概念要和法律渊源区分开来，法律渊源关注的重点是法律的表现形式和效力等级，而法律部门则关注法律的调整对象和调整方法。简单来说，法律渊源更关注不同法律制度纵向的名称与权力差异，而法律部门则是对广义的各种立法文件进行横向的分门别类的划分。根据国内大部分学者的观点，下面将我国的法律部门分为如下几个。

(一) 宪法及其相关法

宪法是我国的根本大法，规定了我国的社会主义根本制度、基本原则、方针政策，公

民的基本权利和义务，各主要国家机关的地位、职权和职责等，因而宪法是国家活动的总章程，是我国法律体系中最重要的法律部门，也是其他法律部门所有规范性法律文件的最高依据。除此之外，宪法这一法律部门还包括以下几类宪法性法律文件和规范：国家机构的组织和行为方面的法律；民族区域自治方面的法律；特别行政区方面的基本法律；立法方面的法律；保障和规范公民政治权利方面的法律；涉及国家领域、国家主权、国家象征、国籍方面的法律。

（二）行政法

行政法是调整有关国家行政管理活动中各种社会关系的法律规范的总称。行政法是由很多单行法律、法规构成，分为一般行政法(或称为行政法总则)和特别行政法(或称为行政法分则)。前者包括国家行政管理的基本原则、方针和政策，国家行政机关及其负责人的地位、职权和职责、一般行政程序、国家公务员的职权和职责等。后者则指各专门行政职能部门管理活动适用的法律法规。要注意行政法与行政法规这两个概念的区别，行政法指的是一个部门法，而行政法规指的是一种专门法的渊源(即国务院制定的立法文件)。

（三）民商法

民商法是规范社会民事和商事活动的基础性法律。民法是调整作为平等主体的公民之间、法人之间、公民与法人之间的财产关系和人身关系的法律规范的总和。民法是市场经济的基本法律，它包括自然人制度、法人制度、代理制度、时效制度、物权制度、债权制度、知识产权制度、人身权制度、亲属和继承制度等。民法的调整原则主要是平等、自愿、等价、有偿、公平和诚实信用等。商法是民法中的一个特殊部分，是在民法基本原则的基础上，适应现代商事交易迅速、便捷的需要发展起来的。商法是指调整商事法律关系主体和商业活动的法律规范的总称。商法起源于18世纪英国的商人法，1807年制定的《法国商法典》确立了民商分立的传统，把民事关系和商事关系用不同的法律规定，适用不同的法律。但是随着资本主义商品经济的发展，基于商法和民法的许多概念、原则都可相互通用，因此又出现了民商合一的立法体例。民法规定的有关概念、原则和规范也适用于商法。商法调整的是自然人、法人之间的商事关系，主要包括公司、破产、证券、期货、保险、票据、海商等方面的法律。目前我国有关商法法律部门的法律规范主要有公司法、合伙企业法、证券法、保险法、票据法、海商法、商业银行法、期货法、信托法、个人独资企业法、招标投标法、企业破产法等。我国目前没有单独的被称为"商法"的规范性法律文件，采取的是民商合一的立法模式。2020年5月28日，第十三届全国人大三次会议通过了《中华人民共和国民法典》，这是新中国成立以来第一部以"法典"命名的法律，是一部固根本、稳预期、利长远的基础性法律，在中国特色社会主义法律体系中具有重要地位。民法部门主要是以《民法典》为主。

(四) 经济法

经济法是指调整一定范围的社会经济关系的法律规范的总称。所谓一定范围，是指国民经济管理中和各种经济组织的活动中发生的经济关系，包括国家在国民经济管理中发生的纵向经济关系，各种社会组织在经济活动中发生的横向经济关系、经济协作关系及社会经济组织内部的经济关系等。经济法在我国是自20世纪80年代初期兴起的一个法律部门，法学界经过长期的争论，对于经济法的调整对象的范围以及如何定义经济法，仍存在较大的分歧，但都一致认为经济法是与民法、商法、行政法互相独立的部门法。经济法主要包括两部分：一是市场竞争法，主要是反垄断、反不正当竞争、反倾销和反补贴等方面的法律；二是国家宏观调控和经济管理方面的法律，主要是有关财政、税务、金融、审计、统计、物价、技术监督、工商管理、对外贸易和经济合作等方面的法律。

(五) 劳动与社会保障法

劳动法是调整劳动关系以及与劳动关系密切联系的其他关系的法律规范的总和，亦有称为劳动与社会保障法，但也有学者将社会保障法归入经济法的范畴。社会保障法是调整有关社会保障与社会福利关系的法律规范的总和，它是对年老、患病、残疾等丧失劳动能力者的物质帮助的各种规划，包括劳动保险、职业待业保险、职工生活困难补助，以及农村中"五保"等社会保险和关于社会成员福利的法律规定。

(六) 环境与资源法

环境与资源法是关于保护环境、合理开发自然资源、防治污染和其他公害、维护生态平衡的法律规范总称，也被称为环境与自然资源法或环境保护法。环境与资源法主要包括自然资源法和环境保护法两大部分。自然资源法主要指对各种自然资源的规划、合理开发、利用、治理和保护的法律。环境保护法主要是指保护环境、防治污染和其他公害的法律。

(七) 刑法

刑法是有关犯罪、刑事责任和刑罚的法律规范的总称，是我国法律体系中的一个基本的法律部门。与其他部门法相比，刑法有两个显著特点：一是所调整的社会关系最广泛，不论哪一方面的社会关系，只要发生了构成犯罪的行为，都受到刑法调整；二是强制性最为突出，其他法律的强制性都没有刑法严厉。所以，刑法法律部门并不是主要以调整对象来划分的，而是以其调整方法——刑罚制裁的方法来划分，即凡使用刑罚制裁方法的法律规范，都属于刑法法律部门。刑法不仅包括规范犯罪和刑罚的刑法，还包括预防犯罪、改造犯罪方面的法律规范，如《中华人民共和国预防未成年人犯罪法》《中华人民共和国监狱法》《中华人民共和国社区矫正法》等。

(八) 诉讼法及非诉讼程序法

诉讼法与非诉讼程序法是规范解决社会纠纷的诉讼活动与非诉讼活动的法律规范总

称。其主要内容包括：关于司法机关及其他诉讼参与人进行诉讼活动的原则、程序、方式和方法，以及诉讼当事人权利和义务的规定；关于检察或监督诉讼活动是否合法，以及纠错的原则、程序、方式和方法的规定；关于执行程序的规定。一般将诉讼法分为刑事诉讼法、民事诉讼法和行政诉讼法，我国目前的诉讼法方面的规范性法律文件主要以这三类为核心。非诉讼程序法主要包括《中华人民共和国仲裁法》《中华人民共和国劳动争议调解仲裁法》《中华人民共和国人民调解法》等。

以上是常见的法律部门划分。在国内理论界，还有些学者划分出军事法和国际法法律部门。军事法就是有关军事管理和国防建设的法律规范的总称。而关于国际法能否成为当代中国法律体系的一个独立的法律部门，法学界仍存在争议。但国际法作为一个客观存在，我们不能忽视其在我国法律体系中的特殊地位，也不可能将其完全排除在我国法律体系之外。国际法一般可分为国际公法、国际私法、国际经济法三个法律部门。

第二节　社会主义法律的实施

所谓法律实施，是指法律规范的具体要求通过法律遵守、法律执行、法律适用等形式或途径在社会生活中得以实现的活动。法律的生命在于实施。法律制定以后，重要的是如何将法律制度落实于社会生活，否则法律就是一纸空文。社会主义法律的实施是全面依法治国、建设社会主义法治国家的重要环节，是实现法律调整社会关系、促进经济发展、保障公民权利的具体体现。法律实施包括多个基本环节或基本形式，从守法、到执法和司法。此外，为了保证法律有效、公正地实施，还要设置正当程序，依法对法律实施活动进行充分监督。

一、遵守法律

(一) 遵守法律的含义

遵守法律通常简称守法。广义的守法就是法律实施，是指各国家机关、社会组织(政党、团体等)和公民个人严格依照法律规定从事各种事务和行为的活动。而狭义的守法主要是指普通公民的守法。在现代法治社会，法律的要求是所有社会主体都要遵守法律，狭义的守法带有强迫和允许特权的色彩，所以本书中的守法是指广义的守法。守法是法的实施的最重要、最自然、最普遍的方式，它不需要借助外力的干预，而是法律主体自觉自愿的行动。立法者制定法律的目的就是使法律在社会生活中得到实施。法治社会要求法律一经制定和生效，必须付诸实施。如果一个国家和社会制定了大量的法律，但却不能在社会中得到遵守和实施，那将失去立法的目的，也使法律自身失去权威。

(二) 遵守法律的主体

守法的主体是指在一个国家和社会中，哪些人或哪些组织应该成为遵守法律的主体。

《中华人民共和国宪法》对法的遵守做出了明确的规定，第五条："一切国家机关和武装力量，各政党和各社会团体、各企业事业组织都必须遵守宪法和法律。一切违反宪法和法律的行为，必须予以追究。""任何组织或者个人都不得有超越宪法和法律的特权。"第五十三条："中华人民共和国公民必须遵守宪法和法律，保守国家秘密，爱护公共财产，遵守劳动纪律，遵守公共秩序，尊重社会公德。"所以守法的主体有三种：个人、组织、国家。我们谈到守法的时候，一般容易首先想到个人。从法的最初起源来看，法的义务规定一般也是指向个人。在社会中，个人是最广泛的行为主体，组织和国家的行为都要通过个人的行为概念来加以说明。

此外，一个国家的法律肯定不可能对全世界的人都有法律效力，法律效力总有地域上的限制。在这个意义上讲，守法针对的个人，首先是指一个国家的公民，至于何为一个国家的公民，则是该国相关法律规定的事情。由于各国的法律总存在地域范围，所以守法的个人，自然就包括了在本国的外国人或无国籍人。换言之，只要处于特定的国家之内，守法问题总是存在的。国家守法是一个现代的概念。现代国家，政府内部各部门之间有明确的分工和制约，作为政府一部分的政府机构、政府官员，自然可以对另一部分政府官员实施法律上的强制。而政府机构、官员又是代表国家的，所以说国家守法是符合逻辑的，国家守法的具体表现就是政府机构及其官员的守法。

【拓展阅读7-3】

《中华人民共和国刑法》(2020年修正)节录

第六条 凡在中华人民共和国领域内犯罪的，除法律有特别规定的以外，都适用本法。

第七条 中华人民共和国公民在中华人民共和国领域外犯本法规定之罪的，适用本法，但是按本法规定的最高刑为三年以下有期徒刑的，可以不予追究。

中华人民共和国国家工作人员和军人在中华人民共和国领域外犯本法规定之罪的，适用本法。

第八条 外国人在中华人民共和国领域外对中华人民共和国国家或者公民犯罪，而按本法规定的最低刑为三年以上有期徒刑的，可以适用本法，但是按照犯罪地的法律不受处罚的除外。

《中华人民共和国行政诉讼法》(2017年修正)节录

第一条 为保证人民法院公正、及时审理行政案件，解决行政争议，保护公民、法人和其他组织的合法权益，监督行政机关依法行使职权，根据宪法，制定本法。

第二条 公民、法人或者其他组织认为行政机关和行政机关工作人员的行政行为侵犯其合法权益，有权依照本法向人民法院提起诉讼。

前款所称行政行为，包括法律、法规、规章授权的组织作出的行政行为。

第三条 人民法院应当保障公民、法人和其他组织的起诉权利，对应当受理的行政案件依法受理。

行政机关及其工作人员不得干预、阻碍人民法院受理行政案件。

被诉行政机关负责人应当出庭应诉。不能出庭的，应当委托行政机关相应的工作人员出庭。

(三) 遵守法律的表现

守法意味着一个国家和社会的各种社会主体严格依照法律办事的活动和状态。依照法律办事，就自然包含两层含义：其一，依照法律承担义务并履行义务，守法首先是对义务的遵守，这是一般语言里的用法。其二，依照法律享有权利并行使权利，守法绝不是只遵守义务的规定，按照法律赋予的权利去享有也是守法的表现。比如公民有选举权，公民参加选举也是守法的体现。因此，我们不能仅仅将守法理解为只是承担义务和履行义务，它也包含享有权利和行使权利。

二、执行法律

(一) 执行法律的含义

执行法律，又称法律执行，简称执法，是指国家行政机关及其公职人员依照法定的职权和程序，贯彻实施法律的活动。执行法律，是直接、广泛、主动地行使国家权力的表现，是国家行政管理的另外表现形式。执法是法律实施的重要组成部分和方式。对于这个概念，有三点需要注意：①国家行政机构作为执行主体，是一个较为笼统的用语，要在具体的执行活动中确定执行的机关或公职人员；②执行法律通常简称执法；③执行法律有广义和狭义之分。广义的执法包括行政机关的执法、司法机关的执法和法律授权委托的组织或个人的执法活动，狭义的执法仅指行政机关的执法活动。

(二) 执行法律的特征

与立法、守法及司法相比，执法具有以下特征。

其一，执法内容十分广泛。由于行政本质上是管理权和治理权，这就决定了法律执行的内容非常广泛，涉及社会生活的各个方面。由于社会发展，社会事务日益复杂化，面对复杂的社会事务分类，政府的执法内容也必然不断增加，而且难免会积极干预社会。

其二，执法的主动性。执法有时是根据当事人的要求才出现的，当然这样的情况比主动的情况少。作为社会的管理部门，政府总是奉行"家长主义"，对个体的行为不会放纵不管，而是进行各种管理。按照法律的要求，国家行政机关及其公职人员应当依照法律，积极、主动地履行职责，否则就是违法。政府可以根据法律规定，按照法律程序自行决定和直接实施执法活动，不需要行政管理相对人的同意。

其三，执法具有强制性。由于政府的"家长主义"特点，政府的执法行为必然会带有主动性和一定的强制性。这种管理，从理论上说，并不是要强加个人义务，干预个人权利，相反是为了更好地保护个人权利,通过管理的方式来维系社会的义务,保障社会的权利,使人人受益。这是政府管理部门的职责所在。当然,现实中无法绝对避免政府的滥用权利和政府公职人员的违法。

(三) 执行法律的原则

为实现依法执法并约束执法机关,防止执法权力滥用,执法活动必须遵守一些基本的原则。

其一,依法行政原则。依法行政也就是通常所说的行政法治,是指行政机关的一切执法活动必须以法律为依据,严格执行法定权限、法定程序,否则无效,而且违法的行政机关和责任人员都必须承担相应的法律责任。依法行政是为了避免权力的滥用,防止对公民和其他社会组织权利的侵害。英国思想家阿克顿勋爵说:"权力导致腐败,绝对权力导致绝对腐败。"[①]政府是行使公共权力的机构,最容易产生权力滥用,因而依法行政是现代法治的一条基本原则,也是执法活动的首要原则。依法行政要求行政主体合法、权限法定、行政程序合法、行政结果公开。

其二,执法合理原则。执法合理是指行政机关的执法活动应当客观、适度,在法律规定的范围内体现公平、正义的要求。执法行为仅仅合法并不能完全体现法律的精神和实现行政管理的职能,还必须有合理性。由于法律不能对社会生活的各方面做出详细的规定,必然要赋予行政机关一定的自由裁量权,行政机关必须在法律的基本精神和基本原则的指导下,正确行使裁量权,斟酌权限,采取合理的执法措施。执法合理原则要求执法必须有正当的执法动机,执法的内容与结果公正、合理。

其三,执法效率原则。从执法整体看,执法也讲求效率,要求行政机关的执法活动符合经济学上的效益原则,即成本收益的比例关系,以最低的执法成本获得最大的执法效益。法律执行要处理诸多紧迫的问题,在现代社会运行节奏较快的情况下,如果效率低下,则会给国家、社会和公民的利益造成重大损害。从具体行政执法来看,在依法行政的基础上,还要求迅速、准确、高效。

其四,信赖保护原则。由于行政行为具有确定力,行为一经做出,如果没有法定理由,未经过法定程序,就不得随意撤销、废止或改变。行政行为做出后,如果需要依法改变或撤销,因此而给无过错行政管理相对人造成的损失,应予以补偿。

三、适用法律

(一) 适用法律的含义

一般来讲,适用法律是法的实现的最终环节,是我们理解法的实现的一个关键。在法的实现过程中,尤其是从国家权力运作的角度思考,执行法律具有权力效应的广泛性和多

---

① [英]阿克顿. 自由与权力[M]. 候建,范亚峰,译. 北京:商务印书馆,2001:342.

面性。但是在现代社会，或者从现代社会的法律制度理想与架构来说，国家权力运作的最终是适用法律。以最后的效力论，适用法律比执行法律更为关键，适用法律是法律制度运行或法的实现的最后阶段。不论是一般公民或组织的遵守法律、适用法律行为，还是国家行政机关及其公职人员执行法律的活动，最终都要落在适用法律中寻求自己的合法根据，有些国家甚至连立法上的争议都要通过适用法律来解决。

在日常语言中，适用法律又被称为法的适用，指国家司法机关根据法定职权和程序，具体应用法律处理案件的专门活动。由于这种活动是以国家名义来行使司法权的，因而也简称司法。在中国，法院和检察院就是国家的司法机关。司法是法律实施的一种特殊方式，公正、独立的司法对于保护公民权利、维护社会正义、实现法律目的具有重要的意义。

(二) 适用法律的缘由

司法活动是法律实施的最后一个环节，通常在法律得不到顺畅实施的时候才会出现，也就是此时案件存在争议，因此适用法律有两个简单的理由。

其一，在某些情况下，适用法律的出现是因为出现了不遵守法律的情况，或者适用法律遇到了障碍，或者执行法律不公正。在法律无法正常运行的情况下，必须有一种补救机制来解决法律运行中的困难，这就需要司法机关出面。

其二，在某些情况下，适用法律的出现是因为人们对法律具有不同的理解，期待一个裁决的结果。从法院角度来看，这是适用法律；从当事人来看，这也是适用法律的体现。此时也需要司法机关来解决社会纠纷。

【拓展阅读 7-4】

顶盆过继案

1997 年 12 月 1 日，青岛市李沧区石家村居民石君昌病逝，而子女都先他而去，家族中的老人只能在其近亲属里找个后辈为其"顶盆发丧"。按照习俗，"顶盆"的本家后辈等于过继给了死者，死者的所有家产均归其"继子"。若找不到人来"顶盆"，死者就不能发丧。石君昌的侄子石忠雪最终被选定。石忠雪同意"顶盆"，死者便入土为安。此后，石忠雪一家便住进了石君昌的房子，直到房屋被拆迁。八年中谁也没有提及房屋产权的归属，也没有发生任何争执。但当房屋拆迁时，其叔石坊昌却拿出了一份石君昌赠与房子给他的公证书。石坊昌认为，从国家法律上说，他是唯一的继承人，应当作为石君昌遗产的法定继承人。2005 年 9 月，石坊昌以非法侵占为由向青岛市李沧区人民法院起诉，将石忠雪告上法庭，请求依法确认自己和石君昌之间的赠与合同有效，并判令被告立即腾出房屋。在诉讼中，石忠雪提出了自己"顶盆过继"的事实，但这个说法被石坊昌一口否认，石坊昌认为"顶盆"不能作为继子。

2005 年 12 月，区法院做出了一审判决：驳回原告石坊昌的诉讼请求。法院经审理认为，本案中赠与合同的权利义务相对人仅为石坊昌与石君昌，原告以确认该赠与合同有效作为诉讼请求，其起诉的对方当事人应为石君昌。因此，原告以此起诉石忠雪于法无据，本院遂不予支持。被告石忠雪是因农村习俗，为死者石君昌"戴孝发丧"而得以入住其遗留的房屋，至今已达八年之久；原告在死者去世之前已持有这份公证书，但从未向被告主张过该项权利，说明他是知道"顶盆发丧"的事实。因此被告并未非法侵占上述房屋。

"顶盆发丧"虽然是一种民间风俗，但并不违反法律的强制性规定，所以法律不应强制干涉。因此，原告主张被告立即腾房的诉讼请求法院不予支持。一审判决之后，原告石坊昌不服，提出上诉。2006年3月，青岛市中级人民法院对本案做出终审判决：维持原判。由此可见，法院充分考虑了"顶盆发丧""顶盆过继"等民间习俗，对这种客观事实和并不违反法律的传统风俗给予了一定的尊重。

(三) 适用法律的特点

其一，主体特定。司法是由特定的国家机关及其公职人员，依据法定职权实施法律的专门活动。在古代社会，司法和行政合一，因此是行政官员兼理司法活动，而现代社会强调国家权力分开行使并互相监督，因此专门设司法机关。在我国，人民法院和人民检察院是代表国家行使司法权的专门机关，其他任何国家机关、社会组织和个人都不得从事这项工作。从主体特点也可以看出司法是一项很专业性的活动。

其二。具有国家强制性。由于法律适用总是与法律争端、违法的出现相联系，总是伴随着国家的干预、争端的解决和对违法者的法律制裁，因而没有国家强制性，就无法进行上述活动。司法机关依法所做的决定，所有当事者都必须执行。

其三，具有严格的程序性。法律适用是司法机关依照法定程序、运用法律处理案件的活动，司法机关处理案件必须依据法律程序。法律程序是保证司法机关正确、合法、及时地适用法律的前提，是实现司法公正的重要保证。同时，司法机关对案件的处理应当有相应的实体法法律依据，枉法裁判应当承担相应的法律责任。

其四，法律适用所做出的裁决具有终局性。法律的适用是法律争议的终点，就现代的法律制度来说，人们赋予了法院对纠纷的最后裁决权。生活中各类刑事案件或民事案件，最终如何定性和处理，人们依靠的是法院。当然，如果法律本身不合适，需要修改法律，这已经属于立法领域的问题，而不是法律适用。

其五，司法权的运行具有被动性。法律适用属于司法权的范畴，在司法实践中坚持不告不理的原则，因而具有被动性，这一点也是司法权与行政权的重要区别。当然，就有些案件来说，司法机关要主动追究，比如检察机关刑事案件提前公诉，但法院不会主动启动司法程序。

【拓展阅读 7-5】

电梯劝烟案

2017年5月2日上午，段某某与杨某先后进入郑州某小区5号楼1单元电梯内，因段某某在电梯内吸烟,杨某进行劝阻,二人发生言语争执。段某某与杨某走出电梯后,仍有言语争执。双方被物业工作人员劝阻后,杨某离开,段某某同物业工作人员进入物业公司办公室,段某某心脏病发作猝死。段某某家属将杨某告上法庭,要求赔偿相关损失近40万元。根据小区监控视频显示,事件发生过程中,段某某情绪较为激动,并随着时间的推移情绪激动程度不断升级;杨某在整个过程中,情绪相对比较冷静、克制;二人只有语言交流,无拉扯行为,无肢体冲突。经核算,三段监控视频中显示杨某与段某某接触时长不足5分钟。

一审中,法院认为,段某某与杨某因为吸烟问题发生言语争执,然后段某某猝死,这个结果是杨某未能预料的,其行为与老人的死亡没有必然的因果关系,但依照当时《侵权责任法》规定,受害人和行为人对损害的发生都没过错的,可以根据实际情况,由双方酌情分担损失。根据公平原则,酌定杨某向段某家属补偿1.5万元。杨某不服,提起上诉。二审法院认为,杨某在电梯内劝阻吸烟行为,并没有超过必要限度,属于正当行为,杨某也不知道段某某患有心脏病。虽然从时间上看,劝阻吸烟和段某某死亡的后果是先后发生的,但两者不存在法律上的因果关系,因此,杨某某不应当承担侵权责任。二审法院还认为,本案中,杨某对段某某在电梯内吸烟予以劝阻合法正当,是自觉维护社会公共秩序和公共利益的行为,一审判决判令杨某分担损失,让正当行使劝阻吸烟权利的公民承担补偿责任,将会挫伤公民依法维护社会公共利益的积极性,既是对社会公共利益的损害,也与民法的立法宗旨相悖,不利于促进社会文明,不利于引导公众共同创造良好的公共环境。一审判决错误,二审法院依法予以纠正。

(四) 适用法律的原则

其一,司法合法性原则(或司法法治原则)。这项原则包括两个方面的内容:一是法官处理案件应该以事实为根据,不能以主观臆想为依据。当然,这里的事实不等于客观事实,而是能够以证据证明的事实;二是以法律为准绳强调的是法官等职业主体,应该严格依法办事。

其二,司法平等原则。这既是一项重要的司法原则,是法律基本价值在司法活动中的体现,也是我国公民的一项基本权利。我国的宪法、民诉法、刑诉法等法律中都确立了这一原则。这个原则强调对所有人平等保护,同等对待。当然,不排除对某些由于生理等原因的特殊群体予以特殊保护,这种保护的目的是实现实质公平。此外,司法平等要求反对特权,任何人实施违法犯罪行为都应被追究法律责任。

【拓展阅读 7-6】

中国古代的八议制度和现代的法律适用平等原则

八议制度是一种典型的司法特权制度,即八类权贵人物犯罪以后,"大罪必议,小罪必赦",享受特殊优待,司法机关不得擅做处理的制度。八议为:一议亲,二议故,三议贤，四议能，五议功，六议贵，七议勤，八议宾。八议制度的直接渊源是《周礼》中的"以八辟丽邦法"，自三国时期曹魏《新律》始正式载于律文。《唐六典》卷六称"是八议入律，始于魏也"。具体解释："亲"指皇室一定范围内的亲属；"故"指皇帝的某些故旧；"贤"指朝廷认为"有大德行"的贤人君子；"能"指"有大才业"，能整军旅、莅政事，为帝王之辅佐、人伦之师范者；"功"指"有大功勋"者；"贵"指职事官三品以上、散官二品以上及爵一品者；"勤"指"有大勤劳"者；"宾"指"承先代之后为国宾者"。

八议制度是中国古代礼法结合的产物，也是"刑不上大夫"礼制原则的具体体现。近代中国法律制度转型之后，法律面前人人平等原则代替了古代的特权制度。《中华人民共和国刑法》(2020年修正)第四条规定："对任何人犯罪，在适用法律上一律平等。不允许任何人有超越法律的特权。"

其三，司法权独立行使原则。这项原则包括以下内容：①国家的司法权由司法机关统一行使，其他社会主体无权行使；②司法机关独立行使司法权，不受其他社会主体的非法干涉；③司法机关在法律规定的范围内行使司法权，其他社会主体依法行使合法的监督权，可以对司法机关的活动进行监督。

其四，司法责任原则。司法机关和司法工作人员在职务活动过程中侵犯了公民、法人或其他社会组织的合法权益，造成一定后果，应当承担相应责任。《中华人民共和国国家赔偿法》(2012年修订)第二条规定："国家机关和国家机关工作人员行使职权，有本法规定的侵犯公民、法人和其他组织合法权益的情形，造成损害的，受害人有依照本法取得国家赔偿的权利。"

四、法律监督

(一) 法律监督的含义

在汉语中，"监督"一词原意是为了对派出作战的将军进行监察、督促而设的官职，目的是保证命令的严格执行，减少失误。《后汉书》记载："古之遣将，上设监督之重，下建副二之任，所以尊严国命而鲜过者也。"后来"监督"一词的用意越来越广，已不仅仅限于军事。在法学理论中，任何权力的运行都必须受到监督制约，在中国社会主义法治中，这个原则同样重要。

法律监督是保证法律良好实施的重要条件，法理学界一般认为法律监督的含义有广义和狭义两种。根据我国的宪法对法律监督的规定，就是从广义上讲，法律监督是指所有的国家机关、政党组织、社会团体和公民个人等，为维护法治，对法律执行、法律适用和法律遵守等的合法性进行的监督。广义上的法律监督，突出了监督主体的多元性，认为所有的国家机关、社会组织和公民都是进行法律监督的主体，其监督的对象也涉及各种主体行为的合法性，实际上是把各种法律活动纳入了相互监督的范围，比如立法机关的活动由其他主体进行监督，而立法机关也可以对其他主体的活动进行监督。广义法律监督的含义比较能够囊括现实中的各种法律监督现象。狭义的法律监督是指特定的负有监督之责的国家机关对法律实施活动的监督。在中国，按照法律的规定，狭义的法律监督是人民检察院监督。《中华人民共和国人民检察院组织法》第二条规定："人民检察院是国家的法律监督机关。人民检察院通过行使检察权，追诉犯罪，维护国家安全和社会秩序，维护个人和组织的合法权益，维护国家利益和社会公共利益，保障法律正确实施，维护社会公平正义，维护国家法制统一、尊严和权威，保障中国特色社会主义建设的顺利进行。"

这里需要注意，中国目前的监察委员会是反腐败工作机构，因此属于广义的法律监督。中华人民共和国国家监察委员会是最高监察机关，领导地方各级监察委员会的工作。中华人民共和国国家监察委员会由全国人民代表大会产生，负责全国监察工作。对全国人民代表大会及其常务委员会负责，并接受监督。

法律监督属于法治运行体系的重要组成部分，在立法、执法、司法、守法之外，通过法律监督能够发现法律运行中的不足，尤其是对公权力主体起到制约作用，更好地实现法治目标。

（二）法律监督的构成

法律监督的构成是指实现法律监督所必须具备的要素。一般来说，法律监督由四个要素构成：法律监督的主体、法律监督的对象、法律监督的内容、法律监督的规则和程序。

其一，法律监督的主体。法律监督的主体是指由谁进行监督。在一般法学教材中，法律监督的主体被概括为三类：国家机关、社会组织和公民。有学者也把由这些主体所构成的法律监督称为法律监督体系。我国法律监督的主体具有广泛性，全国人民、国家机关、武装力量、各政党、社会团体和企业事业单位等，都是法律监督者，也是被监督者，在法律上都有监督的权利和义务。

其二，法律监督的对象，即法律监督的客体。它包括两方面的内容，即监督谁和监督什么。在中国，既然监督对象是广泛的，那么被监督主体也应是广泛的。所以，所有的国家机关、政党、社会团体、社会组织、大众传媒和公民都属于被监督对象。而监督什么主要是指这些被监督主体的行为。但我们应注意到，法律监督的重点是国家司法机关和执行机关及其工作人员的活动，之所以有这种看法，是因为国家的各种活动主要依靠国家机关及其工作人员来具体实现。

其三，法律监督的内容，就是对被监督主体行为的合法性进行审查。行为的合法性是法治社会中的重要概念。实施法律监督就是要对各种活动的合法性进行审查。这里的合法性应包括两方面的内容：一是形式合法性，即被监督主体的行为应符合法律规则和程序的一般要求；二是实质合法性，即被监督主体的行为是否符合广大人民群众的利益、要求、社会通行的正义观念及社会发展的规律。

其四，法律监督的规则和程序。法律监督的规则是指法律监督者进行监督的法律依据和所应遵循的实体规则。法律监督虽说是对其他主体行为的合法性审查，但监督者也不能违法。实施法律监督应有法律依据，如人民检察院实施法律监督，其依据就是宪法和人民检察院组织法的有关规定;《中华人民共和国人大常委会监督法》就是各级人大常委会进行监督的法律依据;各级监察委要依据《中华人民共和国监察法》《中华人民共和国公职人员政务处分法》《监察法实施条例》对公职人员进行监察。法律监督的程序是指从事法律监督行为所应遵循的步骤、方式和手续。法律监督的程序非常重要,这是监督过程中法治原则的体现,对防止监督者滥用监督权力起着非常重要的作用。

(三) 法律监督的原则

中国特色社会主义法治运行过程中,法律监督要遵守以下基本原则。

其一,民主原则。法律监督要多元、双向、开放,必须坚持民主原则才能实现不同主体之间的相互监督。中国实行人民代表大会制度,一切权力属于人民,基于这个逻辑起点,国家的行政机关、司法机关、监察机关都由人大产生,接受人大监督,也要接受全民监督。当然,社会其他主体遵守法律的情况也应该受到监督。

其二,法治原则。法律监督当然必须遵守法律的要求,严格按照法律规定的权限和程序进行。权力容易滥用,监督权力也可能被滥用,因此必须健全法律制度和运行机制,增强法律监督的准确性、权威性和有效性。

其三,公开原则。"阳光是最好的防腐剂。"公开、透明既是进行法律监督的基本前提,也是现代法治发展的根本趋势。从实践来看,只有让公权力的行使以及其他社会主体违法犯罪行为依法公之于众,才能引起关注和舆论压力,才具有监督效果并规范权力行为,保障法律的正确实施。

其四,效率原则。法律监督不仅是对法律实施者的纠偏、惩戒,也具有一定督促与激励作用。法律监督越及时、有效,就越能够防止和减少权力滥用,从而达到维护国家和人民利益的目的。法律监督必须措施得力、及时和有效,否则就容易陷入相互的纠缠而导致法律实施的效果下降,无效率的法律监督就失去了存在的意义。

本章思考题

1. 中国特色社会主义法治体系包括哪些内容?
2. 比较执法与司法的不同要求。
3. 结合前面所学知识,思考中国特色社会主义法治体系的特征。

第八章

法治文明的未来发展

【本章导学】

科技革命给人类现代社会生活带来的变革,在于将科学和技术通过人为理性结合在一起,并彻底地重塑人类的法权秩序本身。每一次科技革命所积聚的创新势能,将对法律的保守性格构成张力并形成挑战。好的法治在于顺应并驯服这种来自现代科技的挑战,坏的法治则被现代科技捆绑从而悬置法治的内在价值。科学和法律同属于认识论和解释论的范畴,都带有权力色彩;技术则是人类改变或控制外部客观环境的手段,属于实践领域,从而与法律"最大多数人的最大利益"的功利主义目标重合。科技对法治文明的影响主要体现在建构更合理的因果关联、完善法律制度等方面,其中来自大数据、人工智能和算法的挑战及法律应对,将有可能构造一种新型的数据法治或未来法治。而这一切的理想图景,是走向全球法治文明。中国作为一个具有厚重文明传统的大国,理当在保持对外开放、虚心学习各国思想文化精华的同时,不断铸牢民族共同体意识,融会贯通中国共产党领导中国革命的政法传统、古典儒家的礼法传统和来自西方文明的律法传统,秉持人类命运共同体法治理念,通过法治竞争构筑一种文明相融的新型法治观。

【知识要点】

1. 法律与科技对因果关系的认知和处理并不一致,法律的运作需要耗费大量的社会财富和制度成本,不可能无限制地还原或穷尽科学因果关系,因此在真实的法律实践中,有时不得不"为了正义,斩断因果"。

2. "负责任的主权"意味着法律全球化时代的主权观念和主权行使必须对本国国民和其他国家均负有义务和责任。这意味着主权国家有义务保障国民最低水准的安全和社会福祉,且对本国国民和国际社会均负有责任。这就要求,负责任主权号召所有国家秉持"全球若比邻"的人类命运共同体理念,对自己那些产生国际影响的行为负责任,要求国家将相互负责作为重建和扩展国际秩序基础的核心原则、作为国家为本国国民提供幸福生活福祉及全球连带责任的核心原则。

3. 人类文明秩序经历了宗教文明秩序—道德文明秩序—法治文明秩序的演化,未来在元宇宙的数字空间支配下,基于法律对于大数据的规制及整合,未来可能形成一种新的数据文明秩序。

第一节 现代科技对法治文明未来发展的影响

前文一般性地介绍了科技与法律的关系，本章重点关注网络与大数据时代，现代科技对法治文明未来发展的影响。早在19世纪末，美国联邦最高法院首席大法官霍姆斯就指出："理性地研究法律，当前或许属于'白纸黑字'的文本主义者，但未来属于大数据专家和经济学家。"[①]今天看来，霍姆斯的预言非但没有过时，反而随着"数据法学"的崛起，原本是作为主权者命令体现的法律却更多也可能是过早地呈现出"数据新秩序的法律地图"之侧面。作为现代科技最前沿的大数据算法无疑对全球法治文明的交流与发展产生了全面而深远的影响，值得我们在理论与实践上予以认真对待。

一、分久必合：科学与技术的现代命运

在通行的历史叙事中，科技革命是对科学技术予以全面、彻底、根本性地变革。一般认为，近现代历史发生过三次重大的科技革命：第一次科技革命，即工业革命，以18世纪60年代蒸汽机的发明和使用为开始标志，以1840年前后，大机器生产成为工业生产的主要方式为完成标志。对于法律文明秩序而言，第一次科技革命最重要的"文明"成果就是资本主义最终战胜了封建主义，率先完成工业革命的西方资本主义国家逐步确立全球霸权，世界形成了"西方先进、东方落后"的二元秩序格局。19世纪末，电磁学理论创新驱动了第二次科技革命，以电力和内燃机的发明与使用为标志，人类进入电气时代。电力、钢铁、石油的广泛使用，改变了战争的逻辑和全球秩序。以至于第一次世界大战就是丘吉尔以自己的政治生命为筹码，通过"煤改油"决定了日不落帝国的未来和对德作战的胜利，第一次世界大战也因此被认为"协约国是在石油的海洋上漂向胜利"。第二次世界大战后，计算机、新能源(原子能)、新材料、航天技术、生物技术等新兴手段的运用，引起了第三次科技革命。传统欧洲公法"陆地/海洋"的二元秩序范式被颠覆，卡尔·施米特提出对"气"元素的运用和对太空的征服创造了崭新的历史图景，并为此主张一种超越民族国家又区别于普世帝国的"大空间秩序"。[②]

科学注重用知识或理论来认识并诠释世界，讲求的是实验观察、因果分析和经验证伪，属于认识论领域。从这个意义上说，科学不是求对，也不是求错，而是求"可能被事实推翻"，可能被事实推翻但没有被推翻的理论就算获得证实。这也意味着，一个现象可以有多个科学解释，"解释现象的用场是衡量理论的最重要准则。理论不应该以对或错来衡量"[③]。因此，科学属于认识论和解释论的领域，从而与法律有更多的内在契合，当我们用"法律

[①] "For the rational study of the law the black letter man may be the man of the present, but the man of the future is the man of statistics and the master of economics." Cf. Oliver Wendell Holmes, Jr. "The Path of the Law," 10 Harvard Law Review 457 (1897), p. 469.
[②] [德]施米特. 大地的法[M]. 刘毅, 等译. 上海：上海人民出版社, 2017：3-7.
[③] 张五常. 经济解释(卷一)：科学说需求[M]. 北京：中信出版社, 2014：47.

科学"来表述法学时,恰恰是在法律解释学或法律教义学的层面,强调法律是对人类行为的普遍规范和对法官将会如何判决的预测,这其实就是一种解释。所以德沃金关于"法律唯一正确答案"的命题,无非就是多种解释中最合理的一个,"在法官对一个案件所提出的各种解释中有一个解释是最佳的,而最佳的解释就是唯一正确答案"[①]。一个法律现象或案件可以有多个法律解释,法官按照正当程序做出的判决,只要没被上级法院推翻,这个判决就算成立并生效了。即使上级法院推翻了原有判决,也只是意味着上级法院的主审法官对案件事实做出了与原判法官不一样的解释,只要没有枉法裁判,就不应当对做出初审判决的法官进行所谓的"错案追究"。

技术是人类改变或控制外部环境及客观现实的手段,偏重通过具体的策略技巧和实践方案来改变世界,属于方法论领域。技术往往是在具体的劳动生产和社会分工过程中,由第一线劳动者或业务工人发明的。技术的初衷可能"卑之无甚高论",只是出于便利、赚钱、效率、偷懒的考虑,是为了实现自我利益最大化进行的发明或创造。这一点特质使得技术与法律"最大多数人的最大利益"的功利主义目标重合,因此,法律对于产权特别是技术诀窍(know-how)的知识产权保护与道德伦理无关,只是一种实现财富最大化的公共政策手段。认识到这一点很重要,科学与技术的分离是常态,结合才是晚近的现实。科技革命让科学与技术紧密联手,推动科学直接转化为技术,技术进步又对科学进步提出了更高要求。

站在法理学层面,我们有必要指出:"科学"与"技术"的联姻,本身是一个比较短的历史现象,科技革命带给人类现代社会生活的改变,除了一些"奇巧淫技"的器物变化,将"科学"和"技术"通过人为理性结合在一起,并彻底重塑人类的法权秩序本身,这才是"科技革命"称之为"革命"的本质所在。论证科学与技术的法理区别是为了指明,科学的目的在于认识世界,而技术的目的在于改造世界,两者之间并非自然同步。换言之,科学与技术原本分属不同的领域,而科技革命正是通过对科学和技术进行深入且彻底地变革,改变了二者各自的功用与分工,并共同服务于人类社会的生活治理和秩序塑造。所谓的第 N 次科技革命,无非是让科学和技术的整合变得密不可分又自然顺畅。而每一次科技革命所积聚的创新势能,将势必对法律的保守性格构成张力并形成挑战,好的法治在于顺应并驯服这种来自现代科技的挑战,坏的法治则被现代科技捆绑从而悬置了法治的内在价值,造成哈贝马斯所批判的"系统对生活世界的殖民"。

法律是一种实践性的力量,必须强调可操作性。因此,法律思想必须对科学保持开放,当一种新的科学理念兴起之时,法律学理当与科学前沿保持同步,积极吸纳最新的科学思潮,多维度激活法学理论的智识品位。但法律实践却应当秉持保守主义立场,对科学前沿保持审慎甚至疏离,在科学理论没有获得恰当、可靠的技术保障前提下,不宜过度激进地"超越法律"。就像刑法学中的"天生犯罪人"理论,如果仅仅是学者关联科学(医学)与法律(刑法)的前沿探索,问题不大;但在技术领域贸然付诸实践,要么变成纳粹用来进行种

---

① 邱昭继. 法律问题有唯一正确答案吗?——论德沃金的正确答案论题[C]. 法律方法(第9卷). 济南:山东人民出版社,2009.

族灭绝的国家理由，要么可能成为电影《少数派报告》那样的违反公民基本权利保障的恶行。所以，法律学术共同体可以先期思考"数据法学"或"计算法学"的理论边界，但要推进甚或推广所谓的"人工智能审判"，决策者就必须有行稳致远的政治定力。前沿科技对于法律实践而言，可能不是越多越好，而是少即是多。

二、科技对法治文明影响的一般法理

（一）为法律运行提供因果关联

按照马克思主义法理学的观点，世界万物之间存在普遍联系。然而，这些事物现象之间具体是如何产生关联的，却是科技与法治共同关注并致力解决的一个问题。有的时候，法律与科技对因果关系的认知和处理并不一致。譬如，古代社会如果发生了地震、洪涝等重大的自然灾害，皇帝往往需要下"罪己诏"，反省自己及中央政府施政过程中可能存在重大过失，不修德政而导致上天降罪示警，从而在"天灾"与"人祸"之间建构了一种因果关系。这种"因果关系"放到现代科技的灾害预警系统中，肯定不科学，但放到古代社会的语境下，在科技发展水平有限的条件下，这种法律上的因果关系能够动员中央和地方政府以及整个官僚阶层基于内心怵惕和"为君父分忧"的责任伦理，高效率地投入救灾的集体行动中。类似的逻辑还体现在赌咒发誓、神明裁判、猎巫行动等虽然非科学但却在传统社会中广泛运用且总体行之有效的一系列政法实践机制中，起到的是切实的社会控制作用。

此外，法律的运作需要耗费大量的社会财富和制度成本，不可能无限制地还原也就是穷究科学上的普遍联系。"为了正义，哪管天塌地陷"作为修辞，法律人在向法盲普法的过程中喊两句口号可以，客观上也能起到一定的凝聚法治信仰的社会功能，但在真实的法律实践中，"为了正义，斩断因果"才是法治的常态。一个人因邻居的霸道欺侮，不能在自己的宅基地上正常建房，导致无家可归，向政府及社会多次求助也无济于事。在一次冲突中因不堪受辱，忍无可忍将邻居及其家人杀死。这个案件背后无疑涉及复杂的社会因果关系，包括两家人之间的历史宿怨、传统乡土权威的解体、农村土地错综复杂的产权实践、乡规民约的事实效力、基层政权的治理能力缺失……但法律及法庭不可能也无能力将这些因果关联巨细厘清，只能做一个大致合理的"切断"，刑法理论因此提炼出"危害行为"与"危害结果"两个要素，并用"条件说"来建构危害行为与危害结果之间的因果关系。这或许不够"科学"，但至少符合效率。社会共同体的生活秩序可以没有科学而维持下去，但违背了效率，就注定要被自然选择淘汰。

尽管如此，现代科技对自然及社会现象因果关系的可靠确证，还是会全面且深远地影响法律制度的运作。今天的法律之所以不再适用诸如赌咒发誓、神明裁判、猎巫行动这类貌似封建迷信的制度，不是因为现代人变得更宽容、更讲人权，而是因为科学技术改变了我们对因果关系的认知——新冠疫情的流行是新型冠状病毒的空气传播所致，现代的大数据技术加持的传播链条回溯，甚至能精确排查特定的时空伴随者，自然不需要再人心惶惶地胡乱抓捕臆想中某个隐藏在人群中的邪恶"巫师"。

除此之外，现代科技对法律制度运作的影响还体现在对某些心理或文化的因果关系的科学界定上。我们常说"远亲不如近邻"，恰恰因为邻里之间在事实上构成了一个亲密的生活共同体，"清官难断家务事"，在法律上对相邻权关系的权利义务判断往往成为传统司法实践中的一大难题。以往相邻权纠纷中常见的噪声污染问题就是一个范例，小区内广场舞表演或隔壁邻居演奏乐器的行为，对于当事人而言感觉很好，但对周边邻居的安宁静谧生活和心理健康却可能构成"侵权"，至少也是某种意义上的"权利冲突"问题。然而传统司法对这类问题束手无策，只能通过调解加"批评与自我批评"这类传统政法策略化解纠纷，效果不佳。随着噪声分贝测试技术的出现，已经能对噪声类型和来源进行准确界定，而医学发展也使人们能更精准地评估噪声对身心健康的具体危害程度，这就为立法对生活空间的安宁权进行法律规制奠定了技术基础。类似通过科技溯因解决法律问题的思路还体现在对高空抛物的法律规制上，通过摄像头监控、DNA检验等方式，能够精确锁定侵权行为人，追究其法律责任。

(二) 推动法律制度完善

现代科技对因果关系的精准界定将直接提升法律制度的运行效率，并客观上产生更好的人权保护效果。例如，现代法治视为"毒树之果"的由刑讯逼供所获致的口供，在传统社会特别是刑事案件中却被视作最重要的证据而大量使用。排除执法者的道德品质考量，一个至关重要的因素可能是当时缺乏可靠、可信且便捷的刑事侦查技术。没有便捷、有效且价格低廉的笔迹、指纹、足迹、视频监控、DNA鉴定技术，以及其他获取、保存或记录物证的技术，当重大刑事案件发生后，社会为了发现违法者或犯罪嫌疑人，对违法犯罪者实施有形或无形的暴力，获取侦破案件的口供线索，同时震慑其他潜在的不法行为人，就更有可能诉诸刑讯逼供。只要"结果正义"，最终破获了相关疑难案件，制止了更大程度的社会损失，且没有对犯罪嫌疑人造成极度不可欲的伤害后果，体制和舆论都会对此抱持必要的容忍与默许。刑讯逼供被当时的社会视为通过司法发现事实真相、证明司法判断的必要性手段，而允许刑讯逼供势必会出现冤错案件。考虑到在欠缺高科技侦讯手段的刑事司法语境下刑讯逼供的社会控制功能，再去理解所造成的"冤假错案"就可能形成不一样的结论：这是一个特定局限条件下的利弊取舍问题，盈亏同源，一个社会不可能只享受特定社会控制手段带来的秩序安全，而完全拒斥其负面后果。许多为启蒙思想家作为一个道德问题来反对的、被他们认为是反映了传统社会司法黑暗的刑讯逼供造成的冤假错案，实际上更多的是一个科技不发达时代容易发生的"悲剧"。今天刑讯逼供之所以在世界各国特别是发达国家都减少了，在很大程度上(尽管并非全部)是由于现代侦讯科技的发展，使得司法制度可以有更多、更可靠并更有效率的手段来获得对案件的更为正确的判断。

前沿科技的发展也可能成为促进法律制度创制的契机。譬如在互联网技术发展成熟并在现实生活中普遍运用起来之前，社会不会未卜先知地对互联网规制进行超前立法；而在区块链技术兴起之后，智慧司法、数字货币的法律规制问题、数字人权、"被遗忘的权利"等新兴权利的证成及保障就成为必须认真对待的法律问题，隐私保护也因此从传统民法的人格权范畴变成《中华人民共和国个人信息保护法》予以专项保护的独立权利。与此类似的还包括,随着现代大气科学对空气中二氧化碳含量与全球气候变暖之间因果关系的建构,以及随着"碳封存"技术的逐渐完善,围绕全球气候政治所展开的碳排放交易、碳中和与碳税问题都从观念领域进入法律的现实领域,并有可能全面重构现代法律的机制和原理。

三、未来法治：算法与法律

(一) 算法对法律的挑战

随着大数据与人工智能时代的到来,算法在越来越多的应用场景中被用于决策或辅助决策,并对法治文明的未来走向造成了现实影响。这种影响包括但不限于：①算法黑箱可能挑战人类决策的知情权与自主决定。从启蒙时代开始,近现代政治哲学和法理学都假定"人"是自由意志的唯一主体,在所有的重要事务中,做出最终决策的主体应当是人。这既排除了神学自然法对神之意志的想象,从而确保了政教分离的俗世政治秩序,同时也是对马克思所批判的资本主义对人的物化倾向的一种警醒和抗拒。但是在算法社会中,很多时候不透明的算法——而非人——成为决策主体。如果不加检验地以人工智能的算法决策替代人类决策,基于人之理性的人类自主决定将面临严峻考验。②算法可能威胁个体的隐私与自由。算法机制建立在个人数据的收集和偏好分析之上,结合大数据运算与个人数据进行个性化推送。但这种对个体偏好的预测、迎合与塑造可能损害公民个体的选择自由,使个体因禁于信息茧房(information cocoons)而不自知。个体受限于算法的控制,能接收到的信息只是算法根据个体偏好而筛选出来的"特定信息",而非那些更加中立甚或更具批判性可能促使个体反思自身偏见(prejudice)的信息。长此以往,个人的偏见会因算法塑造而逐步加强并最终走向封闭,个体实质自由可能受到威胁,不同阶层的观点、立场会因此而固化,不利于培养具备理性反思精神的现代公民。

(二) 法律的应对

针对算法对现代法治造成的挑战,传统法律规制主要采取三种方式加以应对：算法公开、个人数据赋权与反算法歧视。其中算法公开诉诸的是法律上的知情权。算法公开的主张者认为,算法崛起带来的最大挑战在于算法的不透明性,算法黑箱令常人无法理解它的逻辑或决策机制,应对策略就是进行算法公开,使算法能够且易于为人们所知晓。这种应对策略的问题在于,算法接近传统谋略中的"阳谋",即使你清楚、明白地知道算法的原理和策略机制,但基于反应能力、[①]自我利益、力量对比等,行动者仍然会按照算法给出的方案采取决策。老子的"天地不仁以万物为刍狗"就是对算法机制的一个绝妙解释。

[①] 股市中的量化交易是一个典型,很多基金公司基于法律的信息披露制度规定,不得已要将所执行的交易策略算法公之于众,但这并没有改变散户交易者的不利局面和助涨助跌的流瀑效应：第一,即使知道了某个优势交易策略,但散户的买卖速度显然不如人工智能的自动交易速度；第二,人性心理的固有弱点,侥幸、犹疑、不舍……使得个人交易者做不到人工智能那样坚定、果决地手起刀落,该买则买,该卖则卖；第三,某个胜率更大的优势交易策略被其他基金公司知晓后,大家都执行相同的交易策略,遇到一些特殊的买卖点,会在股票市场上形成空前一致的集体行动力量,导致股市骤涨骤跌,反而不利于金融市场的稳定。

个人数据赋权的方式认为，影响个体的算法都是建立在对个人数据的收集与应用基础上的，因此，应当对算法所依赖的对象——数据——进行法律规制，通过赋予个体以相关数据权利来规制算法。这是一种算法的人权规制路径，2021年通过并实施的《中华人民共和国个人信息保护法》依循的就是这种路径，但是实际中往往出现以下情况：①个人常常无法在数据收集时做出合理判断。按照目前法律对算法规制的"告知-选择"框架：企业等相关主体在网站或产品上告知相关群体其隐私政策，再由公民个体选择是否同意。实际上，个体对于隐私风险的认知往往有限且艰难——企业网站或 App 的隐私政策异常复杂且冗长，一般用户很难理解，同时细致阅读具体的隐私政策要花费海量时间。因此，即便数据隐私的立法赋予了个体知情选择权，但人们往往很少或几乎不阅读相关的隐私公告。②即使做出了判断也没得选，算法竞争同样发生在企业之间，往往最终会导致一个"赢家通吃"的市场。一旦企业占据了绝大部分市场份额，就会通过标准化模式推行对自身更有利的数据收集机制。类似格式合同，消费者只能在交易/不交易或者让渡数据/不让渡数据之间进行二元化选择，不可能自主决定数据公开的内容和程度。③"无救济即无权利"(No Remedy, No Right)，但个人恰恰难以对侵犯个人数据权利的行为寻求救济。在信息社会，个人数据权利所面临的威胁涉及多个主体，侵权过程难以辨识。譬如，个人可能只在特定网站或 App 中公开部分数据，其他公司却可能通过爬虫技术获取此类数据，并将此类数据部分匿名化后出售给另一些大数据公司。对于此类侵权行为，受到个人诉讼成本、证据难度、因果关系不确定影响，个人难以向法院提起侵权之诉或向有关企业申诉。

最后，反算法歧视的方式认为，算法中常常隐含很多对个体的身份性歧视，因此应当诉诸宪法的平等权保护，以消除算法中的身份歧视，实现身份中立化的算法决策。算法的身份歧视体现在多方面，以美国 Uber 公司引起的法律争议为例，算法既可能造成对顾客的身份歧视(Uber 的算法一度很容易让司机猜测乘客的种族，这导致黑人乘客很难叫到车)也可能造成对商品或服务提供者的身份歧视(算法可能错误地指控司机不诚信，武断地决定谁能接单，匹配怎样的客户路线，赚多少钱)。①这种质疑同样面临诘问，"歧视"是一种社会存在，没有算法一样存在对少数族裔或穷人的歧视，这是社会文化问题，与算法无关。此外，算法可以对"歧视"的结果指控给出另一套截然不同的合理化策略，因为法律没有办法区分算法究竟执行的是哪一套策略。譬如，少数族裔的聚居区可能更偏僻且路况和治安水平更差，这些都有客观的数据支持，当算法对司机给出提示性信息时，法官难以区分这究竟是算法基于对黑人的歧视，还是出于对 Uber 司机人身安全的选项安排。

(三) 可能的改进方案

针对目前法律关于算法规制"有心使不上力"的困境，不同的学者给出了不同的改进方案。海伦·尼森鲍姆提出场景公正理论，认为对个人数据的收集要考虑场景的类型、行为者的身份、数据的类别及个人数据传输原则等因素，不同的场景具有不同的个人数据保

---

① Anupam Chander, The Racist Algorithm? Michigan Law Review. 2017(6), Vol.115, pp.1023-1045.

护规则。譬如，就算法针对的人群而言，如果算法针对的是具有高度可识别性的个体，其数据的收集与算法的运用都是以识别特定个体为目标。那么在这种情形下，算法的性质就与个人权利密切相关，从个人数据权利立法的角度规制算法更为合理。如果数据的收集主要是为了分析某个群体或不能直接识别的对象提供服务，则此类情形中的算法和个人数据权利的关系并不密切。在此类情形下，强化个体对于数据的各种权利，反而可能影响数据发挥流通性价值与公共性价值。此外，还有一些前沿研究提出负责任的算法、可信赖的算法的主张，使得算法决策能够赢得个体或群体的信任。尽管各学者的观点各异，但大多认为，算法规制不能机械性地采取算法公开、个人数据赋权或反算法歧视的方式，而是应当根据具体场景，综合运用透明性原则、正当程序原则、市场机制与反歧视框架进行判断。算法规制的具体手段应当帮助个体或群体做出更为正当、合理的决策。①

1. 针对算法公开的改进机制

法律应当有所为有所不为，不必无区别地规定所有企业及社会主体一概公开算法，这样既容易造成因为无法执行而使得法律的信用减等，同时即使公开了相关算法，普通用户可能也无法理解。更合理的做法或许是通过立法，原则性地规定若干涉及个人隐私(种族、国籍、社会身份、个人财富、病史等)的禁止性算法要素。个别特殊单位或企业，譬如银行出于风控考虑，在决定是否发放贷款时肯定要全面评测个人的还款能力，此时需要将贷款人个人和家庭的财富纳入评估算法中，这些企业因此负有特定的算法说明义务，而且监管部门需要对此进行严格审查。此外，不是所有企业，但至少可以规定上市公司——公司上市本就意味着它们应当承担更多的社会责任——在企业年报中公布不涉及商业机密的算法机制。同时，政府、企业协会或行会组织应当制定激励措施，对在算法改进过程中提出更合理且具有可行性的排除性算法要素的单位或个人，予以奖励。

2. 针对个人数据赋权的改进机制

个人数据赋权制度首先要区分场景与对象，赋权的类型与强度要因场景与对象的不同而不同。如果相关个人数据的收集与使用有利于相关个体或者有利于公共利益，就应当更多地允许相关主体收集和处理个人数据。比如，在扶贫助学或者精准扶贫实践中，个人数据的合理收集与使用应当为法律所允许，相关扶贫主体甚至应当积极运用个人数据与算法来实现精准扶贫。相反，当个人数据的使用不是为了促进个人或公共利益，而是被用于支配个体，那么此时法律应当严格规制个人数据的收集与处理。譬如，学生或未成年人群体没有收入来源，又由于社会阅历少、对消费欠缺抵制力，法律可考虑规定企业及所开发的App在用户注册时明确区分这类群体，严格规制对这类群体的数据收集，更不允许为其推送量身定制的特定推广信息。

---

① 丁晓东. 论算法的法律规制[J]. 中国社会科学，2020(12).

3. 针对反算法歧视的改进机制

反算法歧视应当超越身份中立，根据法律父爱主义的价值定位，依循身份与弱势群体之间的关系规制并合理利用算法中的身份因素。反歧视的最终目的是实现更为公平、正义的政策目标，而不是形式上对各类身份平等对待。因此，在算法中进行反歧视，应当深刻理解哪些群体在历史上与社会现实中遭受不公平对待，然后在相关算法中应用权利的倾斜性配置和差别性影响等方式扶助这些群体。①例如就权利的倾斜性配置而言，很多地区——特别是中西部农村地区——老人和留守儿童处于社会与经济上的弱势地位，且不熟悉移动互联网，企业及所开发的 App 就应当针对这类群体定向提供更多的优惠服务；类似的逻辑还体现在火车票的购买程序中，价格相对更为实惠的普快列车的车票，可以通过特定的算法机制在特定时间(如春运期间)有针对性地向特定群体(如农民工)投放，在这技术上不难实现。

第二节 全球化与法治文明的融合

如果以 1978 年中国决定实行改革开放和恢复社会主义法制作为时间节点，对于那个时代的中国人而言，"全球化"还是一个形容词。四十余年过去，"全球化"已然成为一个名词。"全球化"作为一个严肃的社会科学概念，可以从政治、经济、社会结构甚至时空构成的角度进行剖析。但对于法理学而言，全球化首先是一个"法律全球化"的问题。②法律全球化意味着一场以大规模法律移植和美国式法律教育为主要载体的新的"法律与发展"运动将逐渐从拉丁美洲、非洲拓展至全世界，从而将人类的法治文明带到"法律之道"的十字路口：一条是通往"法律帝国"的思想奴役之路，帝国的首都是华盛顿或者华尔街，联邦最高法院的九位大法官就是帝国的高级祭司，其他国家则是帝国的行省，法学院培养的都是深受美国法学理论和法律文化洗礼的雇佣兵，在这里"法律全球化等于美国化"。③另一条则是向死而生的涅槃之路，少数具有深厚历史文化底蕴的文明-国家将自觉超越现代性及西方法治对民族-国家的文化宰制，在保持对外开放、虚心学习各国思想文化精华的同时，不断铸牢民族共同体意识，融会贯通中国共产党领导中国革命的政法传统、古典儒家的礼法传统和来自西方文明的律法传统。这意味着，法治文明的历史命运掌握在我们自己手中，但取决于两种"全球化"的路径选择。

一、"法律帝国"：美国法的全球化

"二战"后，全球殖民体系的崩溃并没有终止全球化的进程，全球化反而以一种更隐蔽、更温柔的方式将扩张进行到底：当和平与发展成为国际政治的时代主题，在"互相尊

---

① 应飞虎. 权利倾斜性配置研究[J]. 中国社会科学，2006(3).
② 刘锦. 二十一世纪法律研究的一个新课题：法律全球化[J]. 中国法学，1999(6).
③ 何美欢. 论当代中国的普通法教育[J]. 北京：中国政法大学出版社，2005：1-5.

重主权和领土完整"的国际法基本原则制约下，战争殖民的方式受到国际法和国际组织的严格限制。这表现为在古典王朝国家向现代民族国家转型的过程中，国与国之间不确定的边陲地带，转变成数学般精确划定的领土疆界。这使得借助传统战争手段拓展国界边疆的空间政治变得不再可行或不再划算。因为政治家和法学家们很清楚，战争不是目的，战争只是实现治理和发展目标的手段。甚至土地本身也并不重要，除了构成国家三要素的"领土"，其他土地只是财富的载体之一。更恰切地说，土地是农业和工业社会最重要的财富载体，但在金融信息社会里，土地的财产价值降到了最低，科技、资本和数据才是最重要的财富。在现代社会，如果说哪块土地值钱，那也不是"土地"自身重要，而是那块土地承载了海量的科技、资本和数据。既然土地只是财富的载体之一，而且还是一种不那么便利的财富载体，假如存在更好的财富载体和更有效率的财富获取途径，又何必一定要通过"战争"——更准确地说是传统"热战"——这种既不符合国际法又颇显粗糙、笨拙的方式来夺取土地呢？于是微软、苹果这样的高科技跨国公司，全球大型律所、国际货币基金组织、对冲基金与天使投资基金、好莱坞、星巴克等取代了军事远征军，成为资本信息时代的快速反应部队，在全球攻城略地，掀起了全球化的2.0版本。

首先，这是由金融、法律、科技、军事及文化意识形态相互支撑和彼此建构的"五眼联盟"全球治理形态。马克思主义法理学认为经济基础决定上层建筑，但经济和财富不是凭空产生的，来自人类的"一般劳动"。然而现代金融改变了经济的正常形态，将"劳动创造财富"改造成为"资本创造财富"，造成智识劳动和资本运作对体力劳动及生产劳动的价值贬抑，劳动者不再是可亲可敬的道德形象，"不劳而获"反而变成资本主义的理想生活方式。这种资本主义的生活理想，对外建立在少数富国对大多数穷国或发展中国家人民的劳动和财富讹诈上；对内建立在国民经济的"避实就虚"，不必理会国内现实的经济瓶颈和底层民众的生活困境，只要股市、期货和金融衍生品等处于"永远上涨"的指数繁荣，政治家、企业家和中产阶级都能皆大欢喜。但金融的虚拟价值要通过法律规则建构起来，"徒法不足以自行"，法律规则的执行又必须基于科技力量奠定的经济和军事"硬实力"以及文化意识形态的"软实力"来保证。二战以来，美国通过一系列眼花缭乱的"软硬兼施"，娴熟运用国际法和国内法建构出一个不公正、不合理的旧的全球秩序，将美国法凌驾于国际法之上，试图用美国法来统治世界。

其次，这是基于暴力——军事暴力和符号暴力——建构的"全球化霸权"。冷战结束后，美国摆脱了社会主义苏联的制约，愈加得心应手地以"单边行动"的政治姿态或明或暗地侵略、颠覆、干涉其他国家的主权。伊拉克、南联盟、阿富汗等成为美国战争机器的"磨刀石"，并借助对这些国家所发动的局部战争成功建立起对其他不服从美国全球化霸权国家的打击与威慑。同时，又通过美国的全球文化影响，运用各种对外宣传话术，一方面将美国对其他主权国家的侵略美化成"人道主义干涉"，另一方面则以"污名化"的修辞，动辄抹黑对立国家是"集权国家""流氓政权"或"支恐国家"。

最后，这是以"历史终结"为目标的"意识形态全球化"。"全球化是意识形态的产物与生产者,是延伸到本土中的全球化"①,而语言正是输送这种意识形态的有效工具。语言不仅仅是一种信息传递方式,同时还是形塑特定世界观和意义理解的加工生产机制。由于英语成为全球政商和文化精英沟通、交往的便利工具,其背后的思想观念和价值信念就自然而然地通过课堂教育、公共传媒、文化娱乐进行深度全球推广。美国利用英语以及以英语作为主要表达载体的国际条约、法律判决和商业文本,轻而易举地掌握了对外宣传的话语权和真理判断权。以至于一个国家的法律概念或法律思想,如果不能在英语的语言坐标上找到恰当的表达形式,似乎就失去了法理正当性。于是,英美法律文化通过其掌握的英语和美式法学教育②,塑造了"历史终结"的意识形态,由此美国价值就变成了普适价值,凌驾于不同文明形成的多元价值之上。现在,不少人将"历史终结"和"文明冲突"看作相互冲突的两种政治理念,却没有看到这两种理念均服务于美国建构全球法律帝国"内外有别"的政治策略,即美国通过"和平演变"与"文明冲突"的软硬两手共同推动实现"历史终结",从而通过一个主权国家的政治、经济、科技、军事、意识形态力量就能建构起一个"单一世界帝国","美国在冷战后主导的'全球化',无论是在理念上还是在战略上,都是在推动美国的'帝国化'、建构单一的世界帝国"③。

二、人类命运共同体:迈向文明相融的法治观

为应对美国全球法律帝国的挑战,中国结合自身的文明底蕴和思想气度,提出了"人类命运共同体"思想,以此建构一个更为公平正义的国际政治经济新秩序,进而为国际秩序和国际体系定规则、定方向。2013年3月23日,中国国家主席习近平在莫斯科国际关系学院发表演讲,首倡人类命运共同体观念:"这个世界,各国相互联系、相互依存的程度空前加深,人类生活在同一个地球村里,生活在历史和现实交汇的同一个时空里,越来越成为你中有我、我中有你的命运共同体。"并在后继探索中国式现代的思考与实践中,将"人类命运共同体"拓展为一个博大精深的思想体系。

从法律理念上看,"人类命运共同体,顾名思义,就是每个民族、每个国家的前途命运都紧紧联系在一起,应该风雨同舟,荣辱与共,努力把我们生于斯、长于斯的这个星球建设成一个和睦的大家庭,把世界各国人民对美好生活的向往变成现实。"④其法理内涵在于超越了民族国家的视野局限,为全球治理变革和建设提供了原创性的中国方案,指明了推动发展更加公正合理的国际政治经济新秩序的实践路径:"随着全球性挑战增多,加强全球治理、推进全球治理体制变革已是大势所趋。这不仅事关应对各种全球性挑战,而且事关给国际秩序和国际体系定规则、定方向;不仅事关对发展制高点的争夺,而且事关各国

---

① [美]德里克. 跨国资本时代的后殖民批评[J]. 王宁,等译. 北京:北京大学出版社,2004:5.
② 一般认为,美国法学院引领法学教育从学徒制走向学院制,并成为当前世界法学教育的主要模板。参见[英]史蒂文斯. 法学院:美国法学教育百年史:19世纪50年代至20世纪80年代[M]. 李立丰,译. 北京:北京大学出版社,2017.
③ 强世功. 超大型政治体的内在逻辑——"帝国"与世界秩序[J]. 文化纵横,2019(4).
④ 习近平. 习近平谈治国理政(第三卷)[M]. 北京:外文出版社,2020:433.

在国际秩序和国际体系长远制度性安排中的地位和作用。"①人类命运共同体思想贯穿于习近平经济思想、法治思想、生态文明思想、强军思想、外交思想、文化思想等习近平新时代中国特色社会主义思想体系当中，进而为中外法治文明迈向文明相融贡献了中国智慧。

(一) 负责任的主权

自从博丹在《共和国六书》中首倡"主权"观念，并将其界定为"主权是国家/共同体所有的绝对且永久的权力"，主权的最高性、永久性和统一性(不可分割且不可转让)就成为近现代政治法律科学的"第一定律"。主权这个概念所具有的无与伦比的解释力，使得自威斯特伐利亚体系形成以来，主权之于国际政治和国际法律就如同地心引力之于宏观物理运动。在某种程度上，一个政治共同体内的人口、土地、资源、信仰、话语、习俗就是围绕主权而建构起来的。

然而主权的最高性意味着绝对的独立性，主权者只需要考虑共同体内部的福祉，政治决断的唯一标准在于确保国家的生存和利益最大化，不需要考虑道德、伦理、宗教等传统的神圣权威，这就形成了一种马基雅维利式的"国家理性"。一旦所有的主权国家都将这种确保国家生存和利益最大化的国家理性，用来证成各种出于必须而不得不僭越法律、伦理的行为时，国家理性就蜕变为实现工具理性和利益政治的"国家理由"。正是基于这样的"国家理由"，现实主义国际关系理论将国际政治与国际社会理解为"霍布斯丛林"，国家主权平等的实质在于"杀戮能力的平等"。②而主权的永久性则造就主权成为一种不受质疑的存在，这就在国内法的语境中产生一个疑问：面对一个肆意践踏国民生命财产安全的国家，人民是否有权力通过革命起义的方式，推翻这个暴虐的主权？至于主权的统一性也使主权潜伏了一种排他的封闭性，从而可能对全球化所要求的开放性造成了一种张力，少数国家将借口保护国家贸易主权的方式，随意挥舞"贸易战"和"反倾销调查"大棒，行孤立主义和单边主义之实。这些显然都不是理想的全球政治经济秩序。

意图建构一个更为正当可欲的全球政治经济秩序，通过法治文明"给国际秩序和国际体系定规则、定方向"就需要建构一套以国际法为基础的国际秩序，以及以联合国宪章宗旨和原则为基础的国际关系基本准则。"国际社会应该按照各国共同达成的规则和共识来治理，而不能由一个或几个国家来发号施令。联合国宪章是公认的国与国关系的基本准则。没有这些国际社会共同制定、普遍公认的国际法则，世界最终将滑向弱肉强食的丛林法则，给人类带来灾难性后果。"③而这一套体系、秩序和规则要顺利运作并行稳致远，就必须扬弃过往"对抗性的主权"观念，而代之以新的"负责任的主权"理念。

所谓"负责任的主权"，意味着法律全球化时代的主权观念和主权行使必须对本国国

---

① 习近平总书记在中共中央政治局第二十七次集体学习时的讲话，转引自推动全球治理体制更加公正更加合理. 中国青年报[N]. 2015-10-14: 1.
② [美]阿伦特. 马克思与西方政治思想传统[M]. 孙传钊，译. 南京：江苏人民出版社，2007：54-56.
③ 习近平. 习近平谈治国理政(第四卷)[M]. 北京：外文出版社，2022：462.

民及其他国家均负有义务和责任。它与传统意义上的主权观念的不同之处在于，不考虑上述主权的内在逻辑背离，即便从促进国际社会发展与合作的角度考虑，传统主权观也仅限于互相尊重主权和领土完整、互不侵犯、互不干涉内政、平等互利、和平共处，即和平共处五项原则。从结束旧的殖民体系和维持二战后国际社会的基本和平秩序的角度而言，和平共处五项原则居功至伟。

然而，在新冠肆虐和世界逐渐步入"全球风险社会"的今天，无论是国际法还是国内法，所面临的历史任务都已经从"法律治理"进一步升华为"全球治理"，甚至演变为"全球风险社会治理"。然而，"法律是主权者的意志体现"，既有的主权对抗及主权平等亟须升华为主权合作与主权负责。这意味着主权国家有义务保障国民最低水准的安全和社会福祉，且对本国国民和国际社会均负有责任。这就要求，负责任主权号召所有国家秉持"全球若比邻"[①]的人类命运共同体理念，对自己那些产生国际影响的行为负责任，要求国家将相互负责作为重建和扩展国际秩序基础的核心原则，作为国家为本国国民提供幸福生活福祉及全球连带责任的核心原则。在一个"全球若比邻"，总体安全相互依存的全球化时代，国家在践行保障本国国民"生命、自由和追求幸福的权利"义务的同时，必然与其他国家发生关联。负责任主权还意味着世界强国和富国负有积极的责任，帮助较穷和较弱的发展中国家加强行使主权的能力，这是一种国际法治的"建设责任"。

（二）遵循大地法理学

法理学擅长思考抽象的法律原理，却往往淡忘了我们身体、城邦和脚下的大地。于是我们看到，在柏拉图的《理想国》中，苏格拉底可以带领一群青年人通过交谈"在思想中构思和观察一个城邦一步一步地产生的情形"，"且让我们在思想中来从头开始创造一个城邦"，即"言辞中的城邦"。虽然苏格拉底认为"真正创造一个城邦的，看来，是我们的需要"，这些需要具体包括"第一和最重要的……生命和生活所赖的食物"，"第二是屋宇；第三是衣着以及诸如此类"，同时还必须有提供和满足这些需要的人，并由此产生了按照天性"一个人只从事一种技艺"的社会分工。[②]尽管在言辞中承认"生活所赖的食物"也是"第一和最重要的"，然而在文本描述的现实中，我们恰恰看到苏格拉底和他的交谈者并不关心身体和食物，一群人对话了整整一宿，不饮不食，也没有生理需求。至于言辞中的理想城邦建在哪？是建立在天上还是地上？是建立于海边还是山巅？我们不得而知！这种"言辞中的城邦"滋长了柏拉图首倡的"理念论"，并因此深深地影响了后世法哲学。譬如，在这种"理念论"观照之下，奥古斯丁可以理直气壮地用绝对正义且永恒存在的"上帝之城"批判现实的"人间之城"，"以上帝之城反对地上之城，就是以内心反对人类的现实生活"。由于"人间之城"是罪恶的渊薮和必朽的不确定的所在，罪人注定要在末日审判之时堕落地狱，所以俗世政制和帝国理想不值得留恋，更不值得为之牺牲。奥古斯丁"为了捍卫基

---

① Commission on Global Governance, Our Global Neighborhood: The Report of Commission on Global Governance, New York, Oxford University Press, 1995.

② [古希腊]柏拉图. 理想国[M]. 顾寿观，译. 长沙：岳麓书社，2016：74-76.

督教的地位，宁可毁掉罗马"，他鄙夷神学家和异教徒对罗马的眷恋，"其根本问题都在于过于看重尘世的生活了，或者说，他们太爱罗马这个祖国了。而奥古斯丁所要做的，就是让人们放弃对这个祖国的爱"①。

正是因为法理学不思考大地，于是法理学核心语汇之一的自然法也就与真正的"(生态)自然"或"自然(环境)"无关，反而演变成为"人义自然法"与"神义自然法"的内部辩论，这就导致了人类今天普遍面临的全球生态危机和环境法的现代性危机。前者体现为气候变暖的全球环境政治，后者表现在环境法体系形成了以环境要素的分类保护为主线的环境单行法"散兵作战"分业体制——统一的生态环境法被人为区分为"环境资源法"，一部分涉及环境保护，另一部分涉及资源利用，并造成执法上的部门利益本位，要么争相管辖(资源利用)，要么推诿不作为(环境保护)。然而，全球生态危机作为"难以忽视的真实"具有一荣俱荣、一损俱损的生态连带效应，给人类命运共同体的建构带来了严峻挑战，也提供了客观构造的基础——是全球共享的自然生态环境而不是消费文化或好莱坞的漫威宇宙将人类真切而扎实地维系在一起。

现代性危机给法理学提供了某种"向死而生"的发展契机，因应这种全球生态危机和环境法的现代性危机，习近平法治思想提出用更符合全球法治文明相融的大地法理学指导中国的环境法典编纂，把研究和立法写在中国大地上，"成功在中华大地上制定和实施具有鲜明社会主义性质的宪法、真正意义上的人民宪法"，②进而共同推进全球生态环境治理。习近平法治思想视域中的"大地法理学"从"青山绿水就是金山银山"拓展到"山水林田湖草沙冰作为一个生命共同体"，③最终站位到人类命运共同体的高度，提出"共同构建地球生命共同体""共同建设清洁美丽的世界"等重要倡议，为全球生态治理凝聚了强大合力。

"东海西海，心理攸同"，这种大地法理学也与环境法哲学中的盖亚理论假说有同构之处。此学说最初由英国大气学家詹姆斯·拉伍洛克(James E. Lovelock)提出，主张地球是一个自我调节的生命有机体，但这并不意味着世界是有生命的，而是说明地球生命体与自然环境——包括大气、海洋、极地冰盖，以及我们脚下的岩石——之间存在着复杂、多向的生物联合，正是基于这些彼此关联的共生连带关系作用，才使地球保持适度均衡状态，以维续生命存在，并保持所有成员的良性发展。盖亚理论原本包含5个命题：①地球上的各种生物有效地调节着大气的温度及其化学构成；②地球上的各种生物体影响生物环境，而环境又反过来影响达尔文的生物进化过程，两者共同演化；③各种生物与自然界之间主

---

① 吴飞. 心灵秩序与世界历史：奥古斯丁对西方文明的终结[M]. 北京：生活·读书·新知三联书店，2013：5-23.
② 习近平. 谱写新时代中国宪法实践新篇章——纪念现行宪法公布施行40周年. 光明日报[N]. 2022-12-20：1.
③ 习近平生态文明思想和法治思想是一个开放包容与时俱进的理论体系。2013年11月，习近平总书记即指出，"山水林田湖是一个生命共同体"；党的十八大以来，习近平总书记又从生态文明建设的整体视野提出"山水林田湖草是生命共同体"的论断，强调"统筹山水林田湖草系统治理""全方位、全地域、全过程开展生态文明建设"；2021年全国两会期间，习近平再强调"统筹山水林田湖草沙系统治理，这里要加一个'沙'字"；2021年庆祝西藏和平解放70周年，习近平考察西藏，在听取雅鲁藏布江及尼洋河流域生态环境保护和自然保护区建设等情况时，进一步提出要坚持保护优先，坚持"山水林田湖草沙冰"一体化保护和系统治理。

要由负反馈环连接,从而保持地球生态的稳定状态;④大气能保持在均衡状态不仅取决于生物圈,而且在一定意义上为了生物圈;⑤各种生物调节其物质环境,以便创造各类生物优化的生存条件。[1]作为一种创新理论,盖亚假说当然遭到部分科学家的质疑和猛烈批判,但也获得了大量学者的认同和支持,并在原理论基础上形成了强的盖亚理论和弱的盖亚理论之分,认为前者具有盲目性,后者更具合理性。[2]

而法学家则在吸收盖亚理论假说核心论断的前提下,进一步阐发了一种新的大地法理学,形成了20条基本原则,主要内容有:①我们是不断发展变化的宇宙、大地、生命和生态文化多元系统中的一部分。②如果我们把自己作为整个系统中的一部分来规范、调整我们的行为,我们就可以发展兴旺,而现存的法律制度在这方面是失败的,它没有保护好大地的生命与健康。③所有的生命体都具有如下的权利:一是存在,二是居住,三是在整个发展过程中,作为其中的一员参与该过程。④因为大地是我们最主要的生活环境,我们需要和其发展亲密关系,通过有意识的参与来培养人们阅读和理解大地规律的能力,而这些规律或者法律存在于大地,人为的法律应认识、承认并尊重生态系统的智慧。⑤大地是所有主体的共同体,而不是客体的汇总。⑥大地是主要的存在,而人类是从这个主要的存在中产生出来的,而非主要的存在。因此,人类的法律应从大地的法律那里获得渊源。从这个意义上讲,它是自然法的观念,是真正的自然法,而非文化上的自然法。⑦大地不仅是物理的存在,还具有心理和精神的特质。这样的大地需要人不仅看大地表面的存在,还需要人更多地看到大地的灵魂。⑧大地是所有宗教信仰和宗教意识的发源地。⑨强调基于经验的地方知识对负责而敬畏的规制的重要性。⑩平衡、互惠及简约这三个价值是大地法理学最基本的价值。后经多位法学家和环境保护主义者的完善,新的大地法理学又进一步深化为"荒野法",以及超越"当代人视野",将后代人的生存和发展权利纳入大地法理学考量,提出改良私有产权,主张私有产权的社会性、共同性、平等性等命题的地球法理。地球法理超越了"主权"的观念畛域,整全性地将全球生态整体和地球的整个范围作为法律合法性的衡量依据,这无疑为法律全球化的深入融合拓辟了一条"生态合作"的实现路径。

(三) 文明协调的人权观

"国家尊重和保障人权"不仅是中国在宪法中的根本法承诺,而且也是法律全球化背景下国际人权法治的普遍化实践。然而,人权法治的道德正当性不等于其现实可欲性。在真实的人权法治全球化实践中,人权要么被少数国家或政府以"人权不存在普适标准"的理由悬置起来,将一些不尊重甚或践踏人权的行为掩饰为地方性的文化习俗或人权样态的特殊类型;要么被少数霸权国家将人权标准无限抽象化,进而抽空了人权的实质意义,从而在国际法上造成一种"人权高于主权"的干涉理由,这也引起了部分发展中国家对人权

---

[1] 肖广岭. 盖亚假说——一种新的地球系统观[J]. 自然辩证法通讯, 2001(1).
[2] 薛勇民, 谢建华. 盖亚假说的生态哲学阐释[J]. 科学技术哲学研究, 2016(4).

话语的警惕和反感。从全球化与法治文明相融的角度，我们认为，任何一种将人权特殊主义化或人权普适主义化的极端主张皆不可取，本书赞成一种文明协调的人权观(a coordinate civilizational approach to human rights)，以不同文明共同体之间通过沟通、交往的慎议民主(deliberative democracy)机制而建构的共识化及批判性人权概念来取代唯一正确的普遍主义人权观。

  文明协调的人权观受到大沼保昭"文明间性的人权观"(an inter-civilizational approach to human rights)之启发。"文明间性的人权观"认为人权和主权的争论可以通过文明相容的方式解决。因为尽管许多争议和摩擦来源于文明之间的冲突，但生命价值的至高性是普遍得以承认的，不因各国文化、传统和宗教所否定，因此，构建文明间性的人权观是人道干涉得以顺利进行的基本保障。但正如作者坦言的那样，文明间性的人权观意在制定一个文明相容、能被广泛接纳的新制度，通过合理的、正义的人道干预保障人权具有现实意义。这意味着人权侵害可以允许国际组织或其他国家介入，需要考虑四个因素：一是是否性质恶劣，如灭种行为与禁止出版，明显后者进行国际人道干预不合常理；二是哪些行为主体有干涉的权限；三是应采取何种手段干涉，如向人权委员会通报、委员会审议、人权法院判决、军事性介入等；四是是否均衡、适当，是否保持一贯性且回避了双重标准。但这种以人权干涉为指向的人权观，无论附加多少实体或者程序的限制，最终难以避免少数霸权国家以"人权教师爷"的傲慢姿态对其他国家人权状况进行粗暴干涉的事实。

  我们认为，如果说国家权力和公民基本权利构成了现代民族国家宪法的核心要素，那么，相对应的"负责任的主权"和"文明协调的人权观"就构成了"人类命运共同体"这一全球宪制的两级。文明协调的人权观有几点核心主张：①这种人权观不是某种本质主义的规定性的存在，而是基于过程/关系的互动产物，因而是一个动态的、开放的概念。②这种人权观不认为不同人权观念之间存在不可通约的征服与对抗性，反而强调的是不同文明体在彼此互异的人权的表达与实践之间达致的视域融合，是对不同人权观念提取"最小公因数"的思想努力。③同时区别于所谓的"底线伦理"或"底线人权"，文明协调的人权观认为人权的理想与实践存在某种更高的愿景或标准，这一愿景不是彼岸世界的幸福，而是以联合国宪章宗旨和原则为基础的人权理想，具体体现为在联合国框架下对人权两公约的创造性阐释与运用。④文明协调的人权观不是一种"点的理论"，而是"幅的理论"，文明协调的人权观所支持和认同的国际人权法要素不是一系列的"权利清单"，毋宁说是一幅连续性的"人权频谱"，任何在"底线人权"与联合国框架下对人权两公约的创造性阐释及适用范围之内的人权主张和实践，都是正当且可欲的。⑤文明协调的人权观拒斥对其他国家人权的行动干涉，认为在国际法领域不存在"人权高于主权"的正当性，只认可各种形式的人权对话与人权批判。申言之，在国际法领域，主权对应的是主权，人权对应着人权，人权与主权之间存在法理区隔，正如你无法用尺子去测量水的温度；但在国内法领域，基于"人民主权"的政治原则——公民的权利让渡形成了国家主权，因此，人权足以构成对主权的正当批判。

第三节 逆全球化与法治文明的竞争

法律全球化不是一个单向度的线性进化过程,按照马克思主义法理学的基本观点,在其过程中一直经历着逆全球化力量的反动。政治学将逆全球化理解为一个"去全球化"(de-globalization)或者"反全球化"(anti- globalization)的过程,是全球化的战略撤退(in retreat)甚或逆转(in reverse)。①站在马克思主义法理学事物运动是对立统一的辩证法立场看,全球化本身是在历史趋势的推动下,与逆全球化对抗后的公共选择结果。这意味着,逆全球化是全球化内部的矛盾性要素,构成了全球化硬币的两面。全球化前途光明,但道路或许曲折,不排除在某些特定的历史时段,逆全球化的力量可能短期地暂时压倒甚或中断全球化的进程。法律作为远离激情的理性,必须充分预估到全球化进程中可能出现的徘徊、反复、阻滞甚至倒退,并通过法治文明的竞争,站在历史趋势的一边,激活甚或重启全球化的进程。

一、逆全球化的力量构成

现今看来,2016 年似乎可以视作 21 世纪逆全球化的"元年":英国脱欧,美国重启"美国优先"原则,排斥国际条约、多边外交和国际组织,先后退出《跨太平洋伙伴关系协定》(TPP)、《中导条约》、《伊朗核协定》、联合国教科文组织、《巴黎气候协定》等国际条约和国际组织。此外,美国政府还破坏现行国际贸易体系,阻挠世贸组织争端解决机制上诉机构的正常运行,无理制裁中兴通讯和华为,对主要贸易伙伴增收关税,对中国发动贸易战。全球化遇到重大挫折,逆全球化逐渐露出鲜红的爪牙。而 2019 年底开始发生的新冠疫情及疫情常态化,则加剧了这种逆全球化的态势,出于疫情防控的需要,各大国家不得不"锁国"自保,国际文化交流与经贸合作大幅减少,以至于严肃的历史学家开始尝试用"新冠前世界"与"新冠后世界"作为新的历史分界线。②

(一)保护主义盛行

由于国家内外利益失衡,经济社会问题频现,各国政府都寄希望于通过内外政策调整稳定国内经济社会秩序。主要国家在政策调整过程中追求自我利益最大化,选择利益站位,催生了各种形式的保护主义,通过国家安全泛化和国内法的域外效力削弱国际规则体系,侵蚀了全球化发展的法律基础、国际机制和法治逻辑。从法理上说,全球化得以发展的基础是国家利益优先的主权绝对论让位于主权让渡理论,主权国家在国际社会合作过程中,基于复合相互依赖而让渡部分主权,使得国际法和国际治理成为可能。③在逆全球化的浪

---

① Altman, Roger C. "Globalization in Retreat – Further Geopolitical Consequences of the Financial Crisis." Foreign Affairs, July/August 2009, pp. 2-7; Rohinton P. Medhora, Is Globalization in Reverse? MONETARY POLICY, February 9, 2017.
② Thomas Friedman L. The world B. C., before coronavirus, and after. The New York Times, March 19, 2020.
③ [美]罗伯特·吉尔平. 国际治理的现实主义视角[J]. 曹荣湘, 译. 马克思主义与现实, 2003(5).

潮中，之前的法律全球化让位于区域国别治理，国际秩序从追求国际正义和发展转向克服全球风险，追求全球稳定和安全。这不是哪一个国家的政策选择，而是一种新的公共行动选择。事实上，以二十国集团(G20)成员为代表的全球主要经济体，在推进全球治理体系的同时，均出台和实施各种保护主义措施，全球贸易自由化和投资便利化的进程由此放缓，美国施行的贸易保护主义措施更是多达1066项，居全球首位。①这种保护主义盛行的危害不在于制度经济学所批判的，增加了市场交易的成本，更要害在于，可能形成一种负向反馈机制：一国的保护主义措施往往导致他国采取相应的应对甚至是报复性措施，反过来又使得该国采取进一步的保护主义措施。这种政策调整的恶性循环，不仅破坏了各国政策的延续性和可预期性，而且侵蚀了全球化深入发展的环境与根基，阻碍了全球一体化的进程。

(二) 全球治理赤字

一般认为，"西方政府面临的合法性危机是治理兴起的根本原因所在"②。逆全球化的端倪初现，显示了全球治理和优化全球治理结构的重要性和紧迫性。目前，由于狭隘的国家利益原则和单边主义、保护主义的回潮，全球治理出现了多个层面的赤字，治理绩效的缺失使得全球化也因此失去有效制度保障。当前，全球治理赤字主要包括三个方面：首先是民主赤字。全球化中的民主赤字在国家内部表现为民主的停滞和失效，在国际上表现为缺乏民主治理机制。其本质是全球化中经济发展超前和政治安排滞后的反应，是市场与民主的内在矛盾在全球领域的体现，是跨国公司和强权国家的经济利益压倒民主价值的表露。在当前的全球治理格局中，发达国家处于主导与核心的地位，是全球治理规则的制定者和引领者，而发展中国家不得不成为规则的遵守者和追随者。而发达国家主导的国际经济立法主要以实现经济自由化的资本支配为目标，弱化了对其他社会目标的构建和对发展中国家民主能力与民生水准的改善。造成这一现象的根源在于，民主发展与资本支配的内在矛盾。经济规律遵循"二八定律"，百分之八十的财富集中在百分之二十的国家与人口手中，这意味着经济上的弱势群体在政治领域恰恰处于民主多数的地位，于是在经济上占据强势地位的少数国家和群体往往没有兴趣发展实质民主，从而造成了所谓的民主赤字。其次是制度赤字。随着新形势变化，一些传统全球治理机制的结构和功能需要调整和变革。但是，由于强权国家和既得利益集团的阻挠，这些调整和变革进展缓慢，成效甚微。这方面，美国拖延和阻挠国际货币基金组织改革，退出《哥本哈根协定》就是适例。最后是责任赤字。我们之所以主张"负责任的主权"是保障法律全球化事业的国家力量推手，恰恰是看到少数发达国家享受了全球治理的主要权利，但受制于民粹主义和选举政治的影响，在责任面前却尽力推脱，没有大国担当。这些发达国家凭借国内法建构出一个"单一世界帝国"，弱化甚至消弭国际法的效力。发达国家还以维护本国经济安全为名，搞司法霸凌主义，以图改变在国际机制和体系中有利于发展中国家

---

① 徐秀军. 逆全球化思潮下中国全球治理观的对外传播[J]. 对外传播，2017(3).
② 曹任何. 合法性危机：治理兴起的原因分析[J]. 理论与改革，2006(2).

的规则。比如,美国试图修改世界贸易组织中的发展中国家待遇规则,主张对等原则,减少自己在全球自由贸易体系中的责任;将本国的《海外反腐败法》《爱国者法案》《云法案》通过"长臂管辖"予以国际法化,对与本国企业构成竞争关系的企业甚至个人发动"精准打击"。

(三)民粹主义的崛起

逆全球化的兴起不仅仅是西方少数政客和商业精英联手策划的图谋,全球新冠疫情的大流行也只是外因,而非内因。真正让逆全球化问题变得尤为难解的,还在于逆全球化契合了在全球化进程中"被侮辱与被损害"的草根阶层和底层民众的直觉与情绪,普通民众层面的民族性转向成为西方世界坚持逆全球化的重要原因。[①]于是,我们看到,在逆全球化这个问题上,西方的政商精英与草根民众异常诡异地联手起来,共同构成了抵制全球化的明暗两种力量。

造成这一悖论的重要原因在于,过往以单一经济逻辑主导的全球化是一种"不均衡的全球化"。资本没有祖国,全球跨国公司在拓展全球市场的同时,造成国际收支失衡,全球自由贸易的果实被大企业和寡头权贵独享,弱势群体、中小企业和普通民众却独自承担了经济全球化的苦果——想想当年的东南亚金融危机和后来的次贷危机——遂认为自己的利益受到了全球化的侵蚀。与此同时,金融资本在帮助产业资本在全球开疆辟土,为国际分工深化和劳动生产力的提高提供资本支持与金融杠杆的同时,也放大了贫富悬殊和金融风险。在全球互联网经济全面避实就虚、金融市场过度扩张动荡、金融危机频繁爆发,以及美元国际资本流动性泛滥扭曲的背景下,全球金融治理的轻微失范就使得普通民众通过劳动辛苦积累的财富,轻而易举地被各种资本大鳄洗劫一空,而政府却受束于"积极不干预"的自由金融政策对此无能为力。这种收入分配两极分化和经济虚拟化的金融乱象,制造了一个鲍曼指称的"新穷人"(new poor)阶层,[②]并彻底削弱了普通民众和知识分子对全球化的认同感。于是,草根阶层和精英阶层通过过度政治化的选举制度和民主政治表达民粹主义,一些政客则利用现代信息技术在选举活动中制造逆全球化的政治议题,裹挟底层选民,为争取获胜不断出台迎合民粹主义的政策。

逆全球化对国际法治和全球治理产生了诸多负面影响,包括但不限于:①逆全球化反对政府对外让渡经济主权,复杂化了已有的国际治理体系和国际规则体系,加大了全球治理成本和治理难度;②动摇了现有的多边化体系,加剧了国际法碎片化并弱化了国际法体系的效力;③弱化了全球治理的组织化程度和治理效力,造成了各种"治理失败的国家";④改变了国际治理的法治化进程,造成了国际法规范体现的信用减等;⑤削弱了发展中国家和新兴经济体在全球治理体系中的作用和影响力。这些困境,必须通过更全面且开放的法治竞争才能克服。

[①] 汪亚青. 逆全球化兴勃的逻辑机理、运行前景与中国方案的政治经济研讨[J]. 中共南京市委党校学报, 2019(4).
[②] [英]齐格蒙特·鲍曼. 工作、消费、新穷人[M]. 李兰, 等译. 长春: 吉林出版集团, 2010.

二、法治竞争：驯服逆全球化

如前所述，逆全球化只是全球化趋势中的批判、反思和解构性力量。从来不存在纯然的全球化，自然也就不存在纯粹的逆全球化。全球化是在与逆全球化的各种力量长期博弈较量的过程中，由国家、机构、组织和个人等集体行动所做出的公共选择。从这个角度而言，逆全球化本身就是全球化进程中的一个组成要素，也是重塑全球规则的过程，"美国不满的只是现行国际规则之下的全球化。在背离某些现行多边机制的同时，美国也在通过各种途径来重塑全球规则，包括美国法的输出、双边协定范本的推行以及区域性条约的影响力的扩展"[①]。正是站在"重塑全球规则"的角度，中国用人类命运共同体理念推动的新型全球治理秩序和法律全球化方案，相较美国主导的重塑全球规则的逆全球化力量对比，本质上就是两种不同法治文明秩序的竞争。竞争不是问题，问题在于如何赢得竞争，因为这涉及的是给国际秩序和国际体系定规则、定方向的"世界大事"。

（一）激活软法

在新的逆全球化潮流的状态下，国际组织的生成和发展、多边国际条约的签署和批准都会受到较大的阻力。此时，值得关注的是这样一种趋势，即在全球约束力的多边条约受到很大阻力的时候，以软法为代表的国际法新形式却有可能获得生命力，并进而对全球治理的发展起到重要的作用。软法在法律全球化时代的异军突起已然成为一个公认的事实。而在逆全球化的语境下，国际法治高昂的制度成本和低实施效率为中国提供了与其他国家在法治竞争过程中依凭"软法之治"实现弯道超车的契机。

美国传统法律文化中没有法律二元化的观念，不存在法与法律的区分，自然也不会有硬法和软法之别，所以美国的法律现实主义才认为法律是站在"坏人"立场对法官将会如何判决所做的预测。这无疑是一种关于"硬法"的论断。然而，中国法却蕴含了丰富的软法资源，天理、人情、民心、乡规民约等，尤其是"党的领导与软法具有内在的契合性。党的科学、民主、依法领导和执政，可以归根到党的软法上。同时，党内法规体系是软法的构成部分"[②]。而中国共产党作为我国社会主义事业的领导核心，体现了社会主义本质，更是引领中国参与全球治理的组织保障，用党的政策和党内法规推动与其他国家的进行法律多元的法治竞争，具有无可比拟的制度优越性。这具体体现在：①以软法推动国际立法的发展，这些不具有约束力的国际组织决议、示范法、行为准则等文件有可能成为硬法的前奏，在法律全球化重新步入历史正轨后能及时转化为条约。②软法作为主权国家法律多元实践的一部分，体现了更多的实效性和灵活性，作为一种"行动中的法"，可能通过其卓越的治理效能构成对现有国际条约和国际法规范的解释依据，有助于阐释国际法治和法律

[①] 车丕照. 是"逆全球化"还是在重塑全球规则？[J]. 政法论丛，2019(1).
[②] 韩春晖，陈吉利. 社会主义法治体系中的软法之治——"党的十八届四中全会精神与软法之治"学术研讨会的延伸思考[J]. 行政管理改革，2015(2).

全球化的目标和方向,填补既有国际条约体系的空白与不合理之处,释明某项国际法原则的具体含义和内容。③软法所体现的主体间性,代表了国际社会多数成员的接受态度,构成了法律全球化"法律确信"的心理基础。④软法可能通过促进"国家间互动"或者"法律确信"从而创制新的习惯国际法。习惯是国际法的重要法律渊源,具有卓越治理效能的软法一旦为全体或者全球多数国家普遍接受,这种宣示国际法的行为就可能最终确立国际法。事实上,"人类命运共同体"作为一个新时代全球法治的核心语汇,被绝大多数国家接受、引用甚或批判本身,就意味着其作为一种软法的实践形态,已经在现实地推动着法律全球化的"拨乱反正"。

(二) 以"一带一路"建设推动国际法治创新

2013年11月,"一带一路"正式写入中国共产党的十八届三中全会决议,其中"一带"是指"丝绸之路经济带","一路"即为"21世纪海上丝绸之路"。"加快同周边国家和区域基础设施互联互通建设,推进丝绸之路经济带、海上丝绸之路建设,形成全方位开放新格局",这标志着"一带一路"正式上升为中国和平发展的国家战略。中国积极推动"一带一路"的建设,就是积极应对逆全球化挑战的表现。中国在应对逆全球化的消极影响方面的具体表现有:①通过举行多种类型的"一带一路"峰会,加强与一带一路共建国家的法律合作,以更积极有为的建设性姿态参与多边国际事务,用实际行动推动全球化进程,积极宣传和引导平等合作、互利共赢的全球化观念,打造人类命运共同体,实现共同发展。"真正的法律来自社会生活本身",同理,国际法治创新的力量来源于国家合作形式的创新。②积极推动符合各国利益需求的贸易规则的建立,消除贸易壁垒,建立良好的贸易秩序和规则,缩小不同国家的贫富差距。③在逆全球化的冲击下,中国在自身实力允许的基础上,应成为推动符合新型国际秩序和时代特点的多边国际组织建设的先导者,坚定法律全球化信念,降低总体安全风险,营造良好的国际环境,推动更深层次的全球化。

法治除了是一种积极的建构力量,还是一种超越性的批判标准。如果上述策略是在运用法治的建构力量参与全球治理,试图建设一个更公平正义的国际政治经济新秩序。那么,作为负责任的大国,中国还可以恰如其分地运用法治的批判性力量推动变革全球治理体制中不公正、不合理的安排,确立新的标准尺度,"推进全球治理规则民主化、法治化,努力使全球治理体制更加平衡地反映大多数国家意愿和利益"①。这就需要在以"一带一路"建设推动国际法治创新的过程中,坚持遵循权责对等的原则。作为全球治理的后来者,中国参与全球治理制度改革固然有自己的"后发优势",但不能超越自身的能力界限,而是要使所享受的权利和所承担的责任相协调。另外,推进尺度上应该采取循序渐进的方式。全球治理制度改革是一项复杂的系统工程,这种"变法"由于可能触及少数守成大国的既得利益,更要争取其他成员的国际支持,通过国际政治的民主背书为推动更公平正义的法律全球化变革进行权威赋值。同时,这种"变法"还要讲求策略,对全球治理制度的

---

① 习近平. 坚持构建中美新型大国关系正确方向,促进亚太地区和世界和平稳定发展[N]. 人民日报,2015-9-23.

不合理之处进行有选择、有重点的改善。总之，在逆全球化的阶段性困难时期，中国更应成为推动符合新型国际秩序和时代特点的多边国际组织建设的先导者，坚定全球化信念，降低风险，营造良好的国际环境，推动更深层次的全球化，而这种由中国参与的全球治理和推动的法律全球化的制度改革，将是一种继往开来的制度创新，以及温和有节的法治竞争。

(三) 创新国际经济法律体系，引导经济全球化

马克思主义认为，物质决定意识，经济基础决定上层建筑。当前逆全球化的人心思潮与政策行动，很大程度上是因为全球经济发展处于瓶颈期，缺乏发展和创新的动力，这就是习近平主席在达沃斯论坛上指出的："当世界经济处于下行期的时候，全球经济蛋糕不容易做大，甚至变小了，增长和分配、资本和劳动、效率和公平的矛盾就会更加突出，发达国家和发展中国家都会感受到压力和冲击。反全球化的呼声，反映了经济全球化进程的不足，值得我们重视和深思。"然而，"困扰世界的很多问题，并不是经济全球化造成的。……国际金融危机也不是经济全球化发展的必然产物，而是金融资本过度逐利、金融监管严重缺失的结果。把困扰世界的问题简单归咎于经济全球化，既不符合事实，也无助于问题解决。……要适应和引导好经济全球化，消解经济全球化的负面影响，让它更好惠及每个国家、每个民族"①。因此，在用法治竞争克服逆全球化的过程中，创新并灵活运用国际经济法是一种有效策略。

选择国际经济法作为矫正逆全球化的法治竞争策略，这首先是源于今天中国作为全球第二大经济实体的现实地位。中国庞大的消费人口、市场体量、工业生产水平、外贸占比和战略资源储备，决定了在国际经贸和国际经济法领域具有特殊的比较优势和更多的话语权。我们在全球法治竞争的过程中，要善于运用这种具有领域优势的"制度杠杆"，运用巧实力(smart power)，四两拨千斤去推动全球治理体系的变革。在这方面，中国借助自己在世界稀土储量中的绝对优势地位，支持企业"技术自立"，运用定价权和拟定加工出口新标准以引导国际矿产交易法律变迁，就是有效参与国际法治竞争的典范。

具体而言，运用国际经济法的法治竞争推动全球化走向纵深要注意：①坚持运用国际经济法的规则、制度、机制与程序回击逆全球化的政策和举动。国际经济法是经济全球化的法律化和制度化的表现形式，虽然其初始规则和制度受到美国等西方国家的较大影响，但一项法律或制度赢获广泛而普遍的接受，与制定主体的意图无关，一定是它能契合绝大多数行动者的利益或便利。国际经济条约、国际经济组织及其规则、国际习惯法等国际规则体系一旦形成，就会对任何反对它的主体——哪怕是创制主体——产生一种反抗性力量，并因此成为一个"自创生系统"②。一套符合全球大多数国家——特别是数量上居多数地位的发展中国家——利益的国际法律制度和规则，足以应对少数国家情绪化的"本国至上"

---

① 习近平. 共担时代责任，共促全球发展[J]. 求是，2020, (24).
② [德]贡塔·托依布纳. 法律：一个自创生系统[M]. 张琪，译. 北京：北京大学出版社，2004.

的政策冲击。②维护国际经济法律体系多边机制权威性的同时，积极推动 WTO 规则和机制改革，使之更能应对国际经济贸易逆全球化的现实困境。法治作为一种客观性的存在，不因创制者意志的转移而转移。欧美发达国家是国际经济法律体系的倡导者和初期主要的维护者，但这套体系一旦蔚然成形后，在绝大多数场合已然以一种"自生自发秩序"的方式围绕 WTO 的机制和规则运转起来。例如，美国的"301 条款"作为一种贸易报复措施，就因其保护主义色彩和单边主义性质不符合 WTO 的多边主义，屡屡遭受 WTO 的合规性挑战，以至于美国产生了不满，多次发难扬言要退出 WTO 组织。①中国应当娴熟运用 WTO 规则，利用"美国第一"短期政策疏离所留下的宝贵战略空隙，通过"蛋糕做大"的策略，引导和团结多数国家，借助国际民主的力量推动 WTO 体制和规则的进一步完善，保障全球化的胜利果实。

第四节　迈向数据时代的全球法治文明新秩序

21 世纪 20 年代是一个略显"魔幻"的年代：一方面，疫情常态化的现实给全球人类造成一种身处"末世"的感觉，美剧《权力的游戏》中的台词"凛冬将至"(winter is coming)成为对这种不确定感的共情化表达；另一方面，2021 年末，"元宇宙"(metaverse)作为一个横空出世的新概念②，又似乎给人们带来了无限乐观的未来远景想象，其中承载的可能商机也给全球化受阻的经济带来了新的商业引爆点。2022 年欧洲议会智库发布报告《元宇宙：机遇、风险和政策影响》，展望了主要科技公司扩大其元宇宙投资活动而展现的市场前景和行业并购可能。一时间，元宇宙概念股股价一飞冲天，全球著名科技公司 Facebook 甚至无视原有商标蕴含的品牌价值，直接改名为 META，"买它，还是卖它"真的成为一个问题。法律作为对社会现实的规范表达和理性回应，自然要将元宇宙的前景纳入考量，由此给全球法治文明发展带来了新的变数和机遇。

从语义学的角度看，元宇宙的英文 metaverse 是由 meta 和 verse 两个单词组成，meta 表示本原，verse 代表宇宙 universe，metaverse 即为"宇宙本原"的意识。与作为"自然"而存在的宇宙不同，元宇宙属于"人为"的范畴，虽然目前不存在对元宇宙的权威定义，但作为一项基本社会共识，元宇宙是借助高科技数字手段进行链接与创造，并与现实世界映射与交互的平行虚拟世界，是一种新型的社会数字空间。这无疑契合了元宇宙概念本身——借助技术手段描述、诠释、探索宇宙的本原，并与现代法律的技术主义气质相匹配。

法理学将文明秩序理解为形成一个社会的政治、经济乃至文化秩序的基础，是一种元秩序(meta-order)。并在此基础上，将人类文明秩序的演化归纳为宗教文明秩序—道德文明

---

① 何力：美国"301 条款"的复活与 WTO[J]. 政法论丛，2017(6).
② 早在 1992 年，美国科幻小说家尼尔·史蒂芬森就在他的小说《雪崩》中提出过这个概念。当然，同样一个概念，作为小众化的文学表达和作为大众共同参与的主体间性想象，所发挥的社会功能是截然不同的。参见[美]尼尔·史蒂芬森. 雪崩[M]. 郭泽，译. 成都：四川科学技术出版社，2018.

秩序—法治文明秩序。①在元宇宙的数字空间支配下，法律对于大数据的规制及整合，未来可能形成一种新的"数据文明秩序"。

元宇宙吸收了区块链的技术原理，具有去中心化的特点，拥有用户和内容创作者驱动的运作模式，这与法治的民主价值相合。元宇宙所孕生的数据文明秩序一方面将释放人类的创造欲望和想象边界，其中承载的海量信息和数据处理能力能大幅度降低法律全球化背景下的风险治理成本及市场交易费用，从而使得社会有可能出现某种跨越式发展，有利于在技术上克服当前逆全球化的病理。当然，元宇宙也可能在政治秩序、经济和伦理问题上带来更大的风险和挑战。我们需要在法理学层面重新思考存在和虚无、肉体和精神、技术与文明、善与恶、自我和宇宙等哲学命题，以此不断拓展由有限和无限、秩序与自由、自治与法治所建构的全球化边界。

现代法律核心概念之一的"主权"建立在领土和人口这些客观性要素的基础之上，而元宇宙意图打通的是现实世界与网络世界的藩篱，从而造就一个全真虚拟国度，这是不是意味着领土和人口这些主权的构成性要素就无效了？法律主体将变成元宇宙中的某个——不是一个——替身或分身，国土空间将化为虚拟空间，这必然对现代法治的"责任自负"原则和"管辖权"制度造成挑战。我们知道，目前对元宇宙最感兴趣的不是政治家和法学家，而是商业科技资本，是全球互联网公司。如果说在"互联网+"时代，数字权力还可以理解为是与立法权、司法权、行政权、媒体监督权并列的"第五种权力"。在元宇宙的数据文明秩序范式下，数字权力可能进化为"数据主权"，进而将立法权、司法权、行政权、媒体监督权涵摄在数据主权的统一支配和全面管辖之下，把这些传统主权的构成要素改造成数据主权的权能。2020年，Twitter这样的互联网科技公司，可以不经审查地对时任美国总统特朗普实施封号禁言，抹除其数据身份；美国政府连同硅谷的高科技企业对中国华为实施芯片禁运和封锁，并以禁止电子设备下载、公共WiFi屏蔽、各应用商店下架等"网络霸凌"手段封杀来自中国的国际版抖音TikTok，这都是元宇宙时代数据主权的"偶尔显峥嵘"。尽管随着政治主权者的及时清醒，很快制定了针对这些互联网科技公司的规制条款和公民信息保护法令，联邦法院也出于保护第一修正案(言论自由)的角度考虑，开始革新"技术中立"的法理，强化平台责任，判决要求互联网科技公司公布其算法机理并对部分公司实施了制裁，算是暂时遏制了这头数据利维坦的苏醒。

但如果法律无法彻底驯化这头数据利维坦，"黑客帝国"的矩阵威胁将会一直存在，这无论如何不可能是未来共产主义社会的理想前景。因为马克思构想的共产主义社会虽然不再有国家，但作为对资本主义的否定，共产主义建立在政治主权对资本霸权的征服基础之上。共产主义的前身——社会主义——恰恰要求法律驯化资本，而不是反过来任由资本寄生于法律并征用法律。或许正是基于这点考虑，中国政府一直对互联网科技公司发行的各种"数字货币"保持警惕，从维护国家货币主权和金融安全的角度，强调央行数字货币是经国务院批准发行的法定数字货币 DCEP(digital currency electronic

---

① 於兴中. 法治与文明秩序[M]. 2版. 北京：商务印书馆，2020：6-15.

payment)。一旦主权形态发生了改变,又势必导致竞争甚至战争形态的变动,并深刻影响文明的冲突与世界秩序的重建……那么,未来元宇宙可能建构的数据文明秩序,将会给人类带来康德意义上的"永久和平"还是重返霍布斯的"自然状态",这取决于法律人-政治家(lawyer-statesman)的决策,也取决于全球每一个独立个体的思考和行动选择。

本章思考题

1. "执行难"一直是困扰中国法治实践的病理问题,近几年这个问题已在一定程度上得到解决,运用本章知识分析这种转变是如何发生的。

2. "外卖小哥"是今天活跃在中国城市的一道特别风景线。近几年来,越来越多的外卖小哥抱怨工作辛苦,与此同时工作报酬却越来越少,运用本章知识分析这种转变是如何发生的。

3. 2021年12月27日,百度正式上线了首款国产元宇宙产品《希壤》,但社会反响并不好,质疑者甚至认为"元宇宙"只是一个概念或骗局,请结合本章所学内容,谈谈你对"元宇宙"的理解。

4. 推荐观看电影《流浪地球》系列。

参考文献

[1] 习近平. 论坚持全面依法治国[M]. 北京：中央文献出版社，2020.

[2] 中共中央文献研究室编. 习近平关于社会主义政治建设论述摘编[M]. 北京：中央文献出版社，2017.

[3] 中共中央文献研究室编. 习近平关于全面依法治国论述摘编[M]. 北京：中央文献出版社，2015.

[4] 沈宗灵. 比较法研究[M]. 北京：北京大学出版社，2004.

[5] 张晋藩. 中国法律的传统与近代转型[M]. 北京：法律出版社，2005.

[6] 罗豪才，宋功德. 软法亦法：公共治理呼唤软法之治[M]. 北京：法律出版社，2009.

[7] 中国法治30年课题组. 中国法治30年：回顾与展望[M]. 厦门：厦门大学出版社，2009.

[8] 吴志攀，刘俊. 中国法制建设研究[M]. 北京：中国人民大学出版社，2009.

[9] 翟永东. 中西法律文化比较[M]. 北京：北京大学出版社，2009.

[10] 冷霞. 英国早期衡平法概论——以大法官法院为中心[M]. 北京：商务印书馆，2010.

[11] 范进学. 美国司法审查制度[M]. 北京：中国政法大学出版社，2011.

[12] 彭勃. 英美法概论：法律文化与法律传统[M]. 北京：北京大学出版社，2011.

[13] 刘哲昕. 文明与法治：寻找一条通往未来的路(修订版)[M]. 上海：世纪出版集团，上海人民出版社，2011.

[14] 方汉文. 比较文明学(第一册)[M]. 北京：中华书局，2014.

[15] 於兴中. 法理学前沿[M]. 北京：中国民主法制出版社，2015.

[16] 胡平仁. 中国传统诉讼艺术[M]. 北京：北京大学出版社，2017.

[17] 余定宇. 寻找法律的印迹(2)：从独角兽到"六法全书"[M]. 北京：北京大学出版社，2018.

[18] 《法理学》编写组. 法理学(马克思主义理论研究和建设工程重点教材)[M]. 北京：人民出版社，高等教育出版社，2020.

[19] 雷磊. 法理学案例研究指导[M]. 北京：中国政法大学出版社，2020.

[20] 於兴中. 法治与文明秩序[M]. 2版. 北京：商务印书馆，2020.

[21] 李永刚. 天下归心——"大一统"国家的历史脉络[M]. 北京：人民出版社，2021.

[22] 冯海波，张梧. 中流砥柱——中国共产党与中华民族伟大复习[M]. 北京：人民

出版社，2021.

[23] 何勤华. 西方法学史纲[M]. 4版. 北京：商务印书馆，2022.

[24] 易延友. 陪审团审判与对抗式诉讼[M]. 北京：北京大学出版社，2022.

[25] 齐格蒙特·鲍曼. 全球化——人类的后果[M]. 郭国良，徐建华，译. 北京：商务印书馆，2001.

[26] 塞缪尔·亨廷顿. 文明的冲突与世界秩序的重建[M]. 周琪，等译. 北京：新华出版社，2002.

[27] 约翰·亨利·梅利曼. 大陆法系[M]. 2版. 顾培东，禄正平，译. 李浩，校. 北京：法律出版社，2004.

[28] 贡塔·托依布纳. 法律：一个自创生系统[M]. 张琪，译. 北京：北京大学出版社，2004.

[29] 哈德森. 英国普通法的形成——从诺曼征服到大宪章时期英格兰的法律与社会[M]. 刘四新，译. 北京：商务印书馆，2006.

[30] 何伟亚. 英国的课业：19世纪中国的帝国主义教程[M]. 刘天路，邓红风，译. 北京：社会科学文献出版社，2007.

[31] 彼得 伯登 D. 地球法理——私有产权与环境[M]. 郭武，译. 北京：商务印书馆，2021.

[32] 哈罗德·伯尔曼. 法律与革命——西方法律传统的形成(第一卷)[M]. 高鸿钧，等译，北京：法律出版社，2008.

[33] 亨利·基辛格. 论中国[M]. 胡利平，等译. 北京：中信出版社，2012.

[34] 爱德华·考文. 司法审查的起源[M]. 徐爽，编译. 北京：北京大学出版，2015.

[35] 柏拉图. 理想国[M]. 顾寿观，译. 长沙：岳麓书社，2016.

[36] 施米特. 大地的法[M]. 刘毅，等译. 上海：上海人民出版社，2017.

[37] 范·卡内冈 R C. 英国普通法的诞生[M]. 李红海，译. 北京：商务印书馆，2018.

[38] 科马克·卡利南. 地球正义宣言——荒野法[M]. 郭武，译. 北京：商务印书馆，2017.

[39] 马娅·亚桑诺夫. 自由的流亡者：永失美国与大英帝国的东山再起(上)[M]. 马睿，译. 北京：社会科学文献出版社，2019.

[40] 卡尔·弗里德里希 J. 历史视域下的法哲学[M]. 张超，译. 北京：商务印书馆，2020.

[41] 劳伦斯·弗里德曼. 美国法律史[M]. 周大伟，译. 北京：北京大学出版社，2021.